MON HISTOIRE

SARAH, DUCHESSE D'YORK
Avec la collaboration de Jeff Coplon

MON HISTOIRE

*Traduit de l'anglais
par Florence Mortimer
et Isabelle Deparis*

JC Lattès

Titre de l'édition originale
publiée par Simon & Schuster, New York :

MY STORY

© 1996 by The Duchess of York
© 1996, Éditions Jean-Claude Lattès pour la traduction française

*Peter E., Ronnie D., David Tang,
Christopher Horne, Ronnie G., Frank,
Ray, Simon, Marvin, Howard, Michael,
Richard, Lawrence, Jack, Trevor, Peter B.,
Oncle Robert, Albert, et Esmeralda
sont des amis exemplaires.*

À Andrew

INTRODUCTION

Chute libre

Le château de Balmoral est, parmi toutes les résidences royales, celle que je préfère. Avec ses murs couverts de lierre et ses tourelles élancées, il se dresse comme une sorte de gentil colosse dans les Highlands écossaises. Balmoral est né de l'esprit de Victoria, la Reine des Reines, la femme que j'admire le plus dans l'histoire. C'est la résidence d'été de la Famille royale, un endroit où la vie se déroule enfin, sereine et tranquille.

Pour moi, c'était le refuge parfait, une forteresse à toute épreuve contre les attaques lancées à mon encontre depuis mon entrée à Buckingham Palace en 1986. Balmoral réveillait tous mes sens. J'adorais écouter le craquement du gel matinal et humer les parfums de bruyère et de tourbe, la si délicieuse odeur de la terre. Même l'eau était brune à cause de la tourbe apportée des montagnes par la rivière, la tumultueuse Dee.

J'aimais par-dessus tout l'effet qu'avait Balmoral sur l'homme que j'avais épousé : le prince Andrew, le duc d'York. Dans ce vaste domaine, mon époux avait l'impression d'échapper aux regards inquisiteurs et à une protection omniprésente ; il pouvait le parcourir en voiture sans aucun de ces sempiternels policiers à ses côtés. Il devenait facile, plein de gentillesse et d'humour. Il redevenait lui-même, et c'était tellement agréable.

Quant à moi... Je peux dire que cet endroit paradisiaque me libérait. A Londres, je devais me soumettre à une discipline rigide, immergée dans le devoir, et entravée par les obligations. A Balmoral, je pouvais emmener mes chiens pour de longues promenades, partir en randonnée dans les montagnes, pique-niquer ou faire des barbecues au crépuscule dans un des petits chalets, cadeaux de la reine Victoria à son prince Albert adoré. Lorsque j'y accompagnais la Reine dans ses balades équestres je me sentais presque chez moi ; j'y appréciais tant les chevaux, dociles et pleins d'entrain et l'air si pur. J'avais enfin l'impression d'appartenir réellement à cette famille hors norme.

Si cette famille a jamais eu besoin d'un répit, ce fut sûrement en août 1992. *L'annus horribilis*, comme l'avait qualifiée la Reine un peu plus tard, l'année des tempêtes, des amarres arrachées et de la paix fracassée. En avril, la princesse Anne entamait une procédure de divorce contre le capitaine Mark Phillips. En juin, paraissaient les premiers extraits de *Diana : sa vraie histoire*, un compte rendu très presse à scandale de la boulimie de la princesse de Galles, de ses tentatives de suicide et de ses déboires conjugaux avec le prince Charles.

J'avais moi-même apporté ma petite contribution à ce désordre. Depuis le début de l'année, Andrew et moi envisagions une séparation, non parce que nous ne nous aimions plus, mais parce que j'étais arrivée au bout de ma résistance aux contraintes de la Cour. Pendant six ans, j'avais enduré la vie du Palais, j'avais subi le regard permanent de la presse, l'hostilité à peine voilée de la Maison royale, et les courtisans qui dirigeaient le show. Petit à petit, inexorablement, je perdais du terrain. Ils me tuaient à petit feu. J'étais au bout du rouleau, il était temps que je sauve ma peau.

En mars, notre intention de nous séparer transpira dans le *Daily Mail*, cet instrument qui ressemble plus à une arme contondante qu'à un journal. Un courtisan m'accusa publiquement d'être l'auteur de cette fuite – un pur mensonge – et se mit à me fustiger sans répit. La BBC ne s'y est pas trompée : « *Le Palais déclenche les hostilités contre Fergie...* » Les excuses furent immédiates, mais le mal était fait. J'avais été cataloguée « inapte » à la vie royale et cela me colla à la peau. Définitivement. Je fus mise en quarantaine, et pas uniquement au Palais ; le souffle de toutes les portes qui m'ont été claquées au nez me fait encore frissonner.

Une personne plus forte aurait probablement contre-attaqué, animée par une juste colère, mais une personne plus forte ne se serait pas laissé prendre au piège aussi facilement. Tout au fond de moi, j'étais convaincue qu'ils avaient raison : je n'étais pas et n'avais jamais été à ma place. Sept ans auparavant, j'étais une jeune femme ordinaire, travaillant pour gagner sa vie, se demandant comment elle allait payer son loyer et accumulant les P.V. Et soudain, comme d'un coup de baguette magique, je fus catapultée au sein de la royauté et devins l'objet de révérences et d'acclamations, de toasts au cours de dîners officiels. « Une bouffée d'air frais », comme ils disaient.

Pendant un temps, j'avais réussi à maîtriser le passage d'une vie anonyme à une vie publique. Mais je n'ai jamais été vraiment très douée pour ce travail et plus je forçais ma nature, plus les choses tournaient mal. Même lorsque ma popularité était si forte que j'en étais grisée, je savais bien que les douze coups de minuit allaient finir par retentir et que l'on me verrait telle que je suis en réalité : une Cendrillon sans charme et sans intérêt. Qui, en toute logique, ne pouvait, que se perdre.

Je n'étais pas la seule à souffrir. Au fur et à mesure que le charme s'évanouissait, que le carrosse redevenait citrouille, je déclenchais une traînée de destruction plus longue que la traîne de ma féerique robe de mariée.

Mais j'étais résistante, et malgré un mois de mars épouvantable je n'étais ni complètement abattue, ni d'ailleurs beaucoup plus sage... Bien qu'affaiblie par les coups reçus, j'étais encore debout, accrochée contre vents et marées à ce qui me restait de dignité.

Je n'allais cependant pas tarder à perdre ma seconde pantoufle de vair, je le *savais*, j'avais écrit le scénario moi-même et j'aimais les histoires qui finissent mal.

Seulement, je n'avais pas imaginé un instant que mon mauvais génie parviendrait à passer à travers les murs épais de Balmoral. Pas là... Pas déjà...

Deux jours après mon arrivée en Écosse, je perçus son souffle glacial sur ma nuque.

*
* *

Comme d'habitude, je l'avais pourtant senti venir. Une semaine auparavant, j'étais partie en vacances près de Saint-Tropez avec John Bryan, un Américain qui avait commencé par être mon conseiller financier avant que nos relations prennent une autre tournure.

S'il est un endroit au monde où j'aimerais vivre, ce serait le sud de la France. Rien n'est comparable à ses couleurs, ses odeurs et sa lumière dorée. Mais ce voyage était une bêtise. Il était trop proche, dans le temps, de mon séjour à Balmoral avec Andrew, que j'aimais encore. J'avais bien pensé que c'était une mauvaise idée, mais cela faisait longtemps que j'avais court-circuité mon intuition. John avait vraiment envie d'y aller et j'avais envie de lui faire plaisir, j'acceptai donc. Je n'avais déjà plus aucune volonté propre cet été-là. J'ai suivi la pente sans la moindre résistance.

J'étais, socialement, en train de me suicider. Sans même laisser une lettre d'explication.

Ces vacances se révélèrent être une erreur, une imprudence. Pourtant nous avions pris des précautions : un avion privé atterrissant sur une piste privée et une villa nichée au centre d'une vaste propriété, à plusieurs kilomètres de la route. Beatrice et Eugenie étant avec moi, deux officiers de protection de la Maison royale nous accompagnaient. (En tant que princesses, héritières du trône en cinquième et sixième position, mes deux filles seront toujours protégées, quel que soit le statut matrimonial de leur mère.)

Cernée de collines boisées et de vignobles, la maison était isolée. Pourtant, j'avais une sensation imprécise et désagréable. Près du petit aéroport privé où nous avions atterri, j'avais remarqué une moto et une camionnette qui ne m'avaient pas plu. Quelques jours plus tard, alors que je bronzais seins nus au bord de la piscine, je dis à mon amie Gabrielle, « j'ai l'impression d'être épiée ». Quand je me suis levée j'ai caché mes seins avec les bras tout en me sentant sottement paranoïaque. Le doux soleil de la Côte d'Azur sait si bien apaiser les soupçons...

Le lendemain de mon retour à Londres, je repris avec mes filles l'avion pour Aberdeen rejoindre Andrew et sa famille à Balmoral. Depuis mars j'évoluais dans une sorte de brouillard, sans savoir où tout cela allait me mener, mais les sortilèges de l'Écosse recommençaient à faire leur effet et à me convaincre que la vie est une danse, pas un chant funèbre.

Le mardi, je reçus le premier appel de John Bryan.
– Ils ont des photos de notre séjour en France, m'annonça-t-il.

Le *Daily Mirror*, un des journaux à scandale les plus nauséabonds, les avait achetées.

En tant qu'experte de l'autosabotage, je savais

reconnaître les prémices d'un désastre. Surtout s'il était trop tard pour y faire quoi que ce soit.

— Mais ne t'inquiète pas, ma chérie, continua John, très détendu comme toujours, je m'en occupe, tout va bien se passer. Je porte l'affaire devant la Haute Cour. Je les empêcherai d'utiliser ces photos.

J'avais désespérément besoin de croire qu'il maîtrisait parfaitement la situation. Toute cette année-là j'avais eu besoin que quelqu'un prenne ma vie en main. John avait rempli ce rôle à merveille. Il savait toujours ce qu'il fallait faire, un trait de caractère magique pour quelqu'un comme moi, qui était quotidiennement en proie au doute.

Je prévins immédiatement Andrew : je ne lui ai jamais rien caché, nous avons toujours été scrupuleusement honnêtes l'un vis-à-vis de l'autre.

— Je te soutiendrai à cent pour cent, dit Andrew. Je savais que John était avec toi là-bas et cette histoire ne regarde que nous.

Je montai avec des pieds de plomb mettre la Reine au courant de ce qui se préparait. On ne peut pas dire qu'elle en ait été très heureuse, mais elle aimait son fils cadet et ne se laissait pas facilement démonter.

— Bien, attendons de voir ce qui va se passer, dit-elle simplement.

Le mercredi matin, je reçus plus d'une demi-douzaine de messages m'informant de l'évolution de la situation, chacun plus déprimant que le précédent.

— Nous faisons tout notre possible, répétait John.

Cet après-midi-là, d'autres mauvaises nouvelles me parvinrent ; la Haute Cour avait refusé de délivrer une injonction, ne voyant pas en quoi le fait de bloquer la parution de ces photos servait « l'intérêt public ». Mais il restait encore un espoir, selon John. Le juge lui avait dit que, si le Palais soutenait notre demande devant la Haute Commission de la presse, nous serions en mesure d'empêcher le *Mirror* de les publier le lendemain matin.

M'obligeant à suivre la routine habituelle, j'emmenai Beatrice et Eugenie à la piscine couverte municipale. Il paraît que les enfants sentent la détresse de leurs parents, qu'il est très difficile de la leur cacher, mais, moi, je peux. Je suis parfaitement capable d'oublier tous mes problèmes et de vivre pleinement l'instant présent avec mes filles. C'est un don du Ciel, pour moi comme pour elles.

Mais dès que nous sommes sorties de la piscine, je me sentis saisie par une appréhension si forte qu'elle était presque palpable, électrisant l'air autour de moi.

A dix heures du soir, John m'appela une dernière fois pour m'annoncer que le délai était passé et que M. Z, le secrétaire personnel de la Reine, avait refusé d'intercéder. (Si je ne donne pas son nom, ce n'est pas par goût du mystère, mais tout simplement que cela n'a pas grand intérêt. Comme tous les autres courtisans de quelque importance, il n'était qu'une créature du système du Palais, ni plus, ni moins.)

— Ça y est, elles sont parues, m'annonça John.

Il avait en main la première édition du *Mirror*. Il y avait une vingtaine de photos, toutes prises au bord de la piscine et elles étaient encore pires que ce qu'il avait pu imaginer.

— Je suis désolé, dit John. Nous n'avons rien pu faire.

— Ce n'est pas grave, dis-je bêtement avant de raccrocher.

Avec le débit haché d'une personne en état de choc, j'annonçai la nouvelle à Andrew.

— Ne t'inquiète pas, nous nous en sortirons, dit-il.

Andrew n'était jamais si princier que dans l'adversité. Il l'avait prouvé lors de la guerre des Falklands en acceptant une mission extrêmement dangereuse : servir d'appât pour les missiles ennemis à bord de son hélicoptère. Sous le feu il se conduisait avec panache. Dans l'adversité aussi. Ce soir-là, à Balmoral, mon Prince, Dieu merci, croyait encore en moi. Il était prêt à se battre pour nous.

Mais je ne me sentais pas brillante. Je bus un verre de brandy pour amortir le choc, qui était rude. La souffrance était indescriptible, au-delà même de toute sensation. En Grande-Bretagne où l'on ne parle jamais de sexe, mais où, du coup, chacun ne cesse d'y penser, ces photos étaient le coup de grâce. J'étais une duchesse royale, j'avais montré des sentiments à un homme qui n'était pas mon mari et avais été surprise, fin de l'histoire. Qu'Andrew et moi soyons séparés ne changeait rien à l'affaire.

Ma véritable nature éclatait en pleine lumière... Inadéquate. Inconvenante. Une honte nationale.

J'aurais pu blâmer John Bryan, M. Z ou les paparazzi sans foi ni loi ou les patrons de presse, mais non. J'avais sous la main la véritable coupable, la vraie responsable : moi. Non que mon attitude ait été affreuse ou immorale, mais parce que j'avais sous-estimé l'acharnement et la puissance de mes ennemis en haut lieu. Tous les gens de cet Establishment gris et terne allaient lever leurs verres à ma mise à mort. Maintenant que je leur avais offert cette ocassion et qu'ils l'avaient saisie, ils n'allaient plus me lâcher, comme des chacals une charogne. Ils n'avaient plus de dilemme moral, seulement une soif de sang féroce. Ça n'allait pas traîner.

Et le pire, c'est que je le *savais*, je n'étais plus une novice. Je le savais, mais il m'avait paru moins éprouvant de l'oublier et de continuer mon petit bonhomme de chemin dans la joie et l'insouciance.

Si l'on me juge sur mes intentions, alors je ne suis pas responsable de la conséquence de mes actes. Je ne maîtrisais plus ma vie depuis longtemps, je vivais en roue libre, sans réfléchir au lendemain. Mais il arrive toujours un moment où l'on doit faire face. On peut choisir de ne pas répondre aux critiques, mais l'on ne peut pas échapper à ses propres interrogations.

La cloche dans la tour sonnait... *neuf, dix, onze*... mon carrosse royal redevenait sous mes yeux une citrouille.

Cependant, je n'avais toujours pas de réponse, seule une question muette continuait de me tarauder :
Pourquoi ?

Impossible de dormir cette nuit-là. Je sirotai mon brandy dans ma chambre en compagnie d'Alison Wardley, la nanny de mes enfants qui, cette nuit-là, me materna moi aussi. Je me sentais condamnée, jugée, coupable, et connaissant déjà la terrible sentence qui m'attendait. Et je ne pouvais m'empêcher de penser que cette sentence était juste.

J'avais beau être résignée à affronter ma punition, je n'en étais pas brisée de chagrin. Toute la nuit Alison écouta patiemment mes lamentations. C'est peut-être grâce à elle que je ne m'effondrai pas complètement.

Trop tôt (les nuits d'été en Écosse sont courtes), l'encre de l'aube devint cobalt, puis grise, et les premières lumières de ce funeste jeudi redessinèrent l'herbe rase et les bruyères qui couraient sur la lande. C'était mon heure préférée à Balmoral, tout en solitude et en douceur.

C'était mon heure de vérité, le matin de mon jugement.

Un de mes amis me dit au téléphone :
— Rappelle-toi seulement que la seule personne autorisée à te juger est le Seigneur. Demande pardon à Dieu et garde la tête haute.

Soit, ces mots m'exhortaient à la bravoure, mais je ne me sentais pas le courage d'affronter la Famille et Andrew descendit seul à la salle à manger. La Reine et le duc d'Édimbourg prenaient leur petit déjeuner dans leurs appartements, mais les frères et la sœur de mon mari étaient là : Charles, l'héritier du trône, Anne, la princesse royale, Edward, le plus jeune ainsi que tous les enfants. Il y avait également un écuyer et une ou deux dames de compagnie. Inutile de préciser que le porridge refroidissait dans les assiettes. Les yeux écarquillés, la bouche ouverte, les adultes passaient en revue le *Daily Mirror* et les autres tabloïds. Jusqu'à l'arrivée d'Andrew... Il est légèrement inconvenant de contempler la femme de son frère à demi nue en sa présence.

Ils scrutèrent discrètement Andrew pendant qu'il parcourait la presse, mais ils durent être déçus car il lisait tranquillement comme s'il était en train de prendre connaissance des derniers résultats de cricket.

Puis, il monta les journaux dans ma chambre et je dus contempler l'étendue des dégâts. John avait raison : c'était du travail de professionnel. Les photos étaient incroyablement nettes et précises. Et elles ne laissaient aucun doute sur la teneur de notre amitié. J'étais exposée, corps et âme.

Je suis une personne beaucoup plus pudique qu'on ne croit et une partie de moi est morte ce matin-là.

La une du *Daily Mirror* titrait, dans le genre bombe H, typique de cette presse : « *Les baisers volés de Fergie.* » Deux énormes photos couvraient pratiquement entièrement la page. La plus petite me montrait assise, seins nus, à côté de John ; l'objectif était derrière moi et on me voyait de trois quarts. Sur la plus grande, John et moi enlacés sur un transat de piscine bleu et blanc en train de nous embrasser.

« Voici les photos sensationnelles que le monde entier attendait de voir... » commentait l'article.

A l'intérieur, neuf pages complètes de photos ; le *Mirror*, paraît-il, avait dépensé plus de 100 000 livres pour ce butin et comptait en avoir pour son argent. La photo qui causa le plus de fureur – celle qui me collerait à la peau pour des années – montrait les lèvres de John sur mes doigts de pieds. « *Il lui suçote les orteils !* » reprenait comme un refrain l'ensemble des tabloïds et j'entendais déjà les blagues de collégiens.

Pour la petite histoire, John n'était pas en train de me sucer les orteils, comme l'a sobrement reconnu le *Los Angeles Times* (« il ne semble pas que ce soit le cas... »), en réalité nous jouions à Cendrillon quand cette photo fut prise – c'était donc une scène beaucoup plus innocente qu'il n'y paraît.

Mais, à lire l'éditorial du *Mirror*, on pouvait croire qu'ils venaient de démasquer un serial killer ou un escroc de haut vol. Ces photos prises au bord de la piscine, annonçait le journal, « révélaient le mensonge et l'hypocrisie des relations de la Duchesse avec Monsieur Bryan... ».

« Fergie, actuellement à Balmoral, a une fois de plus ridiculisé notre Famille royale aux yeux du monde entier. Pour le prince Andrew, c'est une humiliation que peu d'hommes peuvent endurer... Sa femme et son ami américain devraient être expulsés... »

« La Famille royale, si elle veut continuer à régner après notre Reine ne peut se permettre un scandale supplémentaire de ce genre. »

Avec le temps, ces phrases du *Mirror* peuvent sembler légèrement exagérées. Il faut comprendre, cependant, que la presse à scandale londonienne se voit comme la principale protectrice de cette monarchie qu'elle aime tant piétiner. Et, même s'il en coûte à sa haute moralité, en s'abaissant à regarder par le trou de la serrure, elle défend une noble cause.

Une fois de plus, j'avais fait de moi-même une cible irrésistible. A l'échelon le plus bas de la presse, il existe deux choses qui font vendre : un membre de la Famille royale, si minces soient les secrets de sa vie privée que l'on dévoile, et une femme seins nus.

A la lumière de cette règle de base, ces photos étaient une véritable aubaine pour la presse : pour la première fois, elle avait mis la main sur du matériel qui répondait à ces *deux* critères. Il va sans dire qu'elle n'aurait jamais réussi ce coup historique sans mon aide active...

J'avais élevé l'autodestruction à une forme d'art : quelqu'un a-t-il jamais aussi bien fait ? Existe-t-il un masochiste aussi complet ?

Mais l'horreur n'était pas terminée. Il me fallait encore faire face à la femme grâce à qui j'avais eu la permission de venir à Balmoral. C'était ma belle-mère et ma souveraine, une femme que je respectais et aimais profondément. Et c'est ainsi que j'avais trouvé le moyen de la remercier. J'avais laissé tomber une personne qui, elle, ne *m'*avait jamais laissée tomber. La dernière personne au monde que je voulais décevoir.

A neuf heures trente, ce matin-là, je montai voir Sa Majesté la Reine.

***

La Reine était furieuse. Je présentai des excuses, bien sûr, mais la pénitence et la contrition ont leurs limites – et certaines choses ne peuvent être arrangées.

Sa colère me blessa au plus profond de moi-même, parce que je savais qu'elle était justifiée. J'avais trahi sa confiance. J'avais trahi le lien que nous avions tissé depuis ce jour où elle m'avait invitée parmi les jeunes qu'elle appréciait, à Ascott, en août 1985. Notre séparation, d'Andrew et moi, l'avait profondément attristée. Mais cette séparation n'avait pas affecté notre relation personnelle, même lorsque je ne fus plus, clairement, la bienvenue à la Cour. Il y avait quelque chose de spécial entre nous et peut-être est-ce cela qui me poussa à tenter faiblement de me défendre au lieu de me retirer.

– Ne pensez-vous pas qu'il soit un peu étrange que ce soit toujours *moi* qui me fasse prendre ? osai-je dire. Ne serait-il pas temps de se demander pourquoi c'est toujours sur moi que cela tombe ? Je ne suis quand même pas *si* bête que ça ?

(Ce même jour, la Reine et Andrew demandèrent à M. Z de faire la déclaration suivante à la presse : « Nous désapprouvons vigoureusement la publication de photos prises en de telles circonstances. »)

Je lui fis ma révérence et la quittai pour aller rejoindre la seule femme capable de comprendre ce que signifiait exactement d'être entré dans la Famille royale et de mesurer combien cela pouvait être dur. Je montai dans la chambre de Diana et m'assis avec mon amie. Elle ne me dit rien, elle était seulement là, pour moi – et c'était formidable.

Je passai le reste de la matinée à joindre chaque membre de la famille l'un après l'autre et m'excuser pour ce que j'avais fait. Au début de l'après-midi, j'avais besoin d'un autre brandy, mais j'avais pratiquement fini de relever le défi. Tous avaient été charmants avec moi – même le prince Philip qui pouvait être parfois si sévère, avait essayé de me consoler. Lady Sarah Amstrong-Jones, la fille de Margaret, fut extrêmement chaleureuse. Ils savaient tous que je n'étais pas la première dans les annales de la royauté à se faire piéger par ces sortes d'indiscrétions.

Malgré tout, malgré leur soutien, j'étais vraiment dans mes petits souliers lorsque je suis entrée dans la salle à manger pour le dîner. Tout le monde me regardait. Je *savais* qu'ils devaient tous me voir seins nus ou en train de me faire renifler les orteils par un Américain chauve. Les courtisans me jetaient des regards en biais. Les maîtres d'hôtel et les valets de pied restaient bouche bée et je me sentais dénudée par leurs regards. J'aurais besoin d'un roman entier pour exprimer mon sentiment de dégradation à ce moment-là et même avec ça, je n'y parviendrais pas : il n'y a pas de mots pour le décrire.

Il y avait si longtemps que je me nourrissais du dégoût de moi-même que j'avais l'impression d'en exhaler le parfum malfaisant. Je sentais le dégoût dans cette pièce et une fascination écœurante, comme s'ils regardaient tous une grande brûlée. La sensation était forte et palpable et je ne pouvais pas l'éviter...

Je restai à Balmoral les trois jours qui suivirent comme prévu. Andrew prit ma défense à chaque instant et Alison fut aussi inébranlable que le rocher de Gibraltar, mais je traversais cependant une véritable épreuve du feu. Trois jours de dérision nationale et de nouvelles photos de notre escapade méditerranéenne ; le *Mirror* profita de son exclusivité jusqu'au bout et vendit deux millions d'exemplaires supplémentaires. Trois jours de titres infâmes, de « *Fergie est finie* » et de « *la duchesse d'York en disgrâce quitte Balmoral pour de bon* ».

Les journalistes s'emballaient : « Le plus grand scandale depuis d'abdication de 1936, écrivait le *Daily Express*, fait vaciller la monarchie »...

Je restai pourtant. Je n'avais pas le droit de priver la Reine de ses petits-enfants pendant ses vacances, me disais-je.

Je décidai donc de demeurer à Balmoral. On crut y discerner un signe de ma reddition. Alors que je restais pour ma Souveraine. Plus que jamais, j'aspirais à lui plaire. J'étais terrorisée à l'idée d'avoir brisé les liens si particuliers qui nous avaient unies.

Cela peut sembler pathétique, mais j'éprouvais une satisfaction perverse à vivre cet enfer, comme si je pouvais enfin me haïr en toute liberté. J'étais comme ces femmes battues persuadées de ne recevoir que ce qu'elles méritent. Je n'étais bonne qu'à être punie et je l'étais.

Ils me voyaient telle que j'étais réellement, enfin. Plus besoin de m'échiner à leur cacher ma véritable nature. Lorsque l'on est intimement persuadé que l'on ne vaut rien et que l'on est un pitoyable imposteur, quel soulagement lorsque le masque tombe et que chacun partage enfin votre opinion.

Le dimanche, jour de mon départ, les tabloïds faisaient éclater un nouveau scandale : l'enregistrement d'une conversation téléphonique de vingt minutes entre Diana et l'un de ses amis. Je n'étais pas la seule à être espionnée. J'allai dans la chambre de Diana pour la remercier de détourner l'attention de la presse de ma modeste personne : plaisanterie privée, triste plaisanterie.

Pour la première et la dernière fois de ma vie je pris la moitié d'un valium. Puis je retournai à Londres en avion avec mes deux filles, sans avoir la moindre idée de ce que l'avenir me réservait.

« Elle va devoir faire face à un long exil solitaire », pronostiqua un courtisan dans le *Daily Express ce* jour-là, « et il risque d'y faire fort froid ».

Mais Fergie était-elle *réellement* finie ? Sans aucun doute possible, je venais de toucher le fond. Je payais le prix d'une vie irréfléchie, d'une suite de mauvaises décisions prises pour de mauvaises raisons, ou même sans raisons du tout. J'avais frôlé tous les dangers les uns après les autres, comme un plongeur qui ne vérifie jamais la profondeur de l'eau. Et pour finir, le danger m'avait rattrapé, comme j'aurais dû savoir qu'il le ferait.

Faisons un rapide inventaire : aux yeux de la Famille, je n'existais plus ; j'avais irrémédiablement compromis l'avenir que j'aurais pu avoir. J'avais perdu mon époux que j'aimais inconditionnellement et qui m'aimait de la même façon. J'avais dilapidé toute l'estime que me portait l'opinion publique de mon pays, une perte difficile pour quelqu'un qui avait tant besoin de plaire.

Pour empirer les choses, j'avais une montagne de dettes. En tant que mère célibataire sans patrimoine et moins de revenus que l'on pourrait le croire, j'étais, financièrement, dans un sale pétrin même si je me refusais à l'admettre.

En bref, j'étais à la croisée des chemins. Le choix était abrupt. Je pouvais continuer de courir dans la même bonne vieille direction : me jeter à corps perdu dans les dépenses et le travail, et dans la nourriture. Je pouvais laisser ma vie courir, me débrouiller avec ce qui arrivait en espérant avoir toujours une longueur d'avance sur le shérif.

C'était la route que je connaissais, celle sur laquelle on voyageait le plus.

C'était aussi la route vers la folie ou une mort prématurée.

L'autre chemin était nouveau pour moi et beaucoup plus effrayant. C'était une route plus lente, plus large qui conduisait au plus profond de moi-même, la meilleure partie de moi-même. Mais pour y parvenir, il me faudrait apprivoiser le vide et me confronter à la coquille brisée de mon existence. Il me fallait recoller mes morceaux. Et surtout, il me fallait faire face à ma douleur – cette douleur qui m'avait toujours envahie, si intense que je ne pouvais jamais la regarder longtemps.

Je n'avais que trente-deux ans, mais j'avais l'impression que mon prochain faux pas pouvait m'être fatal. Allais-je enfin apprendre ce dont j'avais besoin pour résoudre ma propre énigme... avant qu'il ne soit trop tard ?

Dans les médias comme dans les couloirs confinés et étouffés de Buckingham Palace, j'étais donnée perdante.

Il ne fallait pourtant pas oublier que ce n'était pas la première fois que ses gentlemen très estimés, suprêmement bien nés et si terriblement puissants m'avaient sous-estimée.

CHAPITRE PREMIER

Chasseuse de primes

J'ai une passion pour les chevaux. Ils ont vraiment toutes sortes de qualités qui m'enchantent. Ils sont rassurants, larges, puissants, et ils ne répondent jamais. J'aime leur odeur : je fais partie de ces gens pour qui les odeurs sont très importantes, qui suivent leur nez. Et j'adore le caractère du cheval, rétif et difficile parfois, il se soumet cependant à l'autorité bien affirmée de son cavalier.

Parce que j'ai grandi dans les comtés du sud de l'Angleterre, j'ai pu me rendre compte très tôt qu'ils sont loyaux, stables et prévisibles. Leur compagnie m'apaise. Ils sont mes complices, et c'est auprès d'eux que je retrouve mes repères. Pendant toute une partie de ma vie, ils ont suffi à mon bonheur.

Je me souviens de la première maison où j'ai vécu, une grande demeure edwardienne toute blanche dans le Berkshire, au beau milieu d'une région équestre, à quarante minutes de Londres. Nous avions sept hectares et deux vieilles étables de bois. Dès l'âge de trois ans je passai de mon cheval à bascule à un vrai poney. Ma mère refusait de me materner, aussi lorsque je tombais, elle plaisantait à propos de cet idiot de cheval qui avait trébuché dans une ornière. Et rapidement, je me mettais à rire avec elle. J'étais « un petit dur », je remontais en selle et repartais de plus belle.

Avec ma sœur Jane, qui a deux ans de plus que moi et qui est ma meilleure amie, nous jouions des heures durant dans le jardin. Elle était celle qui tenait les rênes, moi, j'étais le cheval, ruant, m'ébrouant et caracolant. Nous suivions avec passion les grandes compétitions équestres retransmises à la télévision, encourageant bruyamment nos favoris. Les chevaux étaient omniprésents dans mon enfance ; ils faisaient partie de ma vie.

Bien que l'ascendance irlandaise prédominât des deux côtés, ma famille revendiquait ses racines aristocratiques, fière des quatre ducs et d'au moins trois maîtresses de Charles II qui figuraient parmi leurs ancêtres. Mon père, le major Ronald Ferguson, était issu d'une longue lignée d'officiers émérites. Ma mère, anciennement Susan Wright, venait d'une bonne famille irlandaise qui a possédé, à une certaine époque, Powerscourt, un vaste domaine près de Dublin qui s'enorgueillissait d'abriter les plus grandes chutes d'eau des îles Britanniques.

A ma naissance, ma famille appartenait à la noblesse campagnarde, pourvue d'un certain patrimoine, mais nous ne faisions *certainement* pas partie de l'aristocratie terrienne. Mon ascendance n'est certes pas comparable à celle de l'une de mes cousines au quatrième degré, Lady Diana Spencer, qui vient de l'une des plus vieilles familles d'Angleterre et a hérité directement d'un titre.

Cependant, nous vivions confortablement. Quelques domestiques, les vacances au bord de la mer en été et en Suisse en hiver. En 1969, après la mort de mon grand-père, papa hérita d'une ferme laitière du nom de Dummer Down dans le Hampshire où nous avons déménagé.

A la campagne. La vraie campagne. J'avais neuf ans et je trouvais ça merveilleux. Dummer était un village de maisons aux toits de chaume groupées autour d'une église en pierre et je me souviens de la poste où l'on vendait aussi des bonbons. Un petit chemin bordé de cerisiers, idéal pour faire de la bicyclette, menait à notre nouvelle maison, une ferme en brique rouge avec des poutres apparentes et un grand four à pain.

La maison n'était pas aussi grande que Lowood, mais je la trouvais parfaite. J'avais toujours aimé vivre dehors. Par tous les temps, je partais à l'aventure et j'avais à ma disposition un véritable royaume à explorer, plus de quatre cents hectares de bois et de pâturages vallonnés. Nous avions des vaches laitières noires et blanches, des champs de maïs, d'orge, de blé et d'avoine. Il y avait une roseraie et un verger qui était aussi le cimetière pour chiens. Les fleurs poussaient partout : fuchsias roses, digitales pourpres et champs de jonquilles blanches et jaunes.

Dans ce nouvel endroit, je n'avais que deux préoccupations : d'abord, pouvais-je céder à la tentation perpétuelle de cueillir autant de fleurs qu'il me plairait sans compromettre la floraison du printemps suivant ? Et ensuite, y avait-il un danger quelconque pour la santé à boire directement le lait dans le bidon, juste après la traite ? (D'ailleurs où donc étaient passées les bouteilles de lait que nous utilisions à Lowood ?)

Pour Jane et moi, le plus excitant de notre vie champêtre était, sans conteste, l'ampleur que prenait notre activité avec les poneys. La disposition des corps de bâtiments de Dummer Down, avec l'écurie de brique et de bois et la grange, pourvue d'une large porte à double battant formait une sorte de cour. Nous avions notre propre « manège », un cercle d'herbe sur lequel nous pouvions entraîner nos chevaux, notre propre parcours hippique avec de véritables sauts d'obstacle.

Quand nous ne nous exercions pas au saut, nous enrôlions nos poneys dans des batailles de cow-boys et d'Indiens – j'adorais les westerns américains, et tout particulièrement *Bonanza*. Lorsque je me promenais à cheval autour de la ferme, j'étais fière de penser que toute cette terre nous appartenait – aussi loin que mes yeux pouvaient voir, aussi loin que mon jeune monde s'étirait. Cela semblait si vaste. Je me sentais protégée, nichée au centre de ce vaste espace aux frontières lointaines et rassurantes. Des années plus tard, j'éprouvai cette même sensation, à une échelle plus grande encore, à Balmoral.

Dans la spacieuse cour de notre ferme de Dummer, je sautais d'excitation en voyant évoluer une douzaine et parfois même plus de chevaux. La plupart étaient entraînés par papa.

Mon grand-père, le colonel Andrew Ferguson, s'était distingué en commandant la cavalerie de la Garde royale. Mon père avait suivi sa trace et avait servi dans plusieurs postes au Moyen-Orient. Lorsque sa carrière militaire se mit à stagner, papa démissionna de son poste de la Garde royale. Il travailla à temps partiel dans les relations publiques et s'immergea dans sa vraie passion : le polo, un jeu qu'il découvrit lorsqu'il était en poste sur le canal de Suez en Égypte.

Avec son mètre quatre-vingt-cinq, ses larges épaules et sa mâchoire carrée, papa était connu sur le terrain pour « sa taille et sa puissance » ; il devint un joueur classé très efficace. Grâce au polo, il rencontra le comte Mountbatten, puis son neveu, le prince Philip pour qui il dirigea par la suite le club de polo de la Garde royale. Plus tard, il fut même l'entraîneur de polo du prince Charles.

Tout cela eut pour résultat que nous avons eu, Jane et moi, plus d'une fois la possibilité de faire la révérence aux membres de la Famille royale. Leur royauté n'était pour nous qu'une abstraction ; nous les considérions comme des amis de nos parents.

Je n'aimais pas particulièrement le polo que je trouvais trop violent. Si je ne dédaignais pas monter en puissance, avec une sorte de rudesse, je cultivais une certaine grâce, imitant Elizabeth Taylor dans *National Velvet*. Lorsque nous allions assister à un match de papa le week-end au Smith's Lawn ou au Windsor Great Park, généralement, je m'éclipsais derrière les écuries pour jouer à chat avec quelque autres chenapans de mon âge, dont le prince Andrew. (Andrew, enfant, s'est toujours très bien entendu avec ma mère ; lorsqu'elle était invitée à Windsor, il adorait la taquiner, en l'aspergeant avec un tuyau d'arrosage, par exemple.)

Maman était une excellente cavalière qui avait gagné quantité de concours hippiques régionaux. Jane était le portrait craché de maman ; la même silhouette souple, la même chevelure châtain, les mêmes traits extraordinaires et la même grâce en selle. Tandis que moi, avec ma tignasse de boucles rousses et mes myriades de taches de rousseur, j'étais une petite sauvageonne, un véritable garçon manqué, le fils que mon père n'avait jamais eu. Je détestais être gênée dans mes mouvements : plus ma salopette était large et mieux je me portais. Lorsque nous faisions du cross-country, je galopais à bride abattue, poussant mon cheval à sauter tous les obstacles qui se présentaient. Mon style n'était peut-être pas des plus élégants, mais j'arrivais toujours au premier poste dans les meilleurs temps.

Papa m'a élevée au grand air, sans la crainte de rentrer toute crottée, et m'enseigna surtout les robustes valeurs de la campagne, dont la persévérance : *continuer, quoi qu'il arrive*.

Quand je voulais faire quelque chose, rien ne pouvait m'arrêter ; je suis encore comme ça aujourd'hui. Lorsque j'ai un objectif à atteindre, je ne musarde pas, je vais droit au but. Si l'on veut aller d'un point à un autre, il faut choisir le chemin le plus court et le plus direct. Et l'on s'inquiète seulement ensuite de négocier les obstacles au fur et à mesure qu'ils se présentent.

On m'a raconté que lorsque j'eus deux ans environ, maman, qui pouvait être très stricte sur certains points, avait décidé qu'il était temps que je devienne propre. Je refusai d'aller sur le pot. Pour me faire plier, maman m'attacha avec le linge de ma couche au pied de la table de notre nursery qui était à côté de la cuisine ; je resterais là jusqu'à ce que j'accepte d'aller sur le pot. Deux minutes plus tard, elle me trouva dans la cuisine avec un sourire triomphant sur les lèvres : j'avais réussi à défaire son nœud.

— Cette fois-ci, tu ne pourras pas te libérer, murmura-t-elle en prenant soin de faire le nœud dans mon dos pour que je ne puisse pas le dénouer.

Mais elle était à peine retournée dans la cuisine que je la narguais de l'embrasure de la porte. N'arrivant pas à défaire son nœud, j'avais traîné la table avec moi.

Enfant, j'étais, aux yeux de mes proches, versatile et colérique. Pourtant je n'étais pas une petite fille maussade ou irritable ; j'avais du mal à m'exprimer lors des conversations : lorsque j'avais enfin trouvé mes mots, la famille avait changé de sujet ou pis, avait quitté la pièce. Et bien sûr j'explosais. Ma famille pensait que j'étais en colère alors que j'étais simplement terriblement frustrée.

Ma mère avait été élevée à l'anglaise version classique : afficher les manières du monde et contenir toute émotion. Mon père, façonné par la discipline militaire, savait serrer les dents comme personne dans l'adversité. Dès mon plus jeune âge, je craignais par-dessus tout leur désapprobation.

— Quand je te fais une réflexion, m'admonestait ma mère, pourquoi n'acceptes-tu pas la critique ? Dis que tu es désolée et voilà, c'est oublié.

J'avais un tel besoin de l'approbation de mes parents : un grand sourire d'acquiescement ou un encourageant « c'est très bien » à peine murmuré était si vital, que je pris le conseil de ma mère très à cœur. Ils avaient à peine le temps de commencer à me gronder, en public comme en privé – cela ne faisait aucune différence –, que je m'amendais déjà : *Oui, bien sûr, tu as raison... Je n'aurais pas dû faire ça... C'était idiot de ma part.* Évidemment, ils cessaient immédiatement leurs remontrances. La vie était plus simple ainsi. A neuf ou dix ans, je ne protestais plus en aucune circonstance ou si peu. De loin en loin.

Je voulais être aimée de tous. Je voulais être la plus douce, la plus gentille, la plus capable et la plus intelligente. Le mariage de mes parents était déjà vacillant au moment de ma naissance. J'étais l'enfant censée les rapprocher – j'ai cru très tôt être responsable de leur bonheur. C'était une mission impossible, bien sûr, mais vu le genre d'enfant que j'étais, je pensais pouvoir y arriver.

Aussi chaque fois que j'étais déçue, quand par exemple ma mère s'était installée dans une autre chambre (« Votre père souffre d'une blessure de polo », prétextat-elle un jour), c'était *ma faute*. C'était ma faute. J'en étais persuadée. Toujours ma faute. J'échouais perpétuellement. Même convaincue d'avoir bien fait, je me préparais à l'échec. Peu importait que mes objectifs aient été inatteignables. Je me flagellais de telle manière que mes parents, s'ils l'avaient su, en auraient été alarmés. Durant toutes ces années d'apparente sérénité je subissais une somme de stress incroyable, d'autant plus difficile à vaincre que je consacrais une bonne partie de mon énergie à le cacher.

Je ne voulais qu'une chose : plaire, faire plaisir. Aujourd'hui encore, je ne cherche qu'à plaire et faire plaisir.

Je ne pouvais pas être aussi belle ou aussi gracieuse que Jane, mais je pouvais sûrement être plus souple, moins encombrante. Je devins la préférée de ma mère, non pas pour ce que j'étais, mais parce que je cédais plus vite. Quand Jane se rebiffait et faisait une scène – elle était sensible, inquiète, aussi perdue que moi dans les méandres de l'adolescence – j'éprouvais une sensation de plaisir coupable lorsque maman s'exclamait : « Pourquoi n'es-tu pas plus comme Sarah ? »

L'intégrité de mon père est plutôt du genre inflexible. Ni la mode, ni les pressions de son milieu ne parviennent à l'ébranler. A une époque, mes parents étaient invités tous les hivers par la Famille royale à un week-end de chasse à Sandringham, l'un des domaines de la Reine. C'était une occasion pour papa de faire quelques mondanités, rencontrer le prince Philip et d'autres joueurs de polo influents et maman a toujours adoré monter à cheval avec la Reine. Mais un jour, papa assista à une autre chasse où l'on tua cinq cent cinquante faisans et perdrix, tous d'élevage. Papa revint à la maison, rangea son fusil et n'y toucha plus jamais.

– Ces oiseaux étaient magnifiques, je ne veux plus participer à ce genre de carnage déclara-t-il.

Il n'y eut plus de week-end à Sandrigham après cela, mais papa s'en fichait. Bien qu'indéfectiblement respectueux de la Famille royale, il accordait peu d'importance aux conventions de l'Establishment anglais. S'il n'avait pas envie d'enfiler une jaquette pour assister aux courses d'Ascott, il n'y allait pas, un point, c'est tout. Il avait sa propre vision des choses et ignorait les critiques.

La plus jeune fille du major, dont l'obsession unique était de plaire à tout le monde, ne pouvait que s'émerveiller d'une telle indépendance.

Papa avait aussi un côté ludique qui s'épanouissait surtout lorsqu'il nous « sortait » à Londres. Il tenait absolument à nous surprendre et refusait toujours de nous révéler notre destination. Il était capable de passer sans s'arrêter devant le théâtre où il avait prévu de nous emmener pour faire durer le suspens un peu plus longtemps. Ou alors, il annonçait un divertissement affreusement décevant : aller manger des œufs au plat au bacon ou entendre un de ces opéras wagnériens boursouflés, avant de changer de direction pour finalement nous emmener voir la pantomime de *La Belle au bois dormant*, spectacle dont nous rêvions depuis des semaines. Tout le long du chemin, nous devions jouer à un jeu dont les règles sont fort simples : suivre le chef. Si papa tournait autour d'un réverbère, maman devait faire la même chose, puis Jane et moi, ainsi que notre Nanny vieillissante et le cuisinier corpulent qui clôturait la marche. Car, quand papa organisait une sortie, personne n'était exclu.

Il y avait de longues périodes, cependant, où le polo accaparait tout son temps. Nous restions en tête à tête avec maman qui était la personne la plus brillante et la plus pétillante que j'aie jamais connue. Elle avait grandi pendant l'après-guerre, période où il était difficile de se déplacer ou de voyager et elle rattrapait le temps perdu. Elle nous emmenait faire du ski à l'étranger, organisait de fabuleux Noëls familiaux et des goûters d'anniversaire très élaborés, colorés et vivants. Mais elle n'avait pas besoin d'occasion particulière pour déployer sa joie de vivre, son enthousiasme et sa vitalité. Lorsqu'elle n'était pas en train d'organiser chez elle un gymkana (un concours local pour poneys), elle nous conduisait chez les autres ou invitait quelques-unes de nos amies de Danshill School : piscine, patinoire, cinéma ou cirque. Nous partions aussi en expédition à Londres, juste pour déjeuner, dans mon endroit préféré depuis toujours, chez Fortnum

& Mason où la mayonnaise est divine entre toutes. Mon menu était toujours le même. Une salade au jambon et ce dessert sublime que l'on appelle « trois dans un bateau » : un sorbet à la mandarine, un à la framboise et un au citron avec des framboises et des quartiers de mandarine. Un délice. Vous pouvez encore en commander un chez eux, si vous voulez.

Lors de ces expéditions nous pouvions, Jane et moi, inviter une amie chacune. Avec son rire en cascade et sa brillante espièglerie, maman faisait la cinquième fille. Elle était la mère la plus populaire du Hampshire, le genre de mère que vos amis qualifieraient de « super cool ».

Avec maman, tout était possible.

***

Peu de temps après notre emménagement à Dummer, maman et moi allâmes examiner un extraordinaire Welsh Cross alezan, pour mes compétitions équestres. Je tombai amoureuse de lui dès la première seconde : il avait une allure somptueuse et sa robe luisait au soleil. Même immobile, il avait du caractère. Il avait une drôle de façon de croiser ses antérieurs en vous regardant sagement.

Mais maman était plus prudente que moi. Son prix élevé l'avait peut-être fait réfléchir ou peut-être avait-elle un mauvais pressentiment.

— Vous pensez qu'il n'a pas de problème, demanda-t-elle au vendeur.

— Non, non, tout va bien, lui assura ce dernier.

Je fis donc un tour avec lui pour le tester et, devant le premier obstacle, le petit cheval se mit à regimber – il recula et rua comme un cheval de rodéo. Il n'agissait pas ainsi par peur ou parce qu'il était surpris. Il savait exactement ce qu'il était en train de faire et ce qu'il était en train de faire, c'était d'essayer de se débarrasser, par tous les moyens, de la petite chose présomptueuse qui encombrait son dos.

Mais il ne parvint pas à me faire chuter ; il venait de rencontrer son maître. Je lui donnai un petit coup de cravache cinglant sur les reins. Nous fîmes demi-tour et galopâmes à nouveau sur l'obstacle. Je lui dis qu'il avait intérêt à sauter cette fois, et bien. Il m'obéit et bondit comme un cerf. Plus jamais, il n'essaya de me surprendre... enfin, il le fit peut-être une ou deux fois, mais il savait ce qui l'attendait. Durant les années qui suivirent, ce cheval ombrageux se conduisit mal avec tout le monde sauf avec moi. Il m'a toujours donné tout ce qu'il avait.

Son nom officiel était Hartmoor Silver Sands, mais son nom d'écurie était Herbert et son petit nom, quand je me sentais spécialement affectueuse ou spécialement exaspérée, était tout simplement Herbie. Il était fait pour le cross, ma spécialité à l'époque. On entre sur la piste, on saute quelques petits obstacles, puis on fait une démonstration de dressage de base : le trot, le pas, le galop et le huit. Pour gagner, un poney devait être beau et discipliné et montrer un soupçon de puissance dans ses sauts. Herbert possédait tout cela. Jane ne fut plus la seule fille Ferguson à rapporter des trophées à la maison.

L'équitation n'est pas qu'une partie de plaisir. Je détestais bouchonner Herbert et tentais d'y échapper le plus souvent possible. Les seaux d'eau me sciaient les mains, et cette activité, comme l'apprentissage du dressage, m'ennuyait à mourir. Mais j'adorais sauter. J'adorais ça. Lorsque je tombais, je ne me plaignais pas. Je me relevais et je remontais.

Pour les shows équestres chics, Herbert et moi faisions une entrée remarquée. Nous avions un mécène, (comme la plupart des sportifs), Huntley & Palmer Ginger Nut Biscuits, une marque de biscuits très connue. Binnie qui me tenait lieu de palfrenier passait des heures à natter la queue de Herbert jusqu'à ce qu'elle ressemble à un paquet de biscuits en forme de tube. Puis, dans chacune des tresses de la crinière d'Herbert elle cousait de vrais biscuits de cette marque. Je portais un tee-shirt avec le logo de Huntley & Palmer dans le dos. Nous formions un couple formidable, mon poney et moi, lui avec sa robe alezan et moi, avec mes flamboyants cheveux roux.

Si vous avez peur d'un cheval, il le sent. Mais si vous lui faites confiance, il le sent aussi et il vous le rend au centuple. Herbert était mon véritable ami et je ne pouvais m'empêcher de sourire quand il malmenait ses autres cavaliers. Je l'avais dompté, séduit, apprivoisé ; notre attachement était exclusif et bien réel. Herbert me voyait comme j'étais. Il me comprenait à ce moment particulier de ma vie où je commençais à cacher à mon entourage mes meilleurs aspects – ma créativité, ma volonté, mon côté extraverti. Avec mon cheval, je pouvais me détendre ; il ne me jugerait pas.

Après mon onzième anniversaire, je commençai à travailler avec un autre cheval pour le jumping où les obstacles étaient plus hauts et les compétitions plus démocratiques. Dans ces concours, l'allure du cheval et son pedigree comptaient moins que sa bravoure et ses talents athlétiques. Spider était un puissant cheval noir, trapu et musclé ; lorsqu'on lui rasait la crinière, il ressemblait à un cheval de guerre romain. Il était solide comme un roc, résolu et digne de confiance, les trois qualités que j'appréciais le plus.

Lorsqu'on arrive devant un obstacle de plus d'un mètre de haut et de large, le cheval comme son cavalier doivent avoir la foi. Ils doivent faire équipe, dans le sens le plus profond. Ils ne doivent plus faire qu'un. Pour cela il vous faut gagner la confiance et l'amour du cheval. Si vous êtes à la fois ferme et gentil, si vous vous imposez comme le chef, mais que vous soyez en même temps son ami, alors il fera n'importe quoi pour vous et parfois plus.

Il ne m'était pas difficile d'aimer mes chevaux. Je parlais tout le temps à Spider ; j'allais m'asseoir dans son box et je lui apportais des carottes. Spider ne m'a jamais déçue en compétition, même si son goût pour les effets théâtraux pouvaient porter sur les nerfs. Spider entrait mollement sur la piste, se traînait jusqu'au premier obstacle qu'il touchait presque en sautant. C'était la façon de faire de mon poney et il était impossible d'exiger plus de lui. Dieu sait comment Spider *savait* qu'il suffisait de réussir le premier tour pour être qualifié pour la suite de la compétition où les règles étaient différentes. Il s'agissait là d'une course contre la montre. Pour gagner la deuxième épreuve, il lui fallait aller autrement plus vite.

Si l'on avait jamais vu Spider concourir, on ne lui donnait aucune chance au jump-off. Mais il devenait alors un cheval différent, comme s'il relevait un défi et qu'il dît, *ça suffit, je vais maintenant vous montrer de quoi je suis capable, mes potes*. Il partait comme une fusée, ralentissant à peine avant les tournants. Était-ce le bourdonnement de la foule ou l'enthousiasme de sa jeune cavalière qui donnait cette fougue à Spider ? Je l'ignore, tout ce que je sais, c'est que j'adorais ces instants de pur bonheur. Monter un cheval de cette qualité, si intelligent et si fidèle, est une sensation incomparable.

Spider était tellement empressé que j'avais toujours peur qu'il ne tente de sauter un obstacle trop haut pour lui. Au Horse Show de Hampshire, il pleuvait à verse cette année-là. Mon entraîneur, Dick Stiwell, me demanda si j'étais toujours d'accord pour concourir. L'herbe était glissante, mais j'étais une chasseuse de trophées, toujours à courir après les récompenses et je dis « oui, bien sûr ». Cette bonne vieille Fergie, naïve et enthousiaste, toujours prête, n'allait certainement pas laisser les intempéries lui dicter sa conduite. J'étais peut-être habitée par la peur du soir au matin le reste du temps, mais sur la piste équestre, j'étais intrépide et courageuse. Spider avait toujours sauté, n'avait jamais reculé devant l'obstacle. Spider ne m'avait et ne me laisserait jamais tomber.

Nous commençâmes très bien, les fers de mon poney s'accrochaient fermement au sol. Puis nous prîmes un tournant trop court. Les sabots de Spider se mirent à glisser sous lui juste au moment où nous étions en train d'atteindre l'obstacle. Un trois barres, en plus. Mais mon fidèle cheval si obéissant n'allait pas s'arrêter, car je ne le lui avais pas demandé. Il sauta et perdit tout contrôle. Il s'écrasa contre l'obstacle et la dernière image dont je me souvienne est cet animal puissant me tombant dessus.

Spider ne fut pas blessé, mais je subis une forte commotion qui m'obligea à rester deux jours au lit, l'équivalent de la prison pour moi. Depuis cette mésaventure, j'ai de sévères problèmes de dos. Mais c'est ainsi que je vis ma vie depuis mon enfance : prendre de grands risques pour gagner le sommet. Je vise la perfection, et je suis prête à passer toutes les épreuves.

Même si personne ne peut y arriver, moi, je peux.
Même si je ne peux pas.

L'année de mes douze ans fut l'année de tous mes succès. Propriétaire de deux poneys – une véritable *écurie* dans mon esprit – je collectionnais les trophées à la douzaine. Maman, toujours attentionnée, les fit tous graver au nom de ma monture. Parfois, je gagnais un prix en espèces, 250 francs ou plus que je dépensais jusqu'au dernier penny pour Spider : une nouvelle couverture, une nouvelle bride ou de nouveaux bandages.

J'avais un esprit de compétition féroce, mais je n'étais

pas une mauvaise perdante ; maman m'avait inculqué cela très tôt. Lorsque je perdais, un paquet de chips, un Coca-Cola et le prix de consolation, lorsqu'il y en avait un, suffisaient à me réconforter. Et hop, je passais à autre chose. Je n'accusais jamais mes poneys de mes échecs et, lorsque j'échouais, je pensais que c'était plutôt ma faute.

Mon heure de gloire vint lorsque je fus qualifiée dans la catégorie cross de Peterborough, un championnat national. C'était extraordinaire d'en être arrivée là et je savais que j'avais de fortes chances de gagner. J'avais déjà rencontré et battu toutes les autres concurrentes au cours de la saison. Le vainqueur de cette épreuve devait participer au Royal International Horse Show, ce qui était mon plus grand rêve.

Deux semaines avant le concours, je jouais à chat-vélo avec Jane à la maison. L'une d'entre nous comptait jusqu'à cinquante, pendant que l'autre partait se cacher, puis la première se lançait à la poursuite de la seconde. Le soleil commençait à descendre dans le ciel de cet après-midi d'été, et c'était moi qui avais eu la petite bicyclette toute la journée. Comme j'étais devenue aussi grande que ma sœur, je trouvais qu'il aurait été juste que nous nous échangions nos vélos. Jane refusa et je partis furieuse en pédalant à toute vitesse. Il y avait des gravillons dans l'allée et je n'avais pas remarqué les nouveaux fils de fer barbelés qui venaient d'être posés autour de la pâture. Je pris le virage en trombe et passai à travers la clôture de barbelés sans même avoir le temps de baisser la tête et il y eut cette étrange sensation : j'avais l'impression d'avoir été coupée en deux.

Je poussai ma bicyclette jusqu'à la maison, le sang se répandant sur ma chemise. J'allai jusqu'au bureau de ma mère qui téléphonait, dos à la porte.

– Maman, je crois que je me suis coupée, dis-je.

Elle se retourna vers moi et dit à son amie qu'elle la

rappellerait un peu plus tard, comme s'il n'y avait rien de grave.

— Bien, dit-elle après avoir raccroché, nous ferions mieux d'aller chez le médecin.

Son calme était extraordinaire.

Je montai dans la voiture et m'installai sur les genoux de papa. Je tenai son pouce dans la main et faillis le briser lorsque la première vague de douleur me submergea.

Maman raconte que mes cris chez le médecin — lorsqu'il nettoya ma blessure et me recousit — étaient pour elle pires que tout : ils étaient si stridents, si pleins de souffrance.

Ce fut pour moi un double coup dur. D'abord, je ne pouvais plus participer au concours hippique de Peterborough, ce qui me crucifiait. J'avais été si fière. Papa, maman et Jane devaient venir me voir. Papa avait acheté un nouveau van dans lequel nous devions camper — une vraie sortie familiale. Pour une fois, j'obtenais l'approbation de tous et les réunissais en prime. Exactement ce que j'étais supposée faire. Mais, une fois de plus, je fichais tout par terre.

Pis encore, mon pauvre torse d'enfant de douze ans était balafré de mille écorchures : j'ai encore les cicatrices.

L'année qui suivit, j'étais devenue trop grande pour m'amuser avec Herbert. Nous n'avions pas les moyens de le garder ; nous le vendîmes trois fois son prix. Ce fut un déchirement : c'était un véritable ami et je n'en avais pas tant que ça.

Je n'oublierai jamais ce fameux jour où je percutais les fils de fer barbelés. Mais le souvenir le plus poignant, alors que ma famille s'est éparpillée aux quatre coins du globe, n'est ni la douleur, ni les innombrables points de suture que dut me faire ce médecin, ni même ma déception d'avoir raté ma chance à Peterborough. Non, ce dont je me souviendrai toujours, c'était de m'être assise sur les genoux de papa et de serrer son pouce de toutes mes forces en me demandant si la vie reprendrait un jour un cours heureux...

Ce fut l'une des dernières fois où je vis papa et maman ensemble.

CHAPITRE II

Des chaussettes irrévérencieuses

L'été suivant, en 1972, mes parents partirent en vacances à Corfou. Maman y fit la connaissance d'un Argentin, Hector Barrantes. Ce qui découla de cette rencontre ébranla Dummer Down et modifia radicalement la vie de tous ses habitants.

Avant d'être l'un des meilleurs joueurs de polo au monde, Hector fut une star du rugby et un champion de boxe poids lourd. Il était large, fort et puissant – « un ours énorme qui manie son maillet de polo comme un poteau télégraphique » comme le décrivit un jour son patron, Lord Vestey. Son surnom était *El Gordo*, « le gros ». Mais à cheval, il semblait perdre instantanément vingt-cinq kilos et montait avec une incroyable finesse.

A cette époque, Hector était aussi un homme terriblement seul ; il venait de perdre sa femme, enceinte de huit mois, dans un accident de voiture. Ma mère et lui devaient se trouver. La rencontre et le lien qui les unit immédiatement avaient la force des choses prédestinées.

A la fin de l'été, mes parents rentrèrent à la maison ensemble ; mais séparés.

Maman était prête pour un grand changement – j'avais vu mûrir ce besoin en elle depuis un bon moment. Elle avait été élevée en parfaite jeune fille de l'aristocratie ; une éducation très stricte, une scolarité limitée suivie d'un passage dans une école de secrétariat ; des débuts dans le monde à Buckingham Palace au bal des débutantes, devant la Reine ; un mariage quelques mois plus tard à l'âge encore tendre de dix-huit ans. Elle était la jeune fille la plus gaie et la plus vivante qui soit, mais quinze ans de mariage et un mari trop souvent absent, ailleurs, lui avaient coupé les ailes. Je n'ai jamais entendu mes parents se disputer – maman n'a jamais été malheureuse à ce point. Il y eut simplement de moins en moins de ces sourires éblouissants. Et de plus en plus de longues chevauchées solitaires à travers la campagne.

Elle organisa notre dernier Noël en famille. Un vrai Noël traditionnel, mais où la gaieté semblait tristement forcée. Peu après, elle commençait à vivre entre Dummer Down et Londres où nous possédions une petite maison à Chelsea. Elle se mit à voyager avec Hector et, l'automne suivant, elle quitta Dummer pour de bon.

Dans le même temps, je dus moi-même faire face à un changement fort traumatisant. Jusque-là, j'avais été à l'école à Daneshill School où je m'étais fait des amies, qui le sont encore aujourd'hui. Claire et Lulu m'appelaient « Ginger », mais on m'y surnommait plutôt « Fergie », surnom moyennement délicat qui avait été d'abord celui de mon grand-père. J'étais la meneuse, indomptable et imprévisible ; la tignasse en bataille et le pull de travers. Mais Daneshill était une école tolérante dont la directrice, Mlle Valence, était adorable. J'y étais extrêmement heureuse.

Arriva le moment où il fallut me choisir un lycée. En 1972, Daneshill School ferma ses portes et mes parents décidèrent de m'envoyer à Hurst Lodge à Sunningdale que Jane fréquentait déjà. Je devins interne. J'avais beau revenir tous les week-ends à Dummer, j'étais effondrée. Toutes mes amies étaient parties à St Mary Vantage à Oxford, une bien meilleure école, du point de vue scolaire. Une fois de plus, je me demandai ce qui clochait en moi qui faisait que je n'y avais pas été acceptée.

A l'origine, Hurst Lodge était une école de danse et continuait à être dirigée par sa fondatrice, Doris Stainer, la sœur de Leslie Howard, une toute petite vieille dame absolument intimidante. L'école avait été une importante section d'art dramatique ; Juliet Stephenson était une classe au-dessus de moi et ma meilleure amie s'appelait Florence Belmondo, la fille de Jean-Paul.

J'étais comme un poisson hors de l'eau. Moi, une fille de la campagne, sportive et un peu sauvage, qui adorais le grand air et qui avais besoin de me dépenser, je me retrouvais flanquée dans ce vieux manoir biscornu au beau milieu de la ville. Je n'avais rien en commun avec les autres élèves, des filles de famille du show-business, sophistiquées. Moi qui avais l'habitude de courir des kilomètres, j'étouffais dans l'air chargé de la ville. Moi qui avais toujours dormi les fenêtres grandes ouvertes, blottie sous des montagnes de couvertures, dus y renoncer – on me fit comprendre qu'il était risqué de laisser les fenêtres ouvertes. Je crevais donc de chaud dans mon lit en maudissant le chauffage central.

J'étais convaincue que quatre-vingt-dix-neuf pour cent des élèves de Hurst Lodge étaient plus douées que moi. J'étais douloureusement consciente de ce que j'étais. Mon derrière était trop gros et mon visage bêtement couvert de taches de rousseur. Mon physique m'angoissait.

Lorsque, à l'adolescence, on souffre d'un problème de poids, une école de danse n'est peut-être pas tout à fait le meilleur endroit où suivre une scolarité. Hurst Lodge abritait une colonie de sylphides incroyablement minces et souples, qui ployaient leur cou gracile en se regardant dans les grands miroirs des salles de danse. Et voilà que déboulait cette bonne vieille Fergie, rebondie et grimaçant devant sa propre image.

On ne peut pas dire que les quelques lettres pleines de gaieté que je recevais des copines de St Mary's Vantage racontant « on s'amuse toutes comme des petites folles, et toi, Fergie, comment ça se passe ? » me remontaient vraiment le moral.

De mon côté, comme pourrait en témoigner ma camarade de chambre Florence, je mangeais trop et je pleurais avant de m'endormir.

Je ne vivais que pour mes week-ends à Dummer, qui se révélaient, eux aussi, décevants. Sans maman, ce n'était pas la même chose, il manquait sa joie de vivre et les grands bouquets de fleurs fraîches qui illuminaient la ferme. Sans elle, la maison semblait éteinte, grise, terne.

Papa engagea une série de gouvernantes. Il y en avait une particulièrement drôle, mais qui était aussi très dure. Chargée, entre autres, de ma garde-robe, elle m'imposa collants de Nylon et lourdes jupes de lainage, deux matières auxquelles je suis allergique. J'eus d'épouvantables démangeaisons pendant des années, mais personne ne m'écouta. Ces horribles jupes plissées me donnaient l'aspect d'un tonneau. Je me souviens que, pour ma première soirée, j'avais demandé que l'on m'achète une robe à Londres. A la place, on m'en confectionna une avec du tissu acheté à Basingstoke.

Je ne fus pas franchement la reine de cette soirée-là, ni d'aucune de celles qui suivirent. Je confiais mes terribles malheurs à la douce Florence, mais comment aurait-elle pu me comprendre : elle était superbe, française, et portait des chaussures et des vêtements d'une sublime élégance.

Lorsque je me plaignais à la maison, la gouvernante

estimait que je prenais les choses trop au sérieux et que je manquais d'humour. Son zèle à me transformer n'épargna pas la plus petite parcelle de ma personnalité. Elle voulut même changer mon écriture qu'elle ne trouvait pas « convenable », selon sa propre expression, et elle s'échina à la rendre plus ronde.

Comme c'était prévisible, je me rebiffai. Je troublais la paix de Dummer Down de mes cris et hurlements de colère, de bruits d'escaliers montés quatre à quatre et de portes claquées furieusement. Mais je me rebellais aussi de façon plus insidieuse : je mangeais de façon compulsive, je m'empiffrais. Les menus de la maison souffraient de l'absence de maman ; la grande recette de papa, la seule, était le plat d'œufs brouillés au fromage. Pis, mon amour de la saucisse avait tourné à la passion. J'engouffrais une demi-douzaine de saucisses dans le four parce que c'était comme ça que je les préférais et j'en mangeais au petit déjeuner, à onze heures, au déjeuner et à l'heure du thé où je les agrémentais de quelques toasts beurrés et d'œufs durs. Je festoyais ainsi, toute seule, sur la table en pin de la cuisine.

A l'époque lointaine de Daneshill, j'étais une petite fille débordante d'énergie, mais parfaitement normale. A l'adolescence je me trouvais grosse et rêvais de ne plus l'être. Je me sentais laide, hideuse. Une sorte de larve dont la chrysalide ne deviendrait jamais papillon. J'étais persuadée que je ne parviendrais jamais à attirer l'attention d'un seul garçon.

Aux alentours de mon quatorzième anniversaire, Jane ne faisait plus que de rares apparitions à Dummer. Après avoir quitté l'école et suivi des cours de secrétariat, elle avait tenu un magasin pendant quelques mois et s'était installée chez maman à Chelsea. Ensuite, assez rapidement, elle s'envolerait pour l'Australie, s'occuper, avec son mari Alex, le conducteur de travaux qui avait construit notre école d'équitation, d'un ranch de moutons. Elle souffrait, je crois, des mêmes manques que moi. Mais alors qu'elle partait le plus loin possible, je m'enfonçais de plus en plus, à la recherche de... quoi ? Je ne sais pas. Ma sœur vivait peut-être à l'autre bout du monde, au fin fond de l'Australie, parmi les serpents et les araignées mortelles, mais nul n'aurait pu dire laquelle de nous deux vivait dans l'endroit le plus étrange. Car, mon père et moi, naufragés d'une vie qui n'existait plus, avions été rejetés sur une île inconnue, dont aucune carte ne signalait la présence.

Dès lors que maman disparut de sa vie, papa devint une sorte de reclus : il y avait son polo, bien sûr, mais en dehors de ça, pas grand-chose. En société, on le trouvait réservé, distant même, alors qu'il n'était, en réalité, qu'incroyablement timide. Malgré ses fanfaronnades, papa était rongé par l'angoisse et le doute. Je sais qu'il avait eu un frère, le fils préféré, un artiste doué qui mourut à l'âge de douze ans d'un empoisonnement alimentaire, éternellement figé dans sa perfection potentielle. Papa ne pouvait rivaliser avec cette icône. Ni, comme la vie se chargea de le lui montrer, chausser les bottes de son glorieux père qui avait fait la Seconde Guerre mondiale sous les ordres de Monty.

Bien que rigide, papa avait une grande générosité de cœur, et une grande sensibilité, si l'on arrivait à l'atteindre. Il traitait tout le monde avec respect, sans se soucier des classes sociales et n'avait pas peur de se salir les mains. (S'il y avait un problème avec un conduit quelconque qui passait au milieu d'un étang et que le plombier déclarât forfait, sans hésiter papa roulait les jambes de son pantalon pour patauger dans la boue.)

A l'époque où mes relations sporadiques avec maman semblaient compliquées, papa ne parla jamais d'elle qu'en termes élogieux, sans jamais laisser poindre la moindre amertume dans ses intonations. Je lui en étais infiniment reconnaissante, ainsi que de son comportement digne et courtois lorsqu'il rencontrait Hector sur un terrain de polo. Je respectais la façon dont il avait vécu le départ de maman, combien il s'était montré stoïque, comment il avait ignoré les murmures scandalisés qui s'étaient répandus dans la région. Je me souviens aussi qu'il était si élégant les jours de fête dans son costume Brooks Brothers. De tous les pères, il était le plus beau ; et le moins guindé.

Papa était aussi un romantique de première catégorie. Lorsque j'étais enfant, il me submergeait de cartes d'anniversaire, de sa part et de celle de maman, mais aussi de la part du chat, du chien, des poneys, de la maison, et de la voiture même. A Hurst Lodge, le jour de la Saint-Valentin, je reçus des lettres de Birmingham, Glasgow et Manchester. Papa les avait envoyées à des amis pour qu'ils me le renvoient. Il voulait que les filles de l'école pensent que j'avais une kyrielle d'amoureux – une idée chimérique, pensai-je, mais tellement délicieuse.

Papa savait que maman et ses petites attentions me manquaient. Un matin de Noël à Dummer après le départ de maman, il se rendit compte que personne n'avait garni ma chaussette de Noël. En l'honneur de mon permis de conduire que je venais juste d'obtenir, il fila à la station-service la plus proche avec une taie d'oreiller et la bourra de liquide antigel, de lave-vitres et autres accessoires auto en laissant tous les prix dessus. Puis, il fit tomber le paquet au pied de mon lit et s'exclama avec emphase :

– Voilà ta chaussette !

C'était une si jolie attention, si gentille. Cette année-là, le père Noël était passé par le garage !

Mais papa était dépassé par son rôle de parent isolé. Je sais, d'expérience, que c'est un rôle exigeant et je suis sûre qu'il devait se sentir perplexe et un peu perdu.

C'était un père très, très dur. Je n'ai jamais trouvé gênant qu'il me fasse faire ma propre lessive et mon propre repassage ou cuisiner nos repas – ces tâches m'ont donné des bases solides et j'en suis contente aujourd'hui. Mais papa était plus que strict. Il avait tendance à satisfaire en priorité ses propres besoins et exigences et, s'il n'avait pas envie de faire quelque chose, il s'en dispensait – le côté sombre de cette indépendance que j'admirais tant. Lorsque mes revendications l'ennuyaient, il me traitait d'enfant gâtée, vaniteuse, égoïste et – comme j'ai haï ce mot – de « fardeau ». Aucune de ses filles ne jouerait à la princesse au petit pois, jurait-il; il me maintiendrait à ma place. Ce que papa ne voyait pas, ne pouvait pas voir, c'est à quel point j'avais du mal à tenir dans la toute petite place qui m'était octroyée.

Comme beaucoup de pères, papa sous-estimait le poids de ses mots. Il n'avait pas l'intention de me rabaisser, ce n'était pas un homme cruel. Ses reproches naissaient de la fatigue et d'une tristesse profonde, d'autant plus profonde qu'elle n'était pas exprimée. Mais les enfants ont tendance à tout prendre au premier degré. J'admirais mon père de façon inconditionnelle et, à treize ans, je pris pour argent comptant le fait que j'étais une fille égoïste et gâtée et un fardeau pour tout le monde. En fait, je n'ai jamais cessé de le penser. Ces mots blessants, je les ai reçus comme une vérité première, une doctrine indiscutable.

A d'autres moments plus sereins, où nous étions plus proches, papa me traitait comme un garçon. Lorsque nous n'étions pas en train de regarder ensemble des films de guerre ou nous préparer pour le prochain match de polo, nous nourrissions les animaux, promenions les chiens, sortions nous balader quelquefois, on s'occupait aussi de la vidange de la voiture. Papa était fier que je mène à bien toutes ces tâches et que je ne me plaigne jamais. Il ne se rendait pas compte à quel point je m'appliquais à essayer de le satisfaire. En fait, je ne m'autorisais jamais à *être* moi-même : une adolescente fragile et douloureusement hésitante.

Je n'avais aucune idée de comment me comporter en société : quelles jupes nécessitaient un jupon ou comment devais-je me tenir dans les soirées – par exemple, comment dansait-on avec un garçon ? En tant que pensionnaire qui rentrait chez elle tous les week-ends, je n'étais ni une vraie interne, ni une vraie externe, donc forcément hors du coup. A Hurst Lodge, j'avais l'impression d'être une arriérée en comparaison des élégantes petites citadines qui rentraient à Londres le vendredi soir. Dans le Hampshire, ma présence était trop irrégulière – et je manquais trop de confiance en moi – pour m'intégrer dans le « bon » milieu, le milieu d'Ascot où maman avait brillé si longtemps. Je préférais rester à Dummer et endosser le double rôle de maîtresse de maison et de *fils* respectueux.

Et puis il y avait toutes les terrifiantes Questions féminines. Je m'y connaissais plus en mécanique qu'en anatomie et papa n'était pas précisément la personne à qui je pouvais poser ces questions-là. Il était de la vieille école : veille à ta bonne réputation, ne fais pas ceci et ne fais pas cela, sans les sous-titres.

Je menais une vie bien terne. Je montais moins bien à cheval. Avec le départ de maman, ce n'était plus aussi drôle. Au fur et à mesure que je grandissais, les nerfs d'acier qui m'avaient permis de rafler tant de trophées dans les concours hippiques me lâchaient. Le peu de confiance que j'avais en moi s'était évanoui.

J'étais en proie à tant de frayeurs, à l'époque, une masse de frayeurs. La plus ancienne, la plus tenace, était ma peur du noir. Une nuit, je me réveillai dans l'obscurité, totalement terrorisée. Je sortis de ma chambre pour trouver un réconfort dans celle de papa – je dus vraiment rassembler tout mon courage pour emprunter ce petit bout de couloir plongé dans les ténèbres. J'ouvris la porte et découvris, pétrifiée, qu'il était avec une petite amie. Elle m'accusa d'emblée de les avoir surpris intentionnellement. C'était faux : j'étais terrifiée et j'avais besoin de mon papa.

Je me suis souvent rappelé cet incident lorsque, plus tard, on m'accusa, à plusieurs reprises, d'avoir prémédité ceci ou cela ; je me disais alors, *mon Dieu, ils n'ont aucune idée de qui je suis en réalité*. Non seulement je ne voulais faire de mal à personne, mais surtout j'étais *incapable* de préméditation : je vivais dans un état de conscience imprécise, ballottée au gré de peurs inexprimées et d'envies vagues. Je n'étais pas consciente de ce que je faisais, pas vraiment. Je trébuchais juste dans la nuit noire, espérant être encore vivante au petit matin.

La seule lueur de bonheur pendant cette période épouvantable était ma grand-mère, l'Honorable Doreen Wright. Femme énergique, fumeuse invétérée à la loyauté sans faille, Jane et moi l'appelions Grummy. Quand maman – son bébé – quitta son « ex-gendre » comme elle l'appelait, elle avait plus de soixante-dix ans et elle venait à Dummer les week-ends pour s'occuper de moi. Les gens trouvaient bizarre que ma grand-mère continue à venir à la ferme. Mais papa et elle étaient très proches. Elle n'autorisait personne, pas même maman, à dire du mal de papa. C'était comme si elle refusait d'entériner leur séparation ; elle n'avait d'ailleurs jamais accordé le divorce à son mari, un capitaine d'industrie dans l'acier, même lorsqu'il se fut installé avec une autre femme.

L'amour inconditionnel était un principe de base

chez Grummy et j'en étais la principale bénéficiaire. Elle avait été une mère rigide et sévère pour maman et elle restait une femme assez inflexible, mais l'on pouvait discuter de tout avec elle, de la religion à la pilule. Lorsque je fus un peu plus âgée, elle approuva tous mes petits amis, au contraire de papa qui ne les trouvait jamais assez bien. Parce qu'elle ne me jugeait jamais, je me confiais à elle en toute liberté, laissant même, de temps à autre, s'exprimer la vraie Sarah.

Comme maman, Grummy avait le sens du plaisir. Les dimanches matin, nous ne dérogions jamais au rituel : tout d'abord la messe (c'était une fidèle de l'Église d'Angleterre), puis un arrêt à la poste pour acheter des bonbons. Grummy déclarait que Dieu avait le sens de l'humour et que, donc, nous devions rire le plus possible – on riait beaucoup, comme des collégiennes, et nos fous rires nous jetaient dans les bras l'une de l'autre. Mais elle était aussi capable d'une grande tranquillité. Elle s'asseyait au salon et brodait pendant des heures sans jamais relever la tête. Sa seule présence me réconfortait.

Grummy m'apprit à aimer la vie, à en apprécier chaque instant. Elle m'enseigna aussi l'importance des bonnes manières, la nécessité de la bonté et de la compassion, la valeur de l'humilité. Lorsque je me sentais cafardeuse, grosse, seule, elle m'initiait à une autre vision des choses. Elle me répétait souvent cette phrase de saint François d'Assise : « Cherchez à aimer et non à être aimé ; cherchez à comprendre et non à être compris. »

Peu à peu, j'ai compris ce que cela signifiait : s'enfoncer dans son propre malheur n'est que complaisance ; je devais donner aux autres pour trouver le bonheur.

– Cesse de vouloir toujours plus, me disait-elle.

C'était le credo de Grummy, un credo noble et éternel. Et un outil idéal pour une jeune fille comme moi qui voulait plaire à tout le monde.

Mais les mots de saint François d'Assise n'avaient pas le pouvoir de résoudre tous mes problèmes. Ils pouvaient présider à de nobles actions et de hautes pensées, mais ils ne pouvaient tout simplement pas m'aider à trouver qui j'étais ou, plus crucial encore, ce pourquoi j'étais faite.

* *
*

A la fin de l'année 1973, maman et Hector repartirent en Argentine explorer les possibilités de s'installer là-bas pour de bon.

Elle débarqua à cette époque à Dummer un week-end. Elle était venue pour une raison précise, cela se voyait à ses gestes et à sa démarche décidée. Elle rejoignit papa dans le salon et ferma la porte derrière elle. Jane et moi restâmes muettes, attendant dans l'entrée une décision dans laquelle nous n'avions pas notre mot à dire.

Soudain, la porte s'ouvrit en grand et maman sortit de la pièce comme si elle cherchait à s'enfuir. Elle était tellement préoccupée par sa conversation qu'elle passa devant nous sans même nous remarquer. Encore moins notre nouvelle coupe de cheveux. Et elle s'en alla.

Peu de temps après, mes parents divorcèrent et maman alla vivre officiellement avec Hector dans le Gloucestershire pendant la saison de polo. Cet été-là, elle revint une dernière fois à Dummer.

– Je m'en vais, je vais vivre avec Hector, annonça-t-elle.

Je me souviens, j'étais allongée sur mon lit à baldaquin à ce moment-là et je me suis dit, *tant mieux, j'aurai plus de cadeaux à Noël*. En fait, j'étais soulagée. Je n'étais plus responsable du bonheur de maman, c'était maintenant à Hector de s'en préoccuper.

Maman me demanda dans quelle chambre j'allais

m'installer après son déménagement. Elle voulait la décorer pour moi. Je choisis une petite pièce mansardée toute biscornue qui me convenait parfaitement.

— Tu n'es pas trop malheureuse, alors ? me demanda maman.

Cherchez à comprendre et non à être compris...

— Non, ça va, je suis très contente, répondis-je avec sincérité.

Effectivement, j'étais contente parce que Hector l'aimait et que je m'entendais bien avec lui. Et tout au fond de moi, j'étais heureuse du bonheur de maman. Tout serait plus facile. Encore une fois, je n'aurais plus à m'inquiéter pour elle. Des années plus tôt, lorsqu'elle sortait dîner, je lui laissais un mot qui disait « Maman, tu vas revenir, hein ? » Je devais penser à un accident de voiture ou quelque chose comme ça. Mais c'était aussi une angoisse plus diffuse.

Je n'ai jamais éprouvé de colère envers maman. Je n'ai jamais cessé de l'aimer. Son abandon était relatif et je ne voulais pas risquer de perdre ce qui me restait. Je pouvais encore assister aux matchs de polo et passer certains week-ends avec elle et Hector. Même si je n'étais pas tout à fait sûre qu'elle était vraiment *avec moi*. Hector venait en premier et je ne voulais pas m'imposer. Je devais me tenir tranquille pendant la sieste d'Hector qui précédait chaque match. Je devais être une gentille petite fille.

Maman et Hector se marièrent l'année suivante.

Je pensais à tout, durant l'été 1974, sauf à mes études. Les mathématiques me passaient complètement au-dessus de la tête et j'avais fait d'énormes efforts en anglais, mais je n'arrivais pas à me concentrer. « Bien qu'enthousiaste et désireuse de plaire », notait mon professeur principal sur mon bulletin du troisième trimestre, « Sarah n'a pas encore appris à canaliser son énergie dans la bonne direction. Son travail est irrégulier et son comportement désordonné. Elle doit apprendre à se contrôler... »

Je ne savais pas trop où j'en étais, c'est le moins que l'on puisse dire... Une fois, je mis de la colle sur le siège du professeur : j'ai longtemps joué le rôle du clown afin de détourner l'attention de mes lacunes et cacher ma timidité dans le rire général que je déclenchais par mes facéties.

Mais, d'une certaine manière, j'étais assez consciencieuse. J'avais un esprit et une intelligence qui attendaient qu'un professeur les découvre et leur accorde un peu d'attention. J'adorais la géographie et l'histoire, en particulier, l'histoire des rois d'Angleterre. Je dus, un jour, disserter sur la monarchie : était-elle « nécessaire » ou « une perte d'argent » ? J'en vins à la conclusion que la monarchie comme la poursuite d'un plaisir honnête étaient légitimes.

La Famille royale coûtait peut-être très cher, concédai-je, mais « elle stimule notre fierté, notre volonté de réussir, notre confiance et l'espoir que nous mettons dans nos destins... Nous ne devons pas nous dépouiller de toutes nos traditions, nous devons en tirer le meilleur et profiter de leurs bons côtés... » Pour une raison que j'ai oubliée, j'avais barré le dernier paragraphe. Un paragraphe que j'aurais certainement maintenu si j'avais su de quoi mon avenir allait être fait : « ... Non, la Famille royale n'est pas trop riche, cet argent sert à représenter dignement l'Angleterre... »

A l'automne suivant, je réussis à redresser la barre : « Sarah a fait, ce trimestre-ci, beaucoup d'efforts sur le plan scolaire » notait mon bulletin.

Et je commençai à explorer un nouvel exutoire : le

théâtre. Je pouvais enfin jouer de ma voix, de mon poids et de mon drôle de visage, et je savais me fondre, avec délice, dans un rôle. Dans *Alice au pays des merveilles* que nous avions mis en scène, je jouais la Reine de Cœur, ce qui m'allait comme un gant : il fallait juste beaucoup d'humour et un gros derrière...

Si vous consacrez toute votre énergie à plaire, si vous faites passer les envies des autres avant les vôtres, il est alors assez facile de devenir populaire. J'avais avalisé les bonnes manières de maman, l'efficacité brusque de papa et la maxime de saint François préférée de Grummy à tel point que je ne tenais aucun compte de mes propres sentiments. Quand à les affirmer, comment y parvenir, puisque je ne les connaissais même pas ? Florence Belmondo souhaitait que la fenêtre de notre chambre soit fermée ? Je capitulais immédiatement. Même si le manque d'oxygène me donnait la migraine : « D'accord, comme tu veux... » répondais-je invariablement. (Cela dit, je dois avouer que, plus d'une fois, j'ai attendu qu'elle s'endorme pour rouvrir en douce.)

Après un millier de concessions de ce type, je fus nommée préfète et, au cours de ma quatrième année à Hurst Lodge, je fus élue présidente de ma promotion. Toujours prompte à me rabaisser à mes propres yeux, je trouvai une explication imparable : « Je suis tellement incontrôlable qu'elles étaient obligées de m'élire pour que je me tienne un peu mieux. » J'étais responsable de la prière et des réunions, et je représentais les élèves devant les professeurs. Si une fille ne respectait pas le couvre-feu, j'étais censée la dénoncer, mais il ne fallait pas compter sur moi pour jouer les mouchards : j'étais bien trop occupée à enfreindre moi-même les règles. En revanche, si j'en surprenais une en train de tyranniser une autre élève ou si je trouvais qu'un jeu était déloyal, j'y mettais immédiatement fin.

Selon toutes les apparences, j'étais parfaitement intégrée à cette école. Pourtant, je ne m'y suis jamais totalement sentie à ma place. J'étais une redoutable joueuse de tennis, une nageuse fulgurante, centre et capitaine de l'équipe de netball de l'école (le netball est une variante du basket-ball, sans panneau). J'adorais le netball – l'esprit d'équipe, le sentiment d'appartenir à un groupe... Je couvrais tout le terrain en attaque et avais dans ma manche quelques bons trucs de défense, on ne me passait pas facilement ; j'étais vraiment une bonne joueuse.

Mais les sports avaient beaucoup moins d'importance que la danse à Hurst Lodge qui sera toujours le temple de la danse. Je me débrouillais plutôt bien, et fus plus d'une fois en tête de la barre (cette position est un honneur et une récompense : les autres élèves prennent exemple sur la première), mais ce n'était pas ma priorité. Un après-midi, j'avais un match de netball juste après le cours de danse. De peur de ne pas avoir le temps de me changer, je décidai de suivre le cours en short et en tee-shirt blanc, ma tenue pour le match qui devait suivre, et de glisser mes superbes chaussettes vertes (que m'avait envoyée maman) dans mes chaussons de danse.

La base, l'armature, l'essentiel de la danse est la discipline. Je faisais, involontairement, par le port d'un costume vulgaire et inapproprié, acte d'irrévérence caractérisée et de *moquerie*! Comble de malchance, Doris Stainer elle-même décida d'assister à notre cours. Son regard perçant s'arrêta à ma hauteur et elle jeta d'une voix glaciale : « Mademoiselle Ferguson, veuillez me suivre, s'il vous plaît. » Dans le couloir désert, cette minuscule et terrible vieille dame se tourna vers moi et tendit le cou pour vriller son regard au mien.

– Vous êtes *définitivement* exclue du cours de danse ! siffla-t-elle avec fureur.

Le cours de danse me manqua, vraiment, mais les sentences définitives de Doris Stainer étaient sans appel.

Tout ça à cause d'une paire d'irrévérencieuses chaussettes... Il me fallut plusieurs années avant de rire de cette histoire. A l'époque, cette mésaventure me semblait symptomatique : j'étais tout simplement une idiote, incapable de se conformer aux règles, et encore plus de s'y opposer, puisque je ne les comprenais pas.

« Je suis à nouveau à l'école, écrivais-je à une amie en mars 1976, et Dieu sait pourquoi, je me sens affreuse et déprimée (encore!)... J'ai tellement hâte de quitter cet endroit... » Je continuai en lui exposant le programme d'un week-end que je projetais à Eton et en lui expliquant « mon désir d'un petit ami » puis m'excusai à trois reprises de m'être autant plainte.

Deux mois plus tard, je quittai Hurst Lodge pour de bon, sans me sentir le moins du monde accomplie. Au contraire, j'étais totalement perdue. Je n'avais pas d'ambition particulière et n'avais aucune idée de ce que je devais faire.

Mes camarades de classe s'inquiétaient elles aussi pour leur présidente... Dans mon livre d'or, un petit mot en témoigne : « Ne t'inquiète pas, Sarah, les choses sont moins pires qu'elles n'en ont l'air. »

Je rentrai à Dummer. Je menais mon poney à un train d'enfer dans la campagne pour le simple plaisir de sentir le vent dans mes cheveux. Lorsque nous galopions, plus rien d'autre n'existait, seule cette sensation de liberté absolue, cette sensation enivrante que rien ni personne ne pouvait me rattraper. Je parvenais même à semer ma solitude.

Mais l'on ne peut pas passer sa vie à galoper. Le 26 juillet 1976, papa organisa à la ferme une réception pour célébrer le mariage de Jane et Alex. Maman vint bien sûr, et ce fut une journée délicieuse, jusqu'à ce que la fête se termine. Jusqu'à ce que les deux femmes (ma mère et ma sœur) que nous aimions le plus au monde soient parties et que nous nous retrouvions tous les deux en tête à tête, mon père et moi.

Le traiteur et son équipe avaient laissé la cuisine dans un état épouvantable. Le sol était couvert de taches de framboises. Nous nous sommes donc mis à quatre pattes pour frotter le carrelage et ce fut la première fois de ma vie que je vis papa pleurer. Sa détresse me toucha au plus profond de moi-même – je comprenais tellement bien ce qu'il ressentait. J'étais tout ce qui lui restait.

J'avais seize ans et ce fut à ce moment-là – où un lien invisible, mais presque palpable naquit – que je me débarrassai des derniers lambeaux de mon enfance et que je jurai de prendre soin de mon père, de le soutenir, quoi qu'il arrive.

Il était temps, avant de m'installer définitivement dans la routine de la respectabilité, que je m'offre cet interlude consacré par l'usage : le voyage à l'étranger.

Je n'avais pas la moindre idée de ce que j'allais faire en Argentine. J'y allais tout simplement parce que ma maman me manquait. Je voulais la voir, et j'avais besoin de la voir en Argentine, là où elle vivait, pour que son monde, jusqu'alors imaginaire pour moi, devienne réel.

Ils vinrent me chercher à Buenos Aires et nous fîmes plus de quatre cents kilomètres en voiture, à travers la grande steppe sud-américaine, la pampa. La ferme d'Hector se trouvait près de la ville de Trenque Lauquen. L'air était pur et le ciel transparent ; je respirais à nouveau. Je montais les chevaux de polo du domaine, des étalons de classe internationale et flirtais avec les gauchos. Mais surtout j'accompagnais maman et Hector partout. J'adorais les voir ensemble, maman avait retrouvé toute sa vitalité, et la magie de sa personnalité.

J'avais aimé Hector immédiatement : il était tellement chaleureux, tellement gentil avec moi, à la fois puissant et câlin, ce fut l'un des premiers hommes que j'aimais serrer dans mes bras. A Trenque Lauquem, j'eus le temps de vraiment faire connaissance avec lui, de me rendre compte à quel point maman avait de la chance. Hector était sympathique, drôle et intelligent – il avait des opinions arrêtées et manquait de tolérance à l'égard de mes petits amis les moins présentables, mais il était aussi intuitif et gentil.

Nous passâmes des heures, Hector et moi, à regarder les cieux argentins se déchaîner. Le tonnerre roulait majestueusement à travers l'immense plateau herbeux de la pampa et les éclairs déchiraient l'immensité du ciel. Le toit en tôle ondulé de la maison où nous étions abrités amplifiait les percussions de la pluie battante – nous parlions de tout et de rien, de politique comme d'équitation. On buvait du vin en fumant ses cigarettes (j'ai commencé à fumer en Argentine) en riant, complices, de nos problèmes de poids. C'était exactement comme Hector me l'avait dit dès le début : « Je ne suis pas ton père, je ne suis pas ton beau-père, je suis ton ami. »

Après cinq mois de sursis, je dus, de retour en Angleterre, décider de mon avenir, ou, plus exactement, trouver quelque niche respectable pour rentrer dans le rang. Papa m'annonça son intention de m'inscrire à Winkfield Place où j'allais apprendre l'art du bouquet et à cuisiner un repas sans risquer l'intoxication alimentaire de tous mes convives. Winkfield était ce genre d'endroit couru où se retrouvait la jeunesse dorée provinciale et pleine d'avenir, une bande de jeunes gens bon chic bon genre, imbus d'eux-mêmes et dévorés d'ambition sociale.

C'était l'endroit idéal pour devenir une parfaite jeune femme et par là gagner le trophée de l'épouse modèle potentielle.

Je ne savais peut-être pas ce que je voulais faire, mais j'étais sûre de ne pas vouloir *ça*. Malgré mon désir éperdu de plaire à papa, quelque chose en moi se rebiffait. Une petite voix intérieure et impérieuse me susurrait qu'une « finishing school » n'était pas l'endroit rêvé pour quelqu'un qui n'avait pas seulement *commencé* à vivre. J'étais encore à l'heure de Buenos Aires, le pays des grands espaces et des esprits ouverts. Je me sentais sauvage et solitaire. J'étais *différente* – papa ne s'en rendait-il pas compte ?

Non, le pauvre homme ne s'en rendait pas compte ; j'étais hors du champ de sa compréhension, sans parler de sa patience. Il fit acte d'autorité, en y mettant cependant un bémol : j'avais le choix entre Winkfield Place et une école de secrétariat. L'une ou l'autre, à prendre ou à laisser.

Je choisis le Queen's Secretarial College à South Kensington, le moins pire des deux, mais pas de beaucoup. Je m'y inscrivis avec Aly Brown, une amie de l'époque de Lowood. Elle me prévint que les cours étaient une horreur, et elle ne plaisantait pas.

Dès que j'ouvris un manuel, je sus que j'allais passer neuf mois intolérables. Dans ces bouquins, le patron était invariablement, évidemment, un homme. Et les femmes étaient si passionnément soumises, si serviles qu'on les imaginait sans peine remuant la queue et réclamant un susucre. A Queen's, il y avait deux vertus cardinales : le soin apporté à son apparence et la servilité. J'étais plutôt irrégulière pour le premier critère, et totalement réfractaire au second.

Je ne me conformerais pas. Je copiais sur la sténo de ma voisine et trichais pendant les tests de dactylographie. Et lorsque je n'en pouvais vraiment plus, je jetais une ou deux de leurs antédiluvienne machines à écrire par la fenêtre du deuxième étage. Je suis surprise qu'ils ne m'aient pas renvoyée.

Aly s'occupait de moi comme une sœur. Sans elle, j'aurais tout envoyé balader. Elle venait me chercher tous les après-midi en voiture et nous nous défoulions en inventant des farces désopilantes dont, invariablement, les profs coincés faisaient les frais. Cela ne suffisait pas à me remonter le moral.

Hector et maman me manquaient horriblement. J'étais en permanence déprimée.

J'obtins mon diplôme en décembre 1977. Vitesse de frappe passable et un bon nombre d'amendes pour destruction de machines à écrire. Mon bilan final de scolarité me décrivait comme « une rousse gaie et potelée ». Une remarque qui me donnait des envies de meurtre... « Elle fait montre d'initiative et de personnalité, ce qu'elle saura utiliser à bon escient en vieillissant » continuait le commentaire...

La rousse potelée n'était pas aussi optimiste. « A quoi bon continuer ? » écrivais-je amèrement à ma sœur Jane.

CHAPITRE III

Art et pilaf de poisson

J'entrai dans le monde du travail au volant d'une Mini Clubman, une petite voiture compacte offerte par le père de ma belle-mère et une pension mensuelle de 750 francs de mon père. Je devrais donc compter sur ce que j'allais gagner et cela me rendait fière, même si je sentais que cela n'allait pas être facile.

Je pris un travail temporaire dans une agence immobilière avant d'être engagée comme secrétaire de Neil Durden-Smith, un ami de papa, dans son agence de relations publiques à Knightsbridge. Salaire de départ : 30 000 francs par an. Le soir je me jetais dans le tourbillon de la vie nocturne londonienne – ses bars à vin, ses restaurants et ses boîtes de nuit – et dans le jeu des rendez-vous en bande suivis de rencontres qui précèdent de nouveaux rendez-vous, qui m'introduisirent dans le circuit des noctambules de la bonne société.

Les jeunes gens de dix-huit ans me semblent maintenant gérer leurs affaires de cœur avec beaucoup plus de maturité que moi au même âge. J'étais tellement naïve, si peu sûre de moi. Je n'avais aucune idée de ce que je devais faire ni quelle attitude adopter. Devais-je le rappeler ? Aujourd'hui ou devais-je attendre le lendemain ? M'appellerait-il ? Restaurant italien ou bistrot français ? Bar reggae ou discothèque ? Terrassée par l'indécision, j'étais incapable de faire quoi que ce soit sans prendre l'avis de trois personnes différentes – suppliant que l'on me rassure –, ce qui ne m'empêchait pas de douter encore et toujours.

Qui allait prendre le temps et la peine de me montrer le chemin ? Maman n'était pas là et papa était trop occupé. Il s'était remarié à Susan, une femme aussi douce que sage, et j'appelais cette nouvelle belle-mère jusqu'à cinq fois par jour pour lui demander conseil. Jusqu'à ce que papa, exaspéré, y mette le holà en me traitant d'enquiquineuse.

Je craignais perpétuellement de décevoir. Si je n'assistais pas à tel dîner, on m'en voudrait et je n'aurais plus d'amis ; toute ma vie était un concours. Si je savais que je n'avais aucune chance de gagner le premier prix de beauté, j'espérais désespérément au moins obtenir le prix de Miss Bonne Copine. *A condition de ne pas commettre la plus petite erreur.* Ne pas baisser ma garde, même un quart de seconde.

Résultat, je devins extrêmement populaire. J'avais plus d'amis que je ne pouvais en compter. Évidemment que j'étais populaire ; je m'efforçais de combler chacun et chacune. Surtout les garçons, les hommes, tous les hommes. J'étais si attentive, j'épousais leurs idées, défendais leurs points de vue, prévenais toutes leurs envies... (Sauf lorsqu'il s'agissait de coucher, domaine dans lequel j'étais extrêmement conservatrice. J'avais scrupuleusement intégré les avertissements de papa à propos de la réputation d'une fille bien.) Ce n'était pas si difficile puisque j'étais incapable de savoir quelles étaient les miennes. Je m'épuisais à plaire à tous et toutes. J'avais tellement soif d'amour.

Évidemment, cela finissait toujours par m'exploser à la figure. J'allais trop loin. Je ne percevais aucune limite. Je ne comprenais pas qu'il puisse exister une frontière entre *moi* et *l'autre*. J'étouffais les autres par mon besoin obsessionnel d'eux, ma faim de leur reconnaissance, de leur personnalité. Aucun homme ne peut supporter ça, ils finissent par s'enfuir et rechercher quelqu'un qui a un peu plus d'estime de soi et d'indépendance.

Mon attitude me conduisait forcément à être exploitée, blessée et rejetée. Je faisais le clown, je voulais faire rire à tout prix, et tout le monde. En soirée, on s'amusait toujours avec moi : j'étais totalement déchaînée. Mais, au fond, je détestais ces soirées si conviviales. Les gens disaient : « Quelle soirée amusante ! » et je pensais *mais pourquoi amusante ?* J'ignorais le sens des expressions « s'amuser », « se détendre », « prendre du bon temps »... Concepts inconnus de moi.

Enfin, j'eus un petit ami. Un homme adorable, plus âgé que moi de quelques années, qui travaillait à la City, dans la finance. Il me permit d'entrer dans un nouveau milieu et je l'aimais infiniment. Mais il était aussi très taquin. Et si je feignais d'en rire, ses plaisanteries, en fait, me faisaient beaucoup souffrir.

C'était si amusant de se moquer de cette bonne vieille Fergie, de la tourner en dérision, elle prenait ça tellement bien. Et puis, c'était la seule façon de la garder à bonne distance, d'éviter qu'elle vous accapare trop.

Je travaillais beaucoup et sortais autant, cinq jours par semaine, puis je chargeais mon linge sale dans le coffre de ma Mini et rentrais à Dummer pour le week-end, loin de Londres, de sa pollution et de son stress. Histoire de déconnecter, de respirer un peu d'air pur et de trouver un peu de paix.

*
* *

En 1980, je laissai tout tomber et partis avec ma grande amie Charlotte Eden pour un autre voyage au Nouveau Monde. Nous fîmes une première halte chez maman et Hector à El Pucara, leur nouveau ranch. Nous plantâmes des cèdres avec eux... Puis commença un périple de deux semaines en bus à travers l'Amérique du Sud : São Paulo, Guaira – les plus grandes chutes d'eau du monde, où Charlotte et moi passâmes une nuit sur un banc – et enfin Rio de Janeiro.

Dans cette grande ville tentaculaire, je touchai du doigt pour la première fois la vraie pauvreté. La vision de tous ces enfants abandonnés dans les rues me perturba profondément. Un jour, me dis-je un peu comme les enfants disent « quand je serai grand », un jour, je ferai quelque chose pour les aider.

Du Brésil, nous prîmes l'avion pour San Francisco. Nous n'avions presque plus d'argent. Mon père ne pouvait concevoir que l'usage d'une carte de crédit puisse s'accommoder des faibles capacités de conscience de leurs responsabilités qu'ont les jeunes femmes... Après quelques heures de sommeil dans une gare d'autobus, faute d'argent pour aller à l'hôtel, nous rejoignîmes Squaw Valley, dans les High Sierras sans un sou en poche.

Pour continuer notre voyage, Charlotte et moi décidâmes de retrousser nos manches. Entre six et dix heures du matin, nous nettoyions les sanitaires de notre auberge de jeunesse. De dix heures du matin à quatre heures de l'après-midi, nous servions de remonte-pentes humains à des enfants handicapés. Nous descendions en ski avec eux, puis nous remontions, tout l'après-midi. De quatre heures à dix heures du soir, nous travaillions à la boutique de strudels du coin : on faisait les strudels aux pommes et les chocolats chauds, puis on nettoyait les cuisines de haut en bas. Cette façon de vivre avait quelques inconvénients – je devins énorme à force de manger des strudels –, mais en six semaines nous gagnâmes 3 000 francs chacune.

Beaucoup plus tard, quand je voyagerais dans le confort et en apprécierais chaque seconde à sa juste valeur, rien ne m'agacerait plus que les accusations des journaux à scandale qui me présentaient comme une écervelée, amateur de bataille de nourriture, une méprisante enfant du luxe et de la facilité qui se permet de dévaster une salle à manger en jetant les aliments à la tête des convives pour s'amuser. Cela ne me ressemblait pas du tout. Je n'aurais jamais fais une chose pareille. Je sais trop bien, par expérience, combien il est pénible de nettoyer derrière les autres.

Nos gains nous ont permis, à Charlotte et moi, d'aller en bus au Grand Canyon, à La Nouvelle-Orléans puis à Palm Beach, en Floride où résidaient des amis de polo de maman et Hector. Je me souviens d'être allée, alors, avec Charlotte, dans l'un de ces clubs de tennis très sélects et d'avoir observé quatre hommes faire un double sur le court mitoyen. Nous avons gloussé comme des petites folles en évoquant le décalage extravagant qui éclatait entre Palm Beach et ce que nous avions vécu ces dernières semaines.

Puis, je posai le pied sur une balle de tennis et me cassai illico la cheville en tombant. Les hommes dont je m'étais moqué ont dû me porter jusqu'au clubhouse.

Si l'on y songe, cette histoire est révélatrice. J'avais dormi je ne sais combien de nuits dans des gares routières avec des inconnus sans qu'il m'arrive quoi que ce soit. J'avais côtoyé des individus sans argent ni domicile fixe mais qui étaient honnêtes avec eux-mêmes et ne méprisaient personne. Cela n'avait pas toujours été une partie de plaisir, mais chaque jour avait été vrai. Là-bas, le monde avait un sens.

Puis, je viens à Palm Beach où je suis parfaitement

protégée, où je baigne dans le luxe grâce aux relations de maman, où tout semble radieux et irréel et je ne trouve rien de mieux à faire que de me casser les os.

Si j'avais été encline, à l'époque, à creuser au-delà de la surface des choses, je me serais peut-être demandé auquel des deux mondes j'appartenais.

**

Après six mois à l'étranger, je revins une fois de plus à Londres pour faire mon chemin. Tout le monde pensait que j'allais avoir mon propre appartement, comme toutes les autres filles de mon milieu. Mais notre maison de Chelsea avait été vendue et je louai une chambre dans le petit deux pièces de Carolyn Beckwith-Smith pour 250 francs. Il était situé au sud de la Tamise, au cœur de Clapham, un ancien quartier ouvrier qui avait été envahi par les cols blancs au moment où les prix de Chelsea et de Belgravia s'envolèrent. C'était un quartier de boutiques et de cafés, vivant et agréable. Cependant, Clapham restait « sur le mauvais côté de la Tamise » et les agressions étaient fréquentes. Nous vivions près d'un cimetière et je ne pouvais pas me garer le soir près de ce cimetière sans avoir peur.

Le numéro 40 des Lavender Gardens était une maison en brique sans intérêt comme il en existe des milliers dans le sud-ouest de Londres. J'avais un petit lit, une commode et une salle de bains, et voilà. Mais j'avais aussi Carolyn, ma meilleure amie, mon ange gardien. Elle en avait de la patience : tous les jours, elle m'écoutait déballer mes problèmes qui étaient, comme toujours, légion et complètement tordus – j'avais peut-être voyagé à travers le monde, mais je manquais encore d'expérience.

Il me fallait trouver du travail, mais je détestais l'idée de m'adresser à une agence ; j'étais sûre qu'ils allaient, avant tout, me faire passer des tests de sténo et de dactylo et mes compétences risquaient de leur paraître plutôt maigres. C'était frustrant parce que j'étais persuadée, si je pouvais éviter ces tests, de pouvoir donner le change et parfaitement me débrouiller dans le monde du travail.

Puis, je tombai sur une petite annonce d'une galerie d'art à Covent Garden : « Recherche assistante vingt-huit ans au moins... » Je téléphonai immédiatement et leur dis : « Je n'ai pas vingt-huit ans, mais vingt et un et je sais que vous avez besoin de moi. Je suis la personne qu'il vous faut. Je viens passer l'entretien d'embauche... » Une semblable audace leur fit un tel effet qu'ils m'engagèrent sur-le-champ. Quelle leçon ! Je n'arrivais pas à y croire. Il existe un moyen simple d'obtenir ce que l'on désire vraiment : *il suffit de le demander sans complexe !*

Mon nouvel employeur, Bill Drummond, était un perfectionniste maigre et dégingandé dont l'exigence et le goût sûr avaient fait de sa galerie une merveille. Sol de bois blond et musique douce contribuaient à l'ambiance sereine qui attirait une clientèle choisie. Comme Hector, il me *parlait* vraiment ; il se lançait dans de longues et passionnantes conversations sur l'art et sur ses relations personnelles avec les peintres et leurs proches. En outre Bill était spirituel et très au courant de tous les ragots du monde des artistes. Il m'apprit à regarder autrement la peinture, à saisir la richesse des couleurs et discerner l'importance de la composition.

Je suis restée quatre ans dans cette galerie. Toutes les conditions étaient réunies pour que cette période de ma vie soit heureuse et excitante, mais ma sempiternelle angoisse, mon incapacité de me détendre et de profiter de la vie me bridaient toujours. La plupart de mes amis occupaient des postes à responsabilité et moi, me disais-je, je ne suis qu'une assistante, *c'est ce que papa doit penser...* (En fait, je sais maintenant qu'il était assez fier de moi, même s'il n'était pas du genre à le montrer.) J'avais beau m'appliquer, me donner à fond, j'étais en permanence inquiète à l'idée d'avoir raté une facture ou saccagé un communiqué de presse. C'était ridicule, mais je ne pouvais pas m'en empêcher. Je ne me rendais pas compte que *tout le monde* « triche » – les gens qui écrivent les communiqués de presse et les articles se font aider par leur entourage, piochent dans les idées qui passent à leur portée et s'en attribuent le mérite sans le moindre remords.

Plus tard, à l'époque où je devins, du jour au lendemain, une célébrité, la presse se précipita pour retracer l'histoire de ma carrière, pas bien longue pourtant. Un de mes autres employeurs, pour qui je n'avais pas travaillé très longtemps, déploya une remarquable éloquence sur mes compétences et le fait que « je n'avais peur de rien, ni de personne » et que j'étais remarquablement « franche ».

En réalité, je vivais dans la peur panique de tout et de tout le monde. Mais je savais, comme tous les grands couards maladifs, respirer profondément et me *jeter à l'eau*.

Je me donnais à fond pour cette galerie. Perpétuellement en retard, j'avalais des litres de café et me pressais pour chacun de mes rendez-vous. (La Mini était morte de causes naturelles et je m'étais acheté une Volkswagen pratiquement aussi vieille et décrépite avant de m'offrir une voiture plus sérieuse, une BMW d'occasion.) Je prenais mes repas sur le pouce – de toute façon, Carolyn et moi étions constamment au régime, sauf bien sûr, quand nous allions faire la bringue. Je me souviens qu'un jour, à la fin d'un régime de six semaines, exclusivement à base de fruits, elle avait enfin droit à un peu de poulet. En rentrant à la maison ce soir-là, j'ouvris la porte du réfrigérateur et découvris sur une assiette un pilon de poulet, doré à souhait et fort tentant. Oubliant complètement que c'était le grand soir de Carolyn, je me jetai dessus et le dévorai, sans autre forme de procès. En constatant sa disparition, Carolyn devint folle de rage et ce pilon faillit bien sonner le glas de notre amitié.

Je souffrais d'épouvantables migraines, probablement aggravées par le stress : je me débattais dans d'impossibles problèmes financiers. J'avais pourtant pris un deuxième job, je travaillais comme vendeuse dans un magasin de layette, mais je n'arrivais pas à boucler mon budget. N'ayant jamais le temps de nourrir les parcmètres, je collectionnais les PV que je ne payais pas, car c'était eux ou ma quote-part de la facture du téléphone. Certains matins, des employés aussi patibulaires, sérieux et inquiétants que les membres d'une Milice des Parkings, venaient frapper à notre porte – *Mademoiselle Ferguson est-elle là, s'il vous plaît ? Nous avons des commandements à lui remettre en main propre* – « Non, désolé, monsieur, elle est partie travailler », répondais-je avant de refermer la porte.

Tout mon argent partait en divers instituts de beauté où je m'offrais des scéances d'UV, en restaurants et en clubs de jazz. J'adorais m'immerger dans le rythme et le son des boîtes, même si j'étais une piètre danseuse, inhibée par la crainte que tout le monde me regarde et me trouve l'air stupide. Il me restait très peu d'argent pour ma garde-robe qui était définitivement dans l'esprit « bohème », tout juste au-dessus du style Armée du Salut. J'avais mes fidèles bottes beiges (qui avaient appartenu à Aly) et une veste de smoking d'homme très bien coupée, que j'avais trouvée chez un antiquaire, que je portais quotidiennement. J'avais donné une deuxième jeunesse à quelques chemises qu'un ami s'apprêtait à jeter et voilà. Je n'ai jamais eu d'« ensembles » ; je me débrouillais avec ce que j'avais.

Je pouvais m'habiller de façon plus conventionnelle

et élégante, si je le voulais, en empruntant des vêtements à mon ange de belle-mère. Et j'avais bien besoin de ces tenues lorsque j'étais invitée à cette grande spécialité BCBG : les week-ends de chasse à la campagne.

Les BCBG forment une tribu étonnante – nul doute que les anthropologues du futur auront de quoi s'étonner avec eux. Ce qui les rend si amusants, c'est qu'ils pensent qu'ils sont *terriblement* aristocratiques, alors qu'ils ne le sont pas, et qu'il leur faut donc en faire beaucoup plus que ceux qui le sont vraiment. (La Cour de Buckingham est remplie de cette engeance, mais j'en parlerai plus tard.) Ils ont tous été dans les mêmes pensionnats où la petite Muffy et la petite Daphne se sont *terriblement* bien entendues et sont devenues *terriblement* copines. Leur code vestimentaire est rigide à défaut d'être excentrique : chemisiers Laura Ashley avec le rang de perles qui passe par-dessus le ruché du col, un *cardigan* sur les épaules, une jupe de tweed longue, qui bat les mollets, collants bleu marine et chaussures plates, *confortables*. En un mot, sans grâce, sans charme, mais cher, très cher.

Les BCBG s'attribuent des surnoms tordants, surtout les mâles de la tribu qui ont un sens de l'humour *épatant*. Un garçon au visage rubicond sera inévitablement « Pinky ». Papa était « Perky » parce qu'il avait le teint pâle. D'autres surnoms sont invariablement accolés à certains patronymes.

Le week-end de chasse débutait le vendredi avec un faussement négligent « il y a une place de libre dans la voiture d'Henry, si tu veux » qui vous valait un voyage en voiture jusqu'à la maison de campagne l'après-midi même où vous aviez été invitée parce que le papa et la maman de Camilla donnaient une petite soirée dansante le samedi soir.

A votre arrivée, on vous proposait un gin-tonic,

« Voulez-vous emporter votre verre en haut pour le siroter dans votre bain ? » Il vous fallait ensuite vous changer pour le dîner, mais le vendredi soir était *terriblement* informel, une jupe ou un pantalon et un chemisier suffisaient amplement. Ensuite, c'était : « Prendrez-vous votre petit déjeuner dans votre chambre ou en bas avec la troupe ? »

Après le petit déjeuner du samedi matin venait le « voulez-vous participer à la chasse ? » Un défi qui permettait à la précieuse BCBG de se démarquer des chasseurs, les mâles, rustres impénitents. Néanmoins, si votre réponse était oui, il vous fallait alors enfiler un pantalon de velours côtelé et une paire de bottes en caoutchouc kaki puis attendre, impassible, des heures durant, sous une pluie battante le passage du gibier. Puis, retour à la maison, un verre de sherry avant le déjeuner pour éloigner le spectre de la grippe, et, ensuite, si vous couriez vraiment après les garçons, rebelote pour la chasse et voir à nouveau une morne averse de faisans morts s'abattre sur le sol.

Après le thé, éventuellement un peu de *télé*... Et puis le bain, un autre gin-tonic et vous vous changiez encore une fois. Robe longue pour la soirée dansante de Camilla.

Le petit déjeuner dominical (vous aviez évidemment une gueule de bois épouvantable, mais si drôle) se composait d'une assiette de risotto de poisson, un mélange de riz, d'œufs, de crème et de poisson, c'était *affreusement* bon – merci aux restes de saumon du dîner de la veille. Suivaient une petite promenade pour profiter du bon air et la lecture des journaux du dimanche, un Bloody Mary à la main. Vous prétendiez alors être *terriblement* intelligent en vous plongeant dans le *Sunday Times* sans avoir la moindre idée de ce que vous étiez en train de lire. (Si vous aviez la chance de vous trouver à l'abri des regards, vous pouviez éventuellement vous permettre de jeter un coup d'œil sur *News of the World*, l'équivalent de *Point de vue, Images du monde*, sorte de bandes dessinées pour adultes.)

« Un autre Bloody Mary avant le déjeuner ? » Arrivait le déjeuner, pantagruélique, d'où vous sortiez toujours barbouillé, et vous pouviez enfin vous effondrer dans la voiture d'Henry pour rentrer à Londres.

Le lundi, vous racontiez à vos collègues le week-end atroce que vous veniez d'endurer avec un air condescendant et blasé : « C'était épouvantable, je ne peux pas te dire combien c'était ennuyeux, il a plu tout le temps et mon chien Tiddle s'est trompé de faisans ! » soupiriez-vous discrètement...

J'avoue que j'ai participé à des week-ends de ce type. Et plus d'une fois. Toutes ces caricatures de jeunes filles du monde adoraient lancer des invitations et j'avais toutes les qualités requises pour figurer sur leurs listes d'hôtes BCBG. C'était facile pour elles de me cataloguer dans les bonnes petites cases : bonne famille, bonnes écoles, bonne formation équestre – sans compter que je présentais un intérêt particulier : on ne s'embêtait jamais avec cette *terrible* Fergie. J'étais pourtant intimement persuadée d'usurper mon rôle et je pensais anxieusement à mon père (il avait beau être non conformiste pour lui-même, il se serait pâmé de soulagement à mon apparition au Bal des Débutantes) : j'avais tout faux, je n'arrivais pas réellement à saisir les règles, qui n'avaient, de toute façon, aucun sens pour moi.

Après un de ces week-ends à la campagne, j'envoyai une gerbe de fleurs légèrement volumineuse à la maîtresse de maison pour la remercier. Elle me répondit : « Vous n'auriez pas dû, un mot ou un petit bouquet aurait largement suffi. » Elle a dû me trouver extravagante et prétentieuse. Mais je n'avais pas essayé de l'épater ; je voulais juste lui plaire et j'ignorais ce qui se faisait ou non, les règles précises qui régentent la taille et la couleur d'un cadeau de remerciement. J'avais eu une réaction inconsidérée, une fois de plus...

Le fait est que je n'ai jamais réussi à m'entendre avec l'Establishment britannique. Je n'avais aucune patience à l'égard de ces arrogants crétins aux visages cireux et ventripotents qui faisaient des déclarations fracassantes sur « les étrangers » et « la moralité ». Je n'ai jamais cherché à m'intégrer au « bon » milieu. Mes amis appartiennent à toutes les strates de la société. J'ai toujours préféré un smogasbord (un buffet scandinave qui offre tout un assortiment de poissons) à une assiette de risotto au poisson, fût-elle noble. J'avais, grâce à Hector, des amis argentins, grâce à Florence Belmondo, des amis français et, par Bill Drummond, des amis artistes. Et je m'étais aussi fait des amis sur les pistes de ski suisses et dans le milieu de la course automobile.

J'ai commencé à skier en Suisse à l'âge de quatre ans. Cette année-là, maman me calait entre ses jambes et me faisait dévaler les pentes avec elle, si vite que l'air me brûlait les poumons. L'année suivante, je décidai que j'étais assez grande pour faire du ski toute seule et commençai à skier avec ma grande sœur. Jane skiait comme elle montait à cheval, avec infiniment de grâce. Mais j'arrivais toujours en bas avant elle – pas question de faire du chasse-neige, je filais tout droit. J'étais fière de pouvoir suivre maman et ravie d'aller aussi vite qu'elle.

En grandissant, j'eus de plus en plus besoin de l'air de la montagne. Coincée dans ma chambre de Hurst Lodge qui sentait le renfermé ou plus tard, à Londres dans les vapeurs d'essence, je ne rêvais que du Verbier. Je m'endettais pour y aller, mais cela valait le coup : je me sentais enfin libre, comme si je m'étais débarrassée d'un manteau trop lourd. Lorsque je dévalais les pentes sur les pistes noires les plus dangereuses et que l'air glacé giflait mon visage, j'annihilais les miasmes du chauffage central et de la pollution de la ville. Je me sentais à nouveau propre, à l'extérieur comme à l'intérieur.

C'est au Mont Verbier, en 1982 que j'ai rencontré Paddy McNally. Il possédait un immense chalet appelé « le château » qui surplombait la ville et abritait une suite ininterrompue de soirées somptueuses et de dîners d'affaires arrosés de vins sublimes.

Paddy était probablement le pire cauchemar de papa ; vingt et quelques années de plus que moi, totalement étranger à la Garde royale, juste un homme ordinaire du nom de McNally, un simple coureur automobile. *Et voilà qu'elle recommence...* J'aimais Paddy pour tout ce qu'il n'était pas – pour les fausses distinctions qu'il rejetait, pour les grands airs qu'il refusait de se donner malgré sa réussite sociale évidente. Il avait un esprit incisif et pragmatique, un cœur généreux et tolérant. Et il était lui-même.

Paddy me montra une autre façon d'être. Il n'essayait jamais d'impressionner qui que ce soit, il prenait chaque jour de front, sans refuser l'obstacle, sans broncher. Il m'a appris à ouvrir bravement mes enveloppes de relevé de banque, même lorsque je savais pertinemment que j'étais en découvert.

Je passais beaucoup de temps avec ses deux fils, Sean et Roll qui avaient onze et neuf ans au moment de notre rencontre. Nous avons rapidement formé une famille ; j'étais leur nanny et leur amie. Je skiais avec eux, je les emmenais au magasin de vidéo et je les bordais le soir. C'était bon de se sentir utile, d'appartenir à quelque chose. Ces enfants représentaient énormément pour moi. Ils m'apprirent beaucoup, ne serait-ce qu'en me faisant comprendre que je devais m'endurcir. Les petits garçons de cet âge ne sont pas tendres, ils vous donnent de drôles de noms et qualifient ce qu'ils voient sans prendre de gants : « grosse » ou « maigre », « laide » ou « moche » – et l'on gagne vraiment à cesser de prendre pour une attaque personnelle ce genre de commentaires.

Grâce à Paddy, je rencontrai Richard Burton, un autre ancien coureur automobile, qui s'était reconverti dans l'édition de livres d'art. En 1984, je quittai la galerie de Covent Garden pour devenir la directrice des acquisitions de Richard à Londres, une opportunité de rêve. Bien que mon salaire n'ait jamais atteint des sommets (j'ai plafonné à 90 000 francs par an), j'étais pratiquement mon propre patron. Je pouvais organiser mon emploi du temps comme je l'entendais et je passais beaucoup de temps à Genève où Richard s'était installé.

Toutes les conditions étaient, de toute évidence, réunies pour que j'éprouve un sentiment de satisfaction intense : un travail créatif, des voyages fréquents, un homme qui m'aimait, un cercle d'amis intéressants. Et pourtant... et pourtant, l'anxiété continuait à me ronger. J'avais toujours peur que Paddy ne me laisse tomber. Pour le garder, j'étais convaincue que je devais être parfaite. Lorsqu'il voyait une autre femme ou qu'il oubliait de m'appeler, j'étais incapable, malgré l'envie qui me rongeait, de lui demander simplement pourquoi. J'étais terrorisée à l'idée qu'il me réponde : « Cette fois c'est fini. Salut et à jamais ! »

Je me tuais à essayer de me confondre à l'idée que je me faisais de la partenaire idéale pour Paddy. Je voulais désespérément l'épouser, mais je n'ai jamais osé ne serait-ce qu'effleurer le sujet. Même lorsqu'il répétait « je devrais régulariser », je sentais confusément qu'il ne voulait pas vraiment se marier. Notre différence d'âge était trop grande, cependant j'avais si peur de laisser cette relation s'éteindre – me retrouver seule, retourner à mon néant – que je la poursuivais.

Pourtant, je recherchais autre chose, quelque chose de *plus*. Je continuais à espérer que quelqu'un, quelque part, allait me combler, me donner ce dont j'avais besoin. J'étais incapable de comprendre que c'était en moi que je devais chercher cette sensation de plénitude qui me manquait.

CHAPITRE IV

Contente-toi de sourire

Grâce aux relations de polo de papa, il m'arrivait d'évoluer parfois dans la sphère de la Famille royale. Jusqu'à ce que je prenne conscience de ce que cela voulait vraiment dire, et que je sois très intimidée, ce n'était qu'une partie, tout ce qu'il y a de plus normal, de ma vie. Je n'oublierai jamais la première fois que j'ai rencontré le Prince de Galles au cocktail du club de polo de la Garde royale. J'avais dix-huit ans et, quand arriva enfin le moment où papa nous présenta, j'étais tellement exaltée que ma langue se colla à mon palais. J'avais tout prévu ; j'allais parler à Charles de la montagne, un sujet qu'un prince trouverait forcément intéressant. Mais quand il fut *devant* moi, en chair et en os, je bredouillai trois malheureuses phrases à propos de lapins. J'aurais pu mourir sur place. J'aurais aimé m'enfoncer dans le sol tellement j'avais honte.

Avec Diana que je connaissais depuis l'adolescence, c'était différent. J'étais tombée sur elle un an avant son mariage, pendant un match de polo auquel participait le prince Charles. Elle avait dix-neuf ans à l'époque et était encore maîtresse de maternelle. Nos mères avaient été ensemble à l'école où elles avaient toutes deux participé à de légendaires concours de rots. Diana et moi sympathisâmes, et très vite nous prîmes l'habitude de déjeuner ensemble une fois par semaine.

Diana m'invita à son mariage et, jolie attention, me donna du tissu pour me faire faire une robe – inutile de dire que je ne possédais aucune toilette convenant à un événement de cette envergure. Je me rendis seule à la cérémonie. J'y assistai seule à la Dôme A, rangée A, place n° 4. Et je repartis seule, les nerfs à vif. Les amies avec qui Diana avaient partagé son appartement étaient toutes invitées au déjeuner de mariage, mais pas moi. Cela me blessa, certainement au-delà du raisonnable – rien de tel qu'une grande occasion pour faire resurgir mes complexes de fille grosse et sans intérêt.

Je restai proche de Diana, continuant à déjeuner avec elle toutes les semaines, mais je quittai désormais la galerie pour la rejoindre à Buckingham Palace. (Une fois, Bill Brummond s'aperçut que j'avais des épingles de nourrice en guise de boutons de manchette et me prêta les siens.) Je savais que Diana avait une vie sociale très réduite. Elle était (et est toujours) la plus belle et la plus parfaite des princesses. Mais la perfection coûte cher, même pour Diana. Elle avait deux ans de moins que moi et je m'efforçais de la soutenir et de la protéger, dans la mesure de mes moyens, comme je l'aurais fait pour une petite sœur – comme je le fais encore aujourd'hui, en tant que meilleure amie.

Il me semblait parfaitement normal, à l'époque, d'être invitée aux très grandes soirées (pour plus de mille personnes) de Windsor Castle – pour les vingt et un ans d'Andrew, par exemple, et plus tard, ceux d'Edward. En revanche, ce qui m'arriva au printemps 1985 était exceptionnel. Je trouvai dans ma boîte aux lettres une enveloppe de velin crème. Le colonel Sir Blair Stewart-Wilson me demandait de lui accorder « le plaisir de [ma] compagnie chez la Reine à Windsor Castle durant la semaine du Royal Ascot ».

Là je pouvais me faire de la bile. Le Royal Ascot n'était pas aussi formel et guindé que du temps de maman où l'on dînait en smoking tous les soirs. Mais cela nécessitait, malgré tout, une garde-robe complète – chapeaux, gants, vraies chaussures et tenues assorties. Ma veste de smoking d'homme aurait été totalement déplacée. J'étais dans tous mes états ; je ne savais que faire. Finalement, j'empruntai à mon adorable belle-mère, toujours prête à me dépanner, quelques tenues et en fis coudre quelques autres.

Je n'étais pas prête, je n'aurais *jamais* pu être prête, mais j'y allai quand même.

Le matin du mardi 18 juin, Paddy m'emmena à Windsor dans une voiture ; il était comme ça, prêt à tout pour me rendre service. Un valet de pied nous accueillit à l'entrée principale du château et se chargea de mes bagages. Une dame de compagnie me conduisit à travers un labyrinthe de couloirs, véritable marathon, jusqu'à ma chambre, une suite dans la tour Edward III. Elle me laissa entre les mains d'une adorable femme de chambre extrêmement chaleureuse, Louise Pen. Elle rit avec moi, ce dont j'avais grandement besoin. Puis, elle m'aida à défaire mes valises et, luxe suprême, emporta mes vêtements pour qu'ils soient repassés. Louise s'occupa de moi tout au long de mon séjour – m'indiquant ce que je devais faire, où, quand et comment, vérifiant l'ordonnance de ma toilette, s'assurant que mon chapeau était fermement épinglé. Je ne sais pas si je m'en serais tirée sans elle.

Sur ma table de nuit était posée une carte estampée aux armes de la Reine, détaillant le menu des repas des quatre jours à venir, le plan de table et le programme de chaque journée. Pour le déjeuner, j'avais été placée entre un vice-amiral et le prince Andrew, alors en congé de ses fonctions sur le vaisseau *Le Brazen*. Raison de plus d'avoir le trac. J'avais plusieurs fois rencontré Andrew depuis l'époque où, enfants, nous jouions à chat ensemble et, à l'occasion de l'une de ces rencontres, je m'étais rendue parfaitement ridicule. Nous avions été invités au même week-end à Floors Castle, la somptueuse demeure du duc et de la duchesse de Roxburghe. Je n'étais pas spécialement à mon aise et je me souviens d'avoir maudit silencieusement mes talons de crisser sur les marches en bois pour me rendre au petit déjeuner du dimanche matin.

Je pénétrai dans la salle à manger où une assemblée presque exclusivement masculine lisait les journaux – « Bonjour ! Bonjour ! » – n'ayant qu'un seul désir : m'asseoir le plus rapidement possible devant mon demi-pamplemousse et me faire oublier. Je me précipitai sur la desserte où se trouvaient les journaux dans l'intention de saisir n'importe lequel et de disparaître derrière... Et soudain, Andrew fut à côté de moi. Pour un refuge sûr, c'était un refuge sûr ! Ma nervosité augmenta encore d'un cran. Quand il se pencha au-dessus de la desserte pour prendre un journal, je crus, Dieu sait pourquoi, qu'il se penchait vers moi pour me souhaiter le bonjour d'un baiser. Je lui en donnai donc un. Il me regarda et dit : « Oh, merci *beaucoup* ! », légèrement sarcastique.

— Oh, je n'avais pas l'intention de faire ça ! me récriai-je, ce qui le fit beaucoup rire.

Je jure que ce n'était pas délibéré, c'était juste l'un de ces énormes actes manqués à la Fergie.

Et voilà que pour mon premier déjeuner à Windsor Castle, je me retrouvai assise à côté de lui, à la merci de sa célèbre ironie. (Je soupçonne Diana, cette marieuse invétérée, d'avoir organisé tout cela.)

J'entrai dans le Salon vert à une heure moins le quart

pile pour l'apéritif. A une heure, je pris place à une table longue comme un jour sans pain : treize personnes de part et d'autre et deux convives qui trônaient à chaque extrémité. Pendant le repas, la conversation se déroulait selon un protocole bien établi : suivant l'exemple de la Reine, les dames devaient parler avec l'homme placé à leur droite, puis celui qui était à leur gauche, l'alternance intervenant à chaque changement de plat. Lorque je me tournai vers Andrew, je fus frappée par l'élégance naturelle avec laquelle il portait la jaquette et, rapidement, toutes mes craintes s'envolèrent. Andrew était d'un abord facile et je me sentis vite parfaitement détendue, une sensation que j'éprouvais rarement, même si je dus l'appeler « Sir », comme l'exige l'étiquette.

Nous connaissions les mêmes plaisanteries idiotes, avions le même esprit facétieux. Au dessert, je tentai d'éviter les profiteroles – régime oblige –, mais Andrew déclara avec un petit sourire taquin que c'était faire une grave entorse à l'étiquette. Quand ce fut son tour d'être servi, il déclina tranquillement – « non, merci beaucoup ! » et je lui flanquai une petite tape indignée sur l'épaule du dos de ma main.

De ces innocents débuts naquit une grande amitié qui existe encore aujourd'hui.

Je pus, tout au long de cette semaine, apprendre à connaître Andrew. Il me faisait penser à un géant de légende, charmant et adorable, jailli d'un fourré du bois magique. Une lumière enfin dans la sombre forêt. Je m'imaginais sauvée par ce prince au sourire envoûtant. De retour à mon appartement de Clapham, je me mis à recevoir des petits cadeaux flatteurs et attendrissants : une rose cueillie dans les jardins du Palais, une lettre romantique... Dans le courant de l'été, je fus invitée à Balmoral. Nouvelles sueurs froides. Une fois de plus, je pillai la garde-robe de ma belle-mère : il allait falloir se changer trois fois par jour, à l'heure du déjeuner, l'heure du thé et l'heure du dîner. Andrew était venu accompagné d'une amie à lui et j'étais ennuyée car, dans « l'agenda de Nigel Dempster » du *Daily Mail*, on faisait référence à ma relation avec Paddy. Andrew allait-il me rayer de ses petits papiers ?

Je le pris à part et lui appris que je sortais avec Paddy et que j'espérais que cela ne le gênait pas. « Pourquoi donc cela me gênerait-il ? répondit-il. Je vous aime bien, et c'est tout ce qui compte. » J'appréciai sa réaction. Voilà un homme qui me prenait comme j'étais, sans conditions préalables, sans préjugés, sans tenir compte des commentaires extérieurs. De la même façon, je n'ai jamais été jalouse des rumeurs qui couraient sur les relations d'Andrew avec d'autres femmes. Il m'aimait et c'était amplement suffisant.

Notre attirance était encore muette, mais nous nous sommes beaucoup rapprochés pendant cette semaine à Balmoral. Je participais à toutes les activités d'Andrew. Je lui offrais le même soutien fervent et inconditionnel que j'avais su offrir à Paddy pour ses affaires, et à papa au polo. Je me sentais capable d'être tout ce qu'Andrew voulait que je sois – j'étais la reine des caméléons ! Je pouvais subjuguer l'assistance par mes bouffonneries à l'heure du déjeuner, puis arpenter les collines tout l'après-midi aux côtés des chasseurs, comme un fantassin chevronné. Je ne tirais pas le gibier, mais j'étais toujours dehors, débordante d'énergie et de débrouillardise.

Aujourd'hui, ce sport m'enthousiasme beaucoup moins. J'ai appris à me mettre du côté du gibier ; j'ai été tant traquée... Ai-je changé à ce point en dix ans à peine ? Étais-je réellement moi-même à cette époque ? Est-ce que je prenais le temps de m'écouter, de réfléchir à ce qui me plaisait ou non ? Je me demande plutôt si, à l'époque, je n'oubliais pas de réfléchir à mes propres goûts, mes propres priorités.

J'étais comme le lapin d'*Alice au pays des merveilles* courant dans tous les sens pour des raisons obscures.

**

Ainsi qu'Andrew l'admit quelques mois plus tard à la télévision, notre histoire d'amour n'avait pas commencé par un coup de foudre. Elle s'était développée harmonieusement comme une plante au soleil : croissant lentement, mais sûrement. J'allais de temps en temps dîner avec lui au Palais ; parfois, au contraire, c'était lui qui venait garer sa Jaguar verte (officiers de protection compris) sous les fenêtres du 40 Lavender Gardens et nous dînions ensemble dans ma minuscule cuisine. Le lieu importait peu du moment qu'Andrew me rappelait et il le faisait toujours. Il s'intéressait à *moi* – incroyable, non ?

Au début, j'avais du mal à réaliser que je servais des haricots à la tomate au fils cadet de la Reine, mais ce sentiment d'étrangeté passa très rapidement. Alors que j'avais souffert toute ma vie d'un manque d'assurance et de certitude, je commençais à être sûre d'une chose énorme et incroyable : j'aimais Andrew et il m'aimait. Cela me submergea et je me laissai emporter comme par la vague puissante de l'océan. Voilà un homme étonnant qui n'avait pas besoin de rivaliser avec qui que ce soit pour être un prince et qui me voulait *moi*. On se comportait ensemble comme deux enfants ; on jouait à des jeux idiots. Nous fûmes véritablement *amis* avant de nous aimer.

Je rompis avec Paddy. Il le prit avec élégance. Je crois qu'il avait espéré que cela se passerait ainsi. Parce qu'il pensait que je devais sortir avec quelqu'un de mon âge, plus à même de m'offrir ce dont j'avais besoin et qu'Andrew était l'homme qui me fallait.

En décembre 1985, *Le Brazen* s'amarra au port de Londres. Diana me convainquit de l'accompagner rendre visite à Andrew. C'était osé, car la presse ne s'était pas encore rendu compte de ce qui se passait. (En fait, les journaux allaient m'ignorer encore un bon bout de temps ; probablement, parce qu'à leurs yeux, je n'étais pas « le genre » d'Andrew.) Pour m'aider à me sentir plus forte pour cette première apparition en public avec la Famille royale, Diana me prêta une robe manteau à carreaux noirs et blancs. A un moment, les photographes furent sur nous et les questions se mirent à fuser pendant que les appareils crépitaient. Je me tournai vers elle, complètement perdue.

– Contente-toi de sourire, me murmura-t-elle.

Ce que je fis. Cette fois-là et tout au long des années qui suivirent. Cela me rassurait d'imiter Diana – elle en savait tellement plus que moi, elle remplissait son rôle d'ambassadrice de Grande-Bretagne et de la Famille royale avec une telle adresse. Aucune situation ne la prenait au dépourvu. Elle ne fit jamais la moindre allusion, ni à moi, ni à personne, aux problèmes qu'elle affrontait à ce moment-là. (Une personne boulimique est, en général, très secrète, craignant par-dessus tout d'être découverte.) Diana faisait tous les jours un travail exceptionnel dans des conditions dont personne n'avait perçu à quel point elles étaient difficiles. Je la respecterai toujours pour ça.

Lorsque je vivais à Clapham, Diana m'aidait en me donnant toutes ses chaussures (et, malheureusement aussi, ses verrues plantaires). Nous avions la même taille. J'essayai de copier l'apparence de Diana, comme j'avais copié celle de Carolyn.

Pour une personne comme moi qui avait si peu confiance en elle, la mode n'était qu'une source supplémentaire de doutes et d'interrogations angoissées.

*
* *

Andrew m'invita à passer le nouvel an à Sandringham, le domaine privé de la Reine dans le Norfolk. Notre relation devenait sérieuse ; quelques semaines auparavant, Andrew m'avait demandé de l'appeler par son prénom. (Je l'appelais encore « Sir » ainsi que l'exigeait le protocole, même si, en six mois, j'avais appris à le prononcer de façon de moins en moins cérémonieuse.)

A Sandringham, j'étais conviée, pour la première fois, à un séjour « en famille », même si cette « famille » pouvait aisément remplir un auditorium. J'avais déjà été anxieuse. Mais, à ce point-là, jamais. Je prévoyais quatre heures pour un trajet d'une heure et demie – au cas où la voiture aurait une panne ou que je tombe à sec sans trouver une station-service. Arrivée avec deux heures d'avance, je m'arrêtai au pub local pour me changer et remplacer mes vêtements chiffonnés par une tenue que j'espérais chic. Ensuite se posa le dilemme : est-ce que je prenais un verre ou pas ? Et s'ils trouvaient que je sentais l'alcool ? D'un autre côté, j'avais besoin d'un remontant. Après avoir hésité sur la vodka (dont l'odeur est moins perceptible), je me décidai pour un gin-tonic bien tassé.

Puis, ce fut l'heure d'y aller. Rassemblant tout mon courage, je réintégrai mon véhicule. En remontant l'allée principale, je ne cessai de me répéter : pourvu que le gravier ne crisse pas. Surtout, il ne fallait pas que l'on m'entende arriver. En dépit du froid, j'avais fait l'impasse sur le pull-over, mais mon angoisse était telle que je me retrouvai avec deux auréoles de sueur sur mon chemisier en soie, ce qui était épouvantablement gênant.

Ensuite, Andrew me prit en traître. Alors que je sortais de ma voiture, en ce premier jour vif de 1986, il me dit : « Je t'aime. » Incapable d'articuler les mots que j'aurais aimé lui dire... je poussai un cri. Andrew éclata de rire.

Je devais encore passer la porte d'entrée. Je devais encore saluer tous les membres de la famille dans leur immense salon. Tout le monde fut immédiatement charmant, mais j'étais la dernière arrivée et les plaisanteries fusaient, ce qui renforça mon sentiment d'être une intruse. Depuis ce jour, me souvenant de cette étrange sensation, je m'efforce toujours d'aller vers la personne qui entre dans une pièce déjà remplie de gens, de l'accueillir avec chaleur.

Je fis une entrée à peu près correcte. Mais Andrew ne m'avait pas plus tôt apporté un verre que je trébuchai sur le pied du piano et renversai son contenu sur le canapé. A la suite de quoi, en faisant ma révérence à la Reine, *la mère de mon petit ami*, je donnai un coup de pied à l'un de ses chiens. Je l'avais, en fait, à peine effleuré, mais le corgi est un chien mélodramatique, à l'entendre gémir, on aurait pu croire qu'il s'apprêtait à rejoindre le chenil céleste.

Ce qui m'angoissait le plus, c'était l'étiquette. Au fond, le protocole n'est que bonnes manières, ce que maman m'avait appris quand j'étais petite, ni plus, ni moins. Se lever quand quelqu'un entre dans la pièce, et ainsi de suite. Mais ce jour-là, c'était une autre histoire, les règles étaient plus complexes. J'avais l'impression qu'il y avait des centaines de gens dans cette pièce, et il était à peu près certain, tout du moins c'est ce que je pensais, que tous étaient de naissance plus noble que la rouquine de Clapham. Je savais qu'on devait faire la révérence aux membres de la Famille royale – pas seulement incliner la tête, mais une vraie révérence aussi profonde que possible sans se cogner dans la table basse ou choir sur le sol.

Il y avait ensuite le problème des titres. Qui devais-je appeler « Sir » ou « Ma'am », « Lord » ou « Lady » ? A qui pouvais-je m'adresser en utilisant son prénom ? Dans le doute, décidai-je, il valait mieux être trop respectueuse que pas assez.

Chaque fois que j'arrivais dans un nouvel endroit, au lieu de sourire et de me comporter comme une personne normale, je ne pouvais pas m'empêcher de m'agiter bruyamment pour compenser ma timidité maladive. Je réussissais mon coup, on croyait, en général, que je savais ce que je faisais, ce qu'il fallait porter ou dire et que tout allait bien. J'étais le centre de la soirée, l'attraction de la soirée – cette bonne vieille Fergie, elle vaut son pesant d'or.

Mais, à l'intérieur de cette fille enjouée, était tapi mon pire ennemi, critique féroce et juge impitoyable.

A l'intérieur, cette bonne vieille Fergie se mourait.

En février, je rejoignis Charles et Diana à Klosters pendant qu'Andrew était en mer. J'étais dans mon élément. Je connaissais tout le monde et, après des années de ski dans la poudreuse du Verbier, je pouvais descendre n'importe quelle piste plus vite que la plupart des hommes. Quand j'y pense, ce devait être l'enfer pour Diana. Elle traversait l'une de ces terribles crises, ne skiait pas très bien et n'avait qu'une seule envie : se terrer au chaud. Tandis que l'indestructible Fergie, cette bonne vieille Fergie, pétulante et infatigable, éclatait de santé. Je devais l'exaspérer, surtout que Charles lui serinait, « prends exemple sur Fergie... »

Était-ce vraiment un si bon conseil ?

Un peu plus tard dans le mois, je voyageai sous un faux nom jusqu'à Floors Castle – lieu du fameux baiser au-dessus de la desserte à journaux – où j'avais un rendez-vous amoureux avec Andrew. Cette nuit-là, alors que la neige tombait, je ne fus pas vraiment surprise d'entendre Andrew me proposer de l'épouser. J'acceptai de tout mon cœur et nous trinquâmes au champagne à notre avenir. Cependant, je ne pouvais pas m'empêcher de penser qu'il me taquinait, qu'il ne pouvait pas sérieusement envisager de m'épouser.

Et c'est ainsi qu'au moment le plus émouvant et romantique de ma vie, j'ai regardé l'homme que j'aimais droit dans les yeux et lui ai dit : « Si tu as changé d'avis demain matin en te réveillant, tu pourras toujours me dire que tu plaisantais. » Lorsque quelqu'un me promet quelque chose, je m'arrange toujours pour lui laisser la possibilité de se rétracter, pour qu'il ne se sente pas pris au piège, pour, comme dirait papa, ne pas être une « casse-pieds ». Honnêtement, je ne voulais pas qu'Andrew regrette ce qui, dans mon esprit, était forcément une impulsion imprudente.

Je manquais vraiment totalement de confiance en moi.

Andrew ne changea pas d'avis le lendemain matin. Comme la Reine était en voyage officiel en Asie, il ne pouvait pas obtenir son autorisation avant trois semaines – une formalité, mais une formalité légale et obligatoire. Entre-temps, nos fiançailles seraient notre secret, un secret à ne partager avec personne. Cette perspective me plaisait ; j'étais quelqu'un d'excessivement pudique lorsqu'il s'agissait de mes histoires de cœur.

Mais l'intimité, découvris-je en rentrant à Londres, n'était plus qu'un souvenir. Depuis Sandringham, la presse se doutait qu'il se préparait *quelque chose* entre Andrew et moi, et soudain, on ne parlait plus que de Fergie. Les huit tabloïds les plus importants de Londres avaient dépêché un photographe à mes trousses, avec ordre de me suivre vingt-quatre heures sur vingt-quatre.

Peu de gens peuvent comprendre ce que signifie, pour une personne tout à fait ordinaire, le brusque passage, du jour au lendemain, au statut de personnage public. Cela n'arrive pas graduellement, mais abruptement, d'un coup. Ces photographes campaient toutes les nuits sous mes fenêtres et je ne pouvais pas aller à mon bureau, à Mayfair sans être suivie par cinq ou six voitures et une ou deux motos. Les journalistes investirent mon café préféré avec la ferveur d'anthropologistes urbains. Ils furetèrent dans mes poubelles, y découvrirent une esquisse de ma bague de fiançailles et la reproduisirent – ils firent de même d'ailleurs avec un vague gribouillage sans intérêt. Lorsque j'allais voir Andrew au Palais, je me garais devant l'entrée des fournisseurs et empruntais l'ascenseur de service, aussi discrète qu'une espionne. Et si j'avais *vraiment* besoin de tromper leur surveillance vigilante, je me cachais dans un panier de linge sale dans le coffre de la voiture de Carolyn et lui demandais de m'emmener là où je voulais me rendre.

Mais, en général, je ne cherchais pas à échapper à la presse. Je me contentais de continuer à vivre. Je n'y accordais pas une attention particulière ; en fait, je crois que cela m'amusait plutôt. N'oubliez pas, j'étais une jeune femme en proie à de multiples frayeurs. J'avais peur de tout, des P.-V., de prendre une mauvaise direction et surtout, surtout, j'avais peur du noir – la nuit, je rentrais chez moi, mes clefs dans une main et ma chaussure dans l'autre, que je brandissais comme une arme contre d'éventuels agresseurs. Et soudain, mon monde changea. Il me suffisait de me ranger et de demander à l'une des voitures de presse qui me suivaient où je devais tourner. Je pouvais me garer le long de ce sinistre cimetière et rentrer tranquillement à la maison puisque tous ces gens étaient là. « Vous pouvez rester ici aussi longtemps que vous voulez, leur disais-je avant de refermer ma porte, mais soyez gentil de garder un œil sur ma voiture, s'il vous plaît. » Une fois, je suis même redescendue pour leur offrir un café.

En outre, je n'avais rien à cacher. C'était juste *moi*,

une jeune fille de la campagne. J'étais tombée amoureuse de cet homme adorable qui mangeait des M&M sur ma table et qui se trouvait être un prince. J'étais une jeune femme parfaitement normale plongée dans une situation extraordinaire : un conte de fées tout ce qu'il y a de plus classique.

Durant cette période étourdissante qui précéda mon mariage, la presse et moi avions beaucoup en commun. Nous étions toutes deux très impressionnées par cette créature du nom de Fergie. En fait je crois même que nous l'aimions bien.

Paradoxalement nous étions toutes deux prêtes à la mettre en pièces à la première occasion.

Le 15 mars, la Reine donna son consentement à Andrew. Quatre jours plus tard – un délai permettant au budget d'être présenté à la Chambre des communes et d'avoir une bonne couverture de presse – nos fiançailles furent officiellement annoncées. Je me réveillai avec une migraine atroce ce matin-là, mais je dus, pour la BBC, rassembler toute mon énergie. La présence d'Andrew à mes côtés me rassura et me permit d'être à l'aise devant les caméras. Je le regardai faire, pris exemple sur lui et me jetai à l'eau.

Aujourd'hui, je trouve que j'étais d'une incroyable naïveté. Je dis au journaliste qui m'interrogeait que j'allais, bien sûr, continuer à travailler dans l'édition et que je saurais affronter mes nouvelles obligations, parce que Andrew et moi formions une équipe, « une bonne équipe » et que rien ne pourrait nous mettre en échec.

La Fergiemania prit son envol. Le même après-midi, le trajet à pied que j'effectuais de mon travail à un hôtel provoqua une telle cohue qu'une femme faillit être écrasée. La police dut intervenir pour imposer un semblant d'ordre. J'avais passé ma dernière nuit à Clapham ; toutes mes habitudes allaient être radicalement bouleversées. Le lendemain matin, j'allais me réveiller à Buckingham Palace et l'officier de protection personnel d'Andrew m'accompagnerait au bureau, au volant de la Jaguar de mon fiancé, suivi de près par une voiture de police. Je ne m'étais jamais sentie aussi vivante, aussi prête à l'aventure et en même temps en sécurité.

Ces sentiments m'emplirent d'une telle plénitude qu'il n'y eut plus aucune place pour les doutes. Je pouvais soigneusement mettre de côté la question évidente, celle qui s'insinuerait lentement dans mon esprit jusqu'à y occuper toute la place : *qu'est-ce que je faisais là ?*

CHAPITRE V

De l'autre côté du miroir

Buckingham Palace compte plus de six cents pièces, mais ma vie allait se passer dans moins de six d'entre elles. Je m'installai dans l'appartement de célibataire d'Andrew. Avec lui. Ce qui, je l'appris ensuite, normalement « ne se fait pas ». Pourtant, ce ne fut jamais un problème, ce qui prouve que l'administration du Palais interdit ou laisse faire, selon son bon plaisir.

Notre appartement donnait sur un couloir du deuxième étage qui surplombait la cour où je garais ma voiture. Ce couloir tendu de soie verte et moquetté de rouge sombre, si long que l'on pouvait à peine en voir le bout, était plein de penderies discrètes et décoré d'une série de marines célébrant les grandes victoires navales anglaises. Sur chaque porte était fixée, grâce à un support de cuivre, une carte tapée à la machine au nom des résidents royaux.

L'atmosphère de cet endroit, a écrit Ingrid Seward, « est celle d'un gentleman's club un après-midi pluvieux; tranquille, et légèrement fanée ».

A l'intérieur de notre suite, régnait la même

ambiance. Nous avions cinq pièces et deux salles de bains en enfilade : une sorte de wagon de chemin de fer, spacieux, mais pas vraiment grandiose. La décoration très victorienne, chargée, étouffante, était, peu ou prou, la même que lorsque Andrew y vivait seul, ou Charles avant lui : rideaux de soie damassés, abat-jour plissés, tapis et tapisseries ternes.

Seule exception, le dressing-room que Diana, lors de son bref passage en ces murs, avait fait refaire en rose et blanc. De taille moyenne, cette pièce était bourrée de penderies en chêne et en bois de rose, d'une coiffeuse. Dans la salle à manger une grande table d'acajou nous permettait de recevoir à dîner et nous servait également de bureau. Mais lorsque nous étions seuls, Andrew et moi, nous dînions dans le salon, sur la desserte près de la télévision.

Tout au bout, la chambre et le dressing-room d'Andrew, avec son incroyable fouillis. Des dizaines de peluches sur le lit, deux énormes teddy bears roses enlacés posés près d'une lampe, des fusils et les divers objets qu'un célibataire accumule un peu partout – et je l'acceptai tel quel. Le lourd mobilier ne me gênait pas, pas plus que les horloges de musée de la Collection royale ou les feux de cheminée électriques, pourtant tristes à pleurer. Je considérais cet appartement comme une solution temporaire, en attendant notre maison. Il suffisait de regarder un film, boire un verre de vin, et ne pas s'inquiéter de la couleur du canapé. Après tout, je n'avais jamais eu d'appartement à moi, je n'avais pas l'habitude de prendre possession jalousement des lieux où je vivais.

Quand on aime, tout va. La tristesse des papiers peints importe peu ; la vie est tellement belle par ailleurs. Notre appartement faisait face au Mémorial de la reine Victoria – généralement surnommé « la pâtisserie » – et au Mall. Nous avions une vue superbe de Londres : la

City sur notre droite, West End sur notre gauche et devant nous de belles rangées de drapeaux et les plates-bandes de géraniums. Plusieurs fois par semaine, il y avait à onze heures et quart la relève de la Garde dont le fracas rendait toute conversation téléphonique impossible. Chaque fois que j'étais là, j'arrêtais toute activité et je la regardais, appréciant le spectacle ; c'était tellement incroyable de voir ça de l'intérieur, du Palais, de chez moi, de l'autre côté du miroir...

Pendant les quatre mois qui ont précédé notre mariage, je me suis laissé porter par le mouvement. Tout le monde me semblait tellement intimidant et investi d'une grande puissance : les dames de compagnie, les officiers de protection et même les femmes de chambre. Persuadée qu'ils savaient ce qu'il fallait faire, puisqu'ils étaient là depuis bien plus longtemps que moi, je suivais leurs conseils sans les mettre en doute une seconde – n'était-ce pas le meilleur moyen de leur plaire, de gagner leur approbation ?

Mais surtout, je me fiais à Andrew. La première obligation officielle où je dus apparaître eut lieu en avril, à l'occasion de l'anniversaire de la Reine. J'étais légèrement paniquée et je me mis à gémir devant Andrew, « qu'est-ce que je dois dire, qu'est-ce que je dois faire ? » Ce à quoi Andrew, habitué à ces sortes de cérémonies depuis le jour de sa naissance, me répondit, « tu apprendras ».

Et j'ai appris ! Je ne savais absolument pas comment m'y prendre, mais je l'ai fait : *je peux y arriver, je le peux, je serai sur le balcon, bien, maintenant je suis sur le balcon* – Fergie relevait toujours un défi, tout le monde savait ça. Je me tins sur le balcon du Palais – tous les visages de la foule brouillés en une vaste masse indistincte devant moi, et ma spectaculaire future belle-famille autour de moi – et observai Diana, puis souris bravement en agitant délicatement la main. Le secret du geste de salutation royale, déduisis-je, était lumineux. Il suffisait de faire comme si je dévissais délicatement une ampoule. Tout était dans le poignet.

Je portais le fameux « nœud Fergie » dans les cheveux et un élégant tailleur. Malheureusement, il faisait chaud, mes cheveux commencèrent à friser et je me mis à suer abondamment. Pour couronner le tout, j'avais un gros nœud dans le dos qui n'arrangeait pas vraiment mon derrière – de l'autosabotage dans toute sa splendeur... Tout cela mit un bémol à mon enthousiasme : *salue, mais pourquoi tu ne salues pas ? Oh, mon Dieu, Andrew, qu'est-ce que je suis en train de faire ? Est-ce que vraiment personne ne se rend compte que je ne suis pas à ma place ici ?*

Dès que je pus, je me précipitai sur le téléphone pour demander à papa s'il m'avait vue à la télévision et ce qu'il en avait pensé.

Mais, au fond, tout allait bien, parce que Andrew était là, que je l'aimais de tout mon cœur et de toutes mes forces. Je me donnais à lui tout entière, sans coquetterie, ni affectation. On pouvait le voir sur les photos qu'il prenait de moi : mon regard adorateur en était la meilleure preuve.

Andrew était mon chevalier, mon prince : il était venu et il m'avait sauvée du chagrin et de la tristesse. Pour la première fois de ma vie, je me sentais en sécurité. J'avais Andrew pour me soutenir. Il était solide comme un roc. Et j'ai vraiment besoin d'un roc pour m'ancrer dans la vie.

Andrew intégra cette année-là l'école d'officiers de Greenwich, tout près de Londres et je le voyais tout le temps. Je n'arrivais pas à comprendre les couples qui divorçaient ou se séparaient. De la même façon, je ne comprenais pas comment mes amies survivaient aux voyages d'affaires (de deux jours, au moins) de leurs maris – leurs hommes devaient épouvantablement leur manquer. Je pensais sincèrement que rien ne pouvait m'éloigner d'Andrew.

— Personne ne nous séparera jamais, répétais-je à l'envi en public.

Personne ne nous séparera jamais, me répétais-je tout bas des milliers de fois.

A la fin, pourtant, c'est bien ce qui s'est passé.

C'est à peu près à cette époque que les journaux parlaient de moi comme « une bouffée d'air frais ». Ils ne se lassaient pas de Fergie ; j'eus même l'honneur de voir mon effigie de cire chez Mme Tussaud. (A l'inauguration, un journaliste pour le moins délicat avait apporté un mètre et cria à la cantonade le chiffre de mon tour de hanches.) Un tour operator proposait pour la somme de quinze livres une visite guidée qui commençait par mon bureau à Mayfair, continuait avec le coffee shop que je fréquentais et se terminait par le joaillier qui avait créé ma bague de fiançailles.

Les tabloïds me traitaient comme si j'étais la chose la plus extraordinaire depuis l'invention du pain grillé — ou plutôt depuis l'arrivée de Diana dans la Famille royale. Ils louaient mon sens de l'humour, ma décision de garder mon travail, ma fidélité à mes vieux amis, mes vêtements et même ma bonne vieille silhouette — pas question de régimes idiots, avais-je affirmé.

A vingt-six ans, j'étais incroyablement naïve et crédule. Je n'avais rien compris. Je ne voyais que la surface des choses. Pis, je prenais pour argent comptant ce que la presse disait de moi. Je les croyais lorsqu'ils écrivaient que j'étais merveilleuse, fraîche, comme une page tournée pour la Famille royale — la « géniale Fergie » allait épousseter cette vieille institution, j'étais devenue un mélange de Cendrillon et de Mary Poppins. J'avais besoin de les croire parce que j'avais trop longtemps cru que je n'étais rien. Les journaux m'inventèrent un personnage et je le confondis avec mon identité.

Une personne plus sûre d'elle aurait vite compris comment fonctionnait la presse, ou au moins, aurait eu des doutes. A l'époque où je vivais encore dans Clapham, ma voiture tomba en panne et je dus prendre le train pour Dummer munie d'une valise pleine de linge sale – j'étais, je le précise, seule. Les journaux annoncèrent : FERGIE REJOINT ANDREW POUR LE WEEK-END.

Voilà qui me laissa perplexe. Ils affirmaient catégoriquement que j'allais passer le week-end avec Andrew alors que j'étais tout aussi catégorique : je rentrais chez moi avec mon linge sale. J'aurais dû alors me poser des questions, me rendre compte que tout ce qui est écrit n'est pas forcément vrai. Je me contentai d'en rire. Après tout, il n'y avait pas de mal.

*
* *

Le 15 juillet, une semaine avant le mariage, Andrew fêta l'enterrement de sa vie de garçon à Aubrey House avec les amis d'Elton John et de Sir David Frost. J'aurais adoré m'introduire en douce, mais la forteresse était imprenable : hauts murs, entrée unique et gardes musclés – aucune chance.

Pour nous venger, Diana et moi organisâmes une soirée déguisée entre filles. Avec quelques amies, perruques grises sur la tête, nous enfilâmes d'authentiques uniformes de femmes policiers. De la casquette aux chaussures à lacets en passant par les bas réglementaires, rien ne manquait. Nous avions prévu de faire mine d'arrêter une de nos amies (choisie pour ses jambes sublimes) qui arpentait le trottoir d'une drôle de façon, juste devant le Palais.

Les agents en faction près de la grille trouvèrent ce manège fort étrange et appelèrent la police du quartier qui nous arrêta toutes – y compris notre officier de protection qui faisait partie de la farce – pour trouble sur la voie publique devant Buckingham. Ils nous poussèrent dans le panier à salade. Pour y monter, il fallait se glisser entre deux barrières, et ce fut pour moi le moment le plus mortifiant de la soirée, car si toutes mes amies passèrent sans problème, je restai coincée...

Diana et moi n'avions aucune intention de résister. Au contraire, nous trouvions la situation follement drôle. Nous avions caché nos bagues de fiançailles en les tournant vers la paume de nos mains et personne ne nous avait reconnues.

Nous étions à l'arrière, assises en rang comme des petites délinquantes et le car démarra. Diana demanda au conducteur s'il n'avait pas des chips, par hasard, et deux minutes plus tard, elle dévorait sans complexe des chips au bacon. Lorsque le véhicule eut fini de remonter le Mall, la grande avenue qui mène à Buckingham, nous entendîmes un des policiers s'exclamer, « Dieux du ciel, c'est la princesse de Galles ! »

Nous leur demandâmes de nous déposer près de Chez Annabel, la grande boîte de nuit de Berkeley Square. Le portier tenta de nous refouler, « Désolé, nous n'acceptons pas les policiers chez nous, nous voulons que nos clients s'amusent », mais nous forçâmes le passage et allâmes nous installer au bar. Nous étions juste à côté d'un groupe de cadres administratifs du *Daily Mail* en sortie professionnelle. Nous sirotâmes nos jus d'orange quasiment épaule contre épaule, pourtant aucun de ces messieurs ne nous reconnut.

En sortant, nous nous sommes amusées un instant à interrompre la circulation sur Berkeley Square – nous étions à ce moment-là proches de l'hystérie – avant de rentrer sur le coup de deux heures du matin au Palais. Sachant qu'Andrew ne devait pas tarder, nous prîmes une nouvelle initiative : on éloigna les policiers en faction devant l'entrée et on ferma les grilles. En fait, Andrew venait d'appeler pour prévenir de son arrivée. Quand il vit les grilles closes, il crut réellement que quelque chose de très grave venait d'arriver. Il ferma les portes de sa voiture, fit faire un brusque demi-tour à sa Jaguar et démarra en trombe dans la direction opposée. Il avait cru à un piège.

C'est à peu près à ce moment-là que je me suis demandé si je n'étais pas allée un peu trop loin.

Le lendemain matin, je pris mon petit déjeuner avec Mme Runcie, la femme de l'archevêque de Canterbury qui allait nous marier. J'aime beaucoup les Runcie ; tous les deux ont été tellement gentils avec moi, mais j'avais du mal à garder les yeux ouverts.

Plus tard, j'avouai ma folle nuit à la Reine qui trouva cela raisonnablement amusant. J'avais été aussi vilaine que possible et je m'en étais tirée sans dommage, j'étais toujours adorée de tous. De quoi réduire mes complexes à néant. Je me sentais merveilleusement extravagante, follement brillante. Je me sentais capable de tirer un cerf, pêcher une truite, et danser *Le Lac des cygnes* en bottes de caoutchouc dans le même temps. Il n'y avait aucune limite à ce que je pouvais faire.

Même les gens les plus brillants ont des détracteurs, c'est normal. Jean Rook du *Daily Express* me qualifia de « setter irlandais ébouriffé se débattant furieusement pour sortir d'un vieux sac de pommes de terre ». Bien que « la Première Dame de Fleet Street » ne fût pas la seule à critiquer mon sens de la mode, son ton agressif me donna un avant-goût de ce qui allait suivre.

Puis, il y eut *Burke's Peerage*, l'organe de presse de la vieille garde aristocrate collet monté. Tout en me prêtant plus de liens du sang avec les anciennes familles royales d'Angleterre qu'aux Windsor, *Burke's* relevait que « ma vie privée » avait été « peu orthodoxe » – un euphémisme, je pense, pour désigner le fait que je n'étais plus, horreur, vierge !

Mon mariage avec Andrew, concluait cette publication, « allait ouvrir la boîte de Pandore. Les problèmes allaient altérer l'étiquette et le protocole royal jusqu'au méconnaissable ».

Ils n'en imaginaient pas le quart du tiers...

Plus le jour de mon mariage approchait, plus le tourbillon dans lequel je vivais s'accélérait. Levée tôt, couchée tard, je m'activais frénétiquement du matin au soir, volant d'un rendez-vous à un autre. (J'étais au régime « Mariage Royal » : je n'avais pas le temps de manger.) Je commençais ma journée à sept heures avec un massage ou une séance d'acuponcture pour mon dos qui me faisait souffrir. Ensuite, je retrouvais Lindka Cierach, la créatrice de ma robe, pour un nouvel essayage. Les demoiselles d'honneur et le fleuriste nous rejoignaient. Après quoi, je devais régler des questions de vaisselle, de verres et d'argenterie – sujets auxquels je n'avais jamais pensé auparavant et sur lesquels je devais avoir un avis d'experte.

Un flot ininterrompu de cadeaux arrivait du monde entier – plusieurs milliers. A la fin, il y en avait tellement que nous avons dû les stocker dans la salle de bal du Palais, une pièce à peu près grande comme Madison Square Garden. Il fallut quatre personnes pour les répertorier et les ranger. Ils les classèrent par ordre décroissant. Cela allait du cadeau à vous couper le souffle (un collier de diamants et saphirs) au cadeau peu commun, mais recherché : une poubelle avec nos initiales « A » et « S » et nos portraits sur le couvercle... Une petite dame du nord de l'Angleterre nous avait crocheté une nappe de ses propres mains. Toutes ces heures de travail, juste pour nous, quel joli geste !

Je reçus l'amour de tous ces gens comme le doux écho de celui d'Andrew. Pour une future mariée, c'était une sensation magique.

J'écris normalement moi-même toutes mes lettres de remerciements mais je n'arrivais pas à tenir la cadence. J'étais gênée de ne pas pouvoir retourner toute cette gentillesse. J'insistai cependant auprès du personnel du Palais pour que tous les mots soient écrits à la main et signés par moi.

Le 21 juillet, deux jours avant le grand jour, mon père et ma belle-mère donnèrent une superbe réception en notre honneur. Le lendemain soir, je couchai à Clarence House, la demeure de la Reine Mère, tradition familiale les veilles de mariage. J'aurais pu inviter des amis ou sortir dîner... Mais je restai seule. Le valet de pied de sa Majesté la Reine Mère m'apporta une magnifique carafe à vin d'argent à tête de dragon. Je trouvai ça très agréable jusqu'au moment où je portais le verre à mes lèvres. Le vin avait goût de formaldéhyde. (J'étais devenue un peu snob sur les vins au contact de Paddy qui achetait chez Sotheby's des caisses d'excellents bordeaux.)

Je le bus quand même, pour me sentir moins seule. Je n'étais pas anxieuse – qu'est-ce que l'anxiété ? – Miss Perfection ne pouvait être anxieuse, car tout ce qu'elle faisait était parfait. Tout au long de la nuit, j'entendis des gens sous mes fenêtres scander « Fer-gie ! Fer-gie ! Sa-rah ! Fergie ! »

Je ne dormis que deux heures. Je me réveillai avant sept heures avec une drôle de sensation dans l'œil droit. Je savais ce que cela signifiait : une horrible migraine, générée par toute cette pression que j'avais absorbée et réprimée. Je commandai le réconfort de mon enfance : des œufs coque et des mouillettes beurrées. J'ignorais alors que c'est en fait exactement ce qu'il faut éviter lorsque l'on souffre de mal de tête.

Au milieu de mon petit déjeuner, le défilé commença : le coiffeur, la manucure et l'esthéticienne accompagnée de Lindka Cierach venue la conseiller sur mon maquillage et enfin, maman pour me tenir la main. Dehors, sur le Mall, les gens s'échauffaient peu à peu, malgré les pluies matinales. Heureusement, j'avais jugulé ma migraine à temps en prenant de l'aspirine ; elle me martelait les tempes en sourdine.

Ma coiffure, une couronne odorante de gardénias, la fleur préférée d'Andrew, était fixée, ainsi que mon voile. J'enfilai ma robe de mariée ivoire, une création exquise pour laquelle j'avais perdu plus de treize kilos. Lindka était un génie ; je savais qu'elle saurait concevoir la robe la plus flatteuse qui soit, et elle l'avait fait. Elle était incroyablement baleinée, comme un corset. Nous avions choisi du satin duchesse parce que c'est le tissu souple par excellence. Aussi lisse que du verre, il se tient merveilleusement bien, sans faire de faux plis ; cela amincissait encore ma silhouette.

L'emblème des armes que je m'étais choisies : un bourdon jaune et noir, une ancre et une rose étaient tissés dans la soie elle-même. La devise que j'avais adoptée semblait parfaite : *Ex Adversitas Felicitas Crescit*. De l'Adversité Vient le Bonheur.

Mon optimisme m'avait poussée à croire que j'avais déjà survécu à une vie d'adversité qui se terminait enfin dans le bonheur. J'avais Andrew maintenant – comment aurais-je pu douter ?

Le tendre objet de mes pensées était sur le chemin de son propre rituel prénuptial à Buckingham Palace. A dix heures du matin, la Reine conféra à Andrew le titre de duc d'York.

Quelques minutes après onze heures, les grilles de Clarence House s'ouvrirent pour laisser passer le carrosse de verre, ainsi nommé à cause de la taille de ses fenêtres, tiré par deux chevaux bais assortis. Il y avait deux passagers : moi et mon père, superbe dans la jaquette vert foncé qui lui venait de son père. La foule se lança dans une version braillarde de la marche nuptiale.

Le carrosse descendit lentement le Mall jusqu'à Westminster Abbey. En passant devant ce million de gens amassés le long de cette avenue de moins de deux kilomètres uniquement pour nous voir, papa arborait un air presque désespéré tant il était mal à l'aise. Tandis que moi, tranquillement, je vissais des ampoules, un coup à droite, un coup à gauche – papa, c'est amusant, non ?

Il n'est pas difficile d'apprécier l'adoration du public ; ce qui est plus compliqué, c'est de comprendre que cela n'a rien à voir avec *soi*, et que cela dure rarement plus longtemps qu'un été anglais. Mais, le jour de mon mariage, la seule chose que je savais et qui m'intéressait, c'est que Fergie était *très* en vogue. Et *Sarah*, cette créature ordinaire, laide et sans intérêt ? Personne n'avait entendu parler d'elle depuis un bon moment et c'était tant mieux.

Devant la porte ouest de l'Abbaye, papa aida Lindka aux derniers ajustements de ma robe – une traîne de près de six mètres n'est pas évidente à placer – et de ma couronne de fleurs. Puis, on se mit en place. Les premières notes de la marche nuptiale résonnèrent. C'était le moment pour nous de remonter l'allée, papa me conduisait vers l'autel. C'était un instant émouvant entre tous, un instant de poésie et de tendresse murmurée entre un père et sa fille.

Et voilà ce que me dit mon père, si romantique, au moment où je levai mon escarpin de satin pour entamer cette marche : « En piste, petit poney. » Au trot, ma fille ! C'était une plaisanterie, bien sûr. *C'est vrai, je ressemble à un cheval ?* Je me rendis compte qu'il était au moins aussi nerveux que moi. « Ça ira, papa », dis-je et nous partîmes.

Alors que j'avançais sur cette longue bande de moquette bleue moelleuse, comme dans un rêve, ma tête couronnée de gardénias, je refoulai l'idée que les mille huit cents invités installés dans l'Abbaye et des millions de gens devant leur téléviseur avaient les yeux fixés sur moi. Je ne pensai pas une seconde au fait que tout le pays s'était arrêté de travailler pour regarder mon mariage – les usines avaient interrompu les chaînes pour que leurs ouvriers puissent le suivre à la télévision. Je ne pensai qu'à une seule chose, à l'homme qui m'attendait fièrement au pied de l'autel, si parfait, si fantastiquement beau dans son uniforme d'apparat, l'épée à la hanche.

Personne ne pouvait décemment me critiquer ce jour-là, pas avec cet homme à mes côtés.

Je restai extraordinairement calme – en réalité, j'étais totalement anesthésiée – jusqu'au moment où Robert Runcie me signifia d'un regard qu'il était temps de lire mes vœux. Soudain, l'immensité de ce que j'étais en train de vivre me frappa de plein fouet et me fit perdre instantanément mon sang-froid. Mes nerfs lâchèrent. Je m'étais pourtant entraînée à les dire, ces vœux (en particulier les prénoms d'Andrew : Andrew Christian Edward), mais en cette minute de vérité, je trébuchai sur « Christian ».

On fit grand cas du fait que j'avais opté pour des vœux de mariage traditionnels. J'aurais pris cette décision uniquement pour me démarquer : Diana avait choisi une forme plus moderne en omettant la promesse d'obéissance et tout le monde s'était attendu à ce que je fisse de même. Je ne suis pas spécialement docile, c'est vrai, mais dans mon esprit Andrew et moi ne faisions qu'un et je ne voyais pas l'intérêt de changer mes vœux. Lui obéir était comme obéir à moi-même.

Nous nous engageâmes l'un vis-à-vis de l'autre, échangeâmes nos anneaux et l'assistance entonna « God Save the Queen ». En une seconde, j'étais devenue la princesse Andrew et la duchesse d'York, ainsi que la comtesse d'Inverness et baronne de Killyleagh. (Killyleagh, en Irlande du Nord, est l'un des berceaux de ma famille.)

Dans l'ordre de préséance royale, je venais maintenant avant Anne et Margaret. Chez les femmes, j'arrivais au quatrième rang, derrière la Reine, la Reine Mère et la princesse de Galles.

Pendant que l'on signait les registres de mariage, je remplaçai les fleurs qui avaient fixé mon voile par une tiare de diamants pour redescendre l'allée au bras de mon époux. Un véritable conte de fées : j'étais entrée dans l'Abbaye fille de la campagne, j'en ressortais princesse.

Mes titres et diamants comptaient peu en regard de l'homme dont je pris le bras sous les yeux de la foule élégante. J'étais tellement fière, non pas d'être une « Royale », mais parce que j'avais épousé Andrew, cet homme extraordinaire. J'avais épousé l'homme de ma vie et c'était un prince.

J'étais profondément amoureuse de lui, je l'aimais absolument. Je ne m'étais pas rendu compte qu'en épousant le prince, il allait me falloir renoncer à tant de choses, y compris et surtout à l'homme lui-même.

De retour au Palais, notre carrosse s'arrêta le long de Windsor Greys... apparition sur le balcon pour saluer la foule (surréaliste trois mois auparavant, tellement normal ce jour-là)... les gens demandant à Andrew de m'embrasser et nous feignant de ne pas comprendre avec force mimiques... Et l'incroyable rugissement de la foule qui se propagea jusqu'à Trafalgar quand enfin nos lèvres se touchèrent...

J'avais l'impression de marcher sur un nuage et j'adorais cette sensation. Pendant ces minutes extraordinaires où j'avais l'impression d'être portée par la foule, j'avais éradiqué toutes mes peurs et bâillonné la petite voix pessimiste qui me déstabilisait d'habitude. Je ne m'étais jamais sentie aussi bien, aussi sûre de moi.

Dans la salle à manger d'apparat, pour le déjeuner de mariage, assise entre le prince Philip et l'ex-roi Constantin de Grèce, je revins à la réalité royale. Il y avait, dans cette pièce majestueuse, une centaine de personnes de haute naissance – la liste des invités et le plan de table avaient été l'objet d'interminables discussions.

Ce somptueux repas fut tout ce qu'il y a de plus convenable et... ennuyeux. A un moment, nous levâmes tous nos verres, mais personne ne porta de toast : ce n'était pas dans la tradition ! Soudain, je sentis un regret furtif m'étreindre. Toute cette pompe était éblouissante, mais j'aurais aimé avoir un mariage normal, j'aurais aimé que le témoin d'Andrew se lève et fasse un discours amusant ou que quelqu'un raconte quel boute-en-train je savais être et quelle cavalière audacieuse j'avais été enfant.

J'avais douloureusement conscience qu'il manquait ces petits riens essentiels. Comme les photos de la mariée en train de se préparer (avec ses bigoudis); personne n'avait pensé à apporter un appareil photo à Clarence House ce matin-là. Ou le fait que mon adorable filleul de huit ans, Harry Hadden-Paton, aurait dû être garçon d'honneur, mais que... cela ne s'était pas fait. J'avais laissé les événements suivre leur cours et soudain, la journée, ma journée était presque finie.

Lorsque je montai à l'étage enfiler ma tenue de voyage pour ma lune de miel, une nuée de dames de compagnie se pressa autour de moi. Elles voulaient toutes affirmer leur position auprès de la nouvelle bru de la

Reine. Bêtement, je crus qu'elles étaient sincères. Mais où était maman et les gens que j'aimais ? Où était Carolyn ?

On attendit à l'étage le développement des photos officielles ; Andrew voulait choisir lui-même celles qu'on donnerait à la presse. Et le temps passa, une heure, une heure et demie... Je commençais à me sentir très gênée à l'idée que nos invités croient que je mettais autant de temps à me changer. J'aurais dû confier à mon époux mon malaise, j'aurais dû simplement lui dire, « Allons-nous-en ». Ce fut le premier d'une longue suite de ressentiments muets, non pas à l'égard d'Andrew, mais à l'égard de ma nouvelle condition.

Lorsque nous sommes enfin redescendus, j'ai trouvé l'assistance un brin figée – les membres de la Famille royale ne sont pas habitués à attendre, et il y avait un match de polo cet après-midi-là. Lorsque nous sommes remontés, Andrew et moi, dans le carrosse pour la traditionnelle pluie de confettis, j'avais envie de crier, « Je n'ai pas pris tout ce temps pour me changer. Ce n'est pas ma faute ! »

Nous devions rejoindre un hélicoptère de la flotte royale qui nous déposerait à Heathrow, d'où nous prendrions un jet privé pour Lisbonne. Le carrosse contourna le Mémorial de la reine Victoria avant de s'engager sur le Mall quand je les vis tous les deux seuls : mon père et le jeune fils qu'il avait enfin eu. Papa voulait me voir une dernière fois. Il me fit un signe de la main – à cette minute précise, c'était vraiment mon père, il était là juste pour moi. Je revis, une fraction de seconde, cet homme fort pleurer nettoyant le sol de sa cuisine avec sa fille cadette.

Il arriva tant de choses le jour de mon mariage et il y en a si peu dont je me souvienne. Mais malgré les années, je n'ai jamais oublié cette dernière image : l'image de papa en jaquette, sans personne autour de lui, me faisant des signes d'adieu, et quand j'y pense aujourd'hui, cela me brise le cœur.

C'est au cours de la première nuit de ma lune de miel que je compris que mon mariage ne serait jamais un mariage normal, qu'épouser un prince, c'était épouser une institution. Nous dînions sur le yacht royal, le *Britannia*, et en contrebas la fanfare de la Marine royale au grand complet, soit deux douzaines de musiciens, y compris le tuba, arpentaient le pont inférieur en jouant cet air de swing si romantique : « Pennsylvania six five oh-oh-oh ! »

Puis, changement de rythme : « Chattanooga choo-choo won't you come and choo-choo me home ! »

Voilà pour l'inhabituel, et voilà maintenant pour le surréaliste. Le *Britannia* est un bateau de plaisance de cinq tonnes sept qui nécessite un équipage de deux cent soixante-seize personnes ; un petit avion peut atterrir sur son pont principal et la liste de ses passagers pour une petite croisière de cinq jours aux Açores se limitait à deux noms : le duc et la duchesse d'York.

Notre premier dîner fut le plus intime. Pour tous les autres repas, Andrew invita les officiers de l'équipage à se joindre à nous. C'est ainsi que se comporte la Reine, c'est donc, pensait-il, ce que l'on attendait de lui. Je rêvais de lui dire qu'il n'était pas obligé de le faire, que nous pouvions rester en tête à tête pour notre lune de miel, mais...

Un certain nombre d'incidents mémorables marqua cette croisière. Fidèle à mon image de Remarquable Fergie – forcément invincible –, je décidai que nous devions, malgré le mauvais temps, faire du ski nautique. Le capitaine du *Britannia*, le vice-amiral John Garnier, conduisait la vedette. Au moment de contourner le yacht, je tombai dans l'eau sur un banc de méduses et me fis salement piquer à la jambe.

— P... de m... qu'est-ce qui s'est passé ? me mis-je à hurler de toutes mes forces.

John Garnier ne l'oubliera jamais ; il ne pensait pas « qu'une princesse pouvait jurer de cette façon ! »

Après cinq jours au large des côtes portugaises, le *Britannia* mit le cap sur le Nord et passa prendre ma belle-famille pour l'excursion annuelle à Balmoral. J'ai récemment revu une photo de cette partie de notre voyage... On y voit Andrew sur le pont, toujours aussi beau et aussi sûr de lui... et moi, me tenant timidement derrière lui, vêtue d'une horrible robe blanche pleine de fanfreluches, affublée d'une énorme coiffure, le visage tout rouge, je ressemble à une courge cramoisie. Je me souviens que je copiais le moindre geste d'Andrew. Andrew se tournait, je me tournais ; Andrew saluait, je saluais. C'était touchant, et cela me rappelle à quel point je m'appuyais sur la confiance que j'avais en lui.

Si j'avais cherché à déceler des signes avant-coureurs de problème, j'aurais peut-être relevé le fait que nous avions prévu de passer trois fois plus de temps avec la famille d'Andrew qu'en tête à tête. Mais ce n'était pas le moment de semer le trouble. Il était beaucoup plus facile et plus agréable de se laisser porter, de ne pas se poser de questions.

En fait, j'avais hâte d'être à Balmoral. Quel endroit convenait mieux à « une bouffée d'air frais » que les virginales Highlands écossaises ? Je ne savais pas à l'époque que les occasions de voyager seule avec mon mari seraient aussi rares. Ma lune de miel avec les Windsor commençait tout juste et j'étais déterminée à en faire une réussite.

CHAPITRE VI

Les morsures de la réalité

Pour cette première tentative de la Famille royale à intégrer une roturière ou presque, je devais sembler une candidate prometteuse. On avait suffisamment pris soin de rassurer les sceptiques ; je connaissais les usages. De plus, j'étais une fille de la campagne, semblant robuste, gaie et pas trop nerveuse. Comme la Reine Mère l'avait dit de moi une fois – un beau compliment – « elle est tellement anglaise ».

Bien que je sois une « Altesse Royale », l'étiquette intervenait aussi dans ma vie de famille. Je devais faire la révérence à la Reine et à la Reine Mère. Nous pouvions nous appeler par nos prénoms, avec une exception évidente : en public, je devais toujours appeler la Reine Votre Majesté.

En privé, cependant, nos relations étaient différentes ; en privé je l'appelais Mama. J'étais très touchée lorsqu'elle parlait de moi comme de sa belle-fille, ce qu'elle fit très vite. Bien que je ne m'aventurerais pas à croire aujourd'hui que la Reine me considère comme sa fille, il y avait, il y a, entre nous, quelque chose de très fort.

Cela remontait à l'époque où, enfant, j'allais assister au match de polo de papa à Smith's Lawn. La Reine et moi adorions les chevaux, les chiens et le grand air. Rien ne me plaisait plus que de monter à cheval avec elle, comme maman l'avait fait avant moi. Lorsqu'elle me faisait signe de venir m'asseoir à côté d'elle dans la voiture ou à l'église, je me sentais bénie, privilégiée.

Mais notre relation reposait aussi sur autre chose. J'admirais la Reine pour son intégrité, sa dignité, sa dévotion à son époux, à sa famille et à l'Église. Elle était tellement *solide*, tellement inébranlable – c'était une personne sur qui on pouvait compter, tout simplement.

Et je voulais qu'elle soit contente de moi ; je *savais* que je le pouvais. Maman était loin, en Argentine, mais la Reine et moi pouvions être proches l'une de l'autre.

A Balmoral, cet été-là, j'étais resplendissante comparée à Diana qui n'allait pas bien du tout. Elle n'aimait pas Balmoral et avait peur de monter à cheval depuis une mauvaise chute dans son enfance. Elle traînait seule, le plus souvent les larmes aux yeux ; visiblement elle n'était pas dans son assiette... Et voilà qu'arrivait sur la scène la parfaite belle-fille, Miss Pétillante, Miss Forme Olympique, Miss Je-Fais-Tout-Mieux-Que-Toi. J'étais follement amoureuse d'Andrew, ravie de ma nouvelle vie, la presse chantait mes louanges et tout allait pour le mieux dans le meilleur des mondes. Une vraie petite princesse ruisselante de bonheur.

Comme j'ai dû être exaspérante !

La Reine devait penser, *Dieu merci, enfin quelqu'un de sensé ici*, et je n'étais pas loin de le croire. J'étais sensible, détendue et incroyablement gentille – avec Diana aussi, bien sûr. Je faisais attention à elle, j'essayais de lui transmettre un peu de ma force, je me sentais tellement solide, sûre, faite pour que l'on s'appuie sur moi.

En clair, j'étais une belle-sœur sublimement attentionnée et je suis persuadée que j'ai fait de ce séjour déjà difficile pour Diana un authentique cauchemar.

Cependant, même au temps de cette gloire qui se révéla éphémère, je savais que je dansais sur un fil et que les membres de la Famille royale n'ont pas de filet. Oui, bien sûr, je pouvais chasser et pêcher et être merveilleusement drôle et amusante. Je pouvais monter un cheval sauvage, descendre les pistes noires et rendre tout le monde heureux. Je pouvais faire tout cela, car j'étais prête à m'obliger à tout faire.

Et moi ? Et Sarah ? Qui *était* Sarah ? Celle qui cherchait toujours à faire plaisir à tout le monde, celle qui avait toujours besoin de prouver que tout allait bien ou celle qui n'existait que par les défis qu'elle relevait ?

Avec un peu de recul, je me rends compte qu'entrer dans la Famille royale n'était rien de plus qu'un acte ultime d'autodestruction. J'étais très exaltée. Je ne jouais que les grands coups, je ne faisais rien à moitié. Pour quelqu'un comme moi – qui voulais tant être acceptée, qui avais tellement peur d'être rejetée – quel plus grand pari pouvait-il exister que celui d'entrer dans la famille la plus puissante et la plus exposée du monde ?

Quand on y réfléchit, j'avais gagné sur toute la ligne : j'étais une jeune femme extrêmement pudique et secrète qui détestait son physique, se croyant toujours trop grosse et je devenais l'une des femmes les plus photographiées du monde. J'étais une jeune femme dépourvue d'assurance et je me forçais à évoluer dans les dangereux fastes de la Cour. J'étais une jeune femme spontanée, impétueuse et candide qui vivait au jour le jour, et je me retrouvais avec un emploi du temps des plus rigides, sans la moindre place pour l'émotion, une vie où le devoir et le décorum sont omniprésents.

Et, par-dessus tout, j'étais une jeune femme anxieuse au point d'avoir constamment besoin d'être entourée par l'homme qu'elle aime et j'étais sur le point d'être séparée de lui.

En clair, je m'étais piégée moi-même, et royalement cette fois-ci.

Toute ma vie, comme dans mon enfance j'ai voulu sauter l'obstacle malgré l'herbe glissante. Rejetée et abandonnée, je connaissais ce rôle à fond. Je m'y sentais à l'aise.

J'allais revivre tout cela. Et plus tôt que je ne le croyais.

La lune de miel prit fin juste quelques jours après notre retour de Balmoral. Jusque-là, Andrew et moi n'avions passé qu'une seule nuit l'un sans l'autre depuis nos fiançailles. Jusque-là, j'avais vécu un véritable conte de fées. Maintenant, le prince s'en allait et la princesse redevenait Cendrillon.

Ayant terminé sa formation à Greenwich, Andrew avait reçu sa nouvelle affectation, il devait suivre un cours pour devenir instructeur dans le maniement des armes à Yeovilton dans le Sormerset, à quelque deux cent trente kilomètres de Londres.

En théorie j'avais très bien compris que les officiers de la Marine royale ne rentraient pas chez eux tous les soirs et qu'Andrew serait souvent absent. Lors de notre interview à la BBC, le jour de nos fiançailles, à la question de savoir comment j'envisageais de devenir à la fois duchesse *et* femme de marin, j'avais répondu avec nonchalance « je vais adorer ça » et j'avais ajouté que j'espérais « de toutes mes forces » qu'Andrew poursuivrait sa carrière dans la marine.

Ne t'inquiète pas pour moi; tout roule, Raoul. Papa saute en l'air de joie parce que je lui ai offert le gendre dont il rêvait.

Maman est aux anges parce que j'accomplis ses désirs les plus fous. Tout le monde est heureux que j'en sois là. Comment pourrais-je échouer ?

Mais, en fait, si j'avais compris qu'Andrew allait partir, je n'y avais jamais réellement réfléchi – c'était un concept terrifiant, mais abstrait, un peu comme un rendez-vous chez le dentiste pris six mois à l'avance. Quel intérêt de s'appesantir sur une idée aussi désagréable ? Il était beaucoup plus facile de m'imaginer que la vie allait continuer comme lorsque Andrew travaillait à Greenwich. C'était particulièrement facile pour moi. Toute ma vie, j'avais vécu au jour le jour. Je ne m'étais jamais préoccupée des implications de mes actes ou de ceux des autres : que le futur se débrouille avec lui-même. Il faut de l'assurance pour planifier son avenir et, justement, j'en manquais.

C'est ainsi que je devins, sans m'y être le moins du monde préparée, femme de marin : cinq jours sans lui et deux avec. Le dimanche soir, Andrew rejoignait son bateau à Yeovilton (et plus tard Portland dans le Dorset). Le vendredi soir, il rentrait directement du carré des officiers à la maison, fatigué et grognon. Le samedi, il redevenait à peu près humain, mais dès le déjeuner dominical, il se crispait à nouveau, parce qu'il devait se préparer à repartir et qu'il n'en avait pas vraiment envie.

Nous dînions de bonne heure et il remontait dans son automobile. Il agitait la main tout le temps de son large demi-tour pour quitter la cour. Je le regardai faire d'une des fenêtres du corridor en agitant la main moi aussi, puis je me précipitai en courant dans notre appartement pour pouvoir continuer à lui faire signe pendant qu'il passait les grilles du Palais. Ensuite, je fermai la fenêtre et les larmes me montaient aux yeux. J'avais vingt-six ans. Je m'asseyais dans mon dressing-room et, sous les yeux des portraits de la reine Victoria accrochés au mur, je m'effondrais. Je pleurais doucement. Pas des sanglots hystériques, mais de longs accès de pleurs résignés...

Tard dans la nuit, alors que je n'arrivais pas à dormir, j'entendais les voitures passer sur le Mall et leurs occupants, qui devaient trouver ça drôle, klaxonner et crier : « Ohé, Fergie ! Ohé, Fergie ! »

Le lundi matin, Michael, le valet de pied de mon époux, plaçait une rose sur le plateau de mon petit déjeuner, comme pour me tenir compagnie.

Cinq jours sans et deux jours avec – un scénario qui a tué plus d'un mariage. Pour moi, c'était encore pire que pour la plupart des femmes de marins, car mon officier était aussi un prince. Les week-ends, mon officier de marine redevenait le duc d'York et je le rejoignais pour quelque morne obligation dans l'arrière-pays. Mais le pire de tout, c'était ses missions en mer qui pouvaient me le voler pour plusieurs mois. Je l'accompagnais jusqu'à la passerelle où crânement je souriais en agitant la main avant de regagner le Palais, le cœur lourd.

Durant tout le temps où nous avons vécu « ensemble », Andrew a été à la maison une moyenne de quarante-deux jours par an.

Ses absences m'ont peu à peu détruite. J'étais une romantique et sensuelle jeune mariée qui aimait son homme. Et quand il partait, je ne perdais pas seulement mon amant, mais aussi mon mentor et mon allié le plus sûr. Je respectais Andrew profondément et je lui faisais une confiance aveugle. Je pouvais lui demander n'importe quoi sans avoir peur de passer pour une idiote, car il était inconditionnellement de *mon* côté, me conseillant et me protégeant. Lorsqu'il partait, je n'avais plus personne pour me dire comment agir, et j'étais terrifiée jusqu'à la paranoïa à l'idée de faire une nouvelle gaffe. La moindre décision me plongeait dans l'expectative :

devais-je laisser la porte de la salle à manger ouverte ? Étais-je censée descendre rendre visite à la Reine ? J'avais tout à apprendre et je n'avais pas droit au plus petit faux pas. *Qu'est-ce qu'une princesse était censée faire ?*

C'était lourd pour mes pauvres épaules. Je me sentais comme un navire dont l'ancre avait été arrachée et qui s'approchait dangereusement de récifs acérés. Lorsque Andrew revenait le vendredi soir, épuisé par sa semaine de travail, j'étais tellement heureuse de le revoir que je n'évoquais jamais les problèmes de la semaine. Tout comme j'étouffais mes plaintes au téléphone et dans mes lettres qui étaient toujours délibérément ensoleillées.

Je ne voulais pas le harceler avec mes problèmes, papa m'avait suffisamment reproché ce genre de conduite. Et il n'était pas dans ma nature de ressasser mes petits ennuis, ce qui était fait. Demain est un autre jour.

Au tout début de ma vie de princesse, j'avais demandé à mes amis proches de me prévenir si je devenais « trop royale », trop capricieuse ou trop imbue de moi-même. En fait, c'était exactement le contraire que je risquais : de ne pas me sentir *suffisamment* royale pour pouvoir tenir.

L'isolement favorise le doute et l'incertitude. Andrew parti, il n'y avait plus personne pour endiguer mes vagues d'angoisse. Andrew parti, mes vieux démons se réveillaient : j'étais une contrefaçon, une escroquerie, une imposture. Si quelqu'un semblait me respecter, c'était uniquement parce qu'il ne me connaissait pas vraiment. Une simple question de temps avant qu'il ne découvre la lamentable vérité.

Plus tard, lorsque mon étoile pâlit, il fut de bon ton de me dépeindre comme une calculatrice, une créature diabolique. J'avais ensorcelé un pauvre prince crédule et l'avais utilisé pour obtenir ce que je voulais *vraiment* : un titre et une place au Palais. C'était bien troussé, un rôle tout à fait à la mesure de Bette Davis jeune.

Mais cela n'avait rien à voir avec moi. La réalité était que j'étais incapable de calcul au point de me mettre en faute. Même les conséquences les plus évidentes m'échappaient : je n'avais pas compris ce que signifiait la carrière navale d'Andrew, pas plus que je n'avais anticipé les contraintes d'une vie publique. Ce n'est qu'*après* avoir prononcé mes vœux, que je me suis rendu compte que je m'étais liée à « La Firme », la Famille royale en tant que business et institution.

A ma décharge, il faut reconnaître que mes illusions sur la vie royale étaient d'autant plus légitimes qu'en 1986 les difficultés de Diana n'avaient pas été révélées. A la vérité, cela n'aurait rien changé. Ces informations ne m'auraient pas aidée, j'aurais été incapable de les utiliser, car je ne savais comment *penser* à moi et à ma vie. J'aimais Andrew, et c'était la seule raison de ma présence à ses côtés. Aussi, chaque fois qu'Andrew quittait le Palais, il me laissait à la merci de pièges que je n'avais pas devinés et des chausse-trappes de la vie de cour que je n'avais pas prévues.

Je voulais juste me blottir la nuit tout contre mon prince...

Être une duchesse royale honorable est plus qu'un travail à plein temps. La royauté moderne est censée gagner son pain. Chaque jour, au dos du *Daily Telegraph* et de *The Times*, on publie le « Bulletin de la Cour » : la liste des engagements du jour les plus importants de chaque membre de la Famille royale. Cela tourne à la compétition, car la presse tient les comptes, vérifie les quotas d'engagement de chacun et elle est trop heureuse de désigner celui dont les chiffres sont à la traîne.

Mais je n'avais pourtant pas besoin d'un aiguillon extérieur. Comme dans tous les autres boulots que j'avais eus, j'étais poussée par ma propre compulsion à l'excellence. J'étais volontaire, parfaitement consentante : je voulais être la meilleure duchesse d'York possible.

J'avais juste un petit problème, je n'avais aucune idée de comment procéder. Lors d'une interview à la BBC, j'avais bafouillé quelque chose du genre « j'attends avec impatience de faire ce que je suis supposée faire ». Le temps était maintenant venu de le faire, et, Andrew absent, je devais me débrouiller toute seule. Je n'avais ni compas, ni boussole, et il apparut rapidement que je ne devais pas compter sur l'aide des courtisans aguerris, ni sur celle des dames de compagnie de la Reine. Ils n'étaient pas, pour la plupart, ouvertement hostiles, juste froids et distants, comme s'ils attendaient que je fasse mes preuves.

Je répondis à ma façon habituelle, j'entrai dans l'arène. Je me plongeai éperdument dans le devoir. Andrew serait fier de moi ou j'en mourrais.

Le travail royal se partage en trois grandes catégories : les obligations officielles, les engagements dans une œuvre caritative et les grandes cérémonies nationales comme celle du 11 novembre. Notre programme commun, à Andrew et à moi, était établi au moins six mois à l'avance à la suite des réunions de décembre et juin où les directeurs de nos équipes épluchaient des monceaux d'invitations et nous recommandaient celles qu'ils pensaient être les plus intéressantes. Officiellement et en théorie, les membres de la Famille royale étaient libres de décider ce qu'il avaient envie de faire, mais il était clair qu'on ne marchait pas sur les plates-bandes du voisin. (Anne, par exemple, avait la mainmise sur l'association Save the Children ; Margaret était liée à Prevention of Cruelty to Childrens ; Charles avait l'exclusivité sur l'architecture et sur les quartiers déshérités.) En gros, on pouvait suivre ses préférences à condition de satisfaire ces impératifs implicites.

Je partageais avec Andrew son secrétaire privé qui coordonnait nos sorties publiques et son écuyer, le numéro deux, un officier détaché à ce poste. Mais je travaillais surtout avec ma dame de compagnie, ma secrétaire personnelle, ma femme de chambre et une ou deux secrétaires. J'avais également à mon service deux officiers de protection, un valet, un chauffeur ainsi que quelques maîtres d'hôtel et valets de pied du Palais.

Je m'étais toujours occupée de moi et me faire servir me demanda un peu d'entraînement. Mais je m'y suis habituée. A l'heure du bain, ma femme de chambre faisait couler l'eau dans la baignoire et installait mon peignoir avec précaution pour que je puisse m'en envelopper dès la sortie du bain. Jadis – quelques mois à peine, qui semblaient longs comme une vie entière – j'avais loué une chambre pour 250 francs avec accès à la salle de bains commune, au fond du couloir. Et puis, la vie est devenue merveilleuse, une sorte de miracle luxueux où je me laissais glisser comme dans un rêve. Je n'avais ni l'envie ni le droit de protester.

Il m'apparut très vite que j'allais avoir besoin de tous ces gens qui m'entouraient – il y avait une demande insatiable à mon égard et j'allais avoir besoin de toute l'aide que l'on pourrait m'apporter.

Ma journée commençait, en général, à six heures du matin. Ma femme de chambre avait déjà préparé ma tenue pour mon premier rendez-vous, ce qui n'était pas une mince affaire. Ma garde-robe, quasiment inexistante l'année passée, avait pris des proportions gigantesques, grâce à l'allocation mensuelle de trousseau de la Reine et grâce au défilé incessant des représentants des boutiques de mode les plus chic venus quêter mon approbation et me présenter leurs derniers modèles. Mon dressing-room croulait sous les vêtements. J'avais même annexé des penderies du corridor – une pour mes tenues de ski, une autre pour Balmoral, et ainsi de suite. L'inventaire ne cessait de croître.

Je finirais par me retrouver à la tête de quinze robes du soir, pour les dîners d'apparat ou en smoking ; vingt-cinq autres robes longues pour des occasions un tout petit peu moins guindées ; quarante robes de cocktail ; cent cinquante tailleurs ; soixante chapeaux ; et deux cents paires de chaussures. A cette échelle, on ne peut simplement ouvrir son armoire et choisir ce qui vous plaît. Ma garde-robe avait son propre fichier. Il fallait dix-sept chemises pour contenir les centaines de dessins en couleur de mes robes et tailleurs. A côté de chacune des esquisses de mes tenues, ma femme de chambre notait le nom du créateur, l'occasion pour laquelle je l'avais portée la dernière fois et la couleur du chapeau, des chaussures et des gants qui étaient assortis.

On fait souvent grand cas des « règles » de la mode ; dans la haute société, elles sont créées au fur et à mesure des besoins. Il n'y a pas de Grand Arbitre qui interdit de porter la même tenue deux fois dans le mois. Mais mes dossiers m'éviteraient quelques embarras inutiles. Comme par exemple assister deux ans de suite dans la même robe au même bal de charité où il y aurait force paparazzi.

Je faisais attention à la correction de ma tenue. Je me cantonnais prudemment à une mode conventionnelle ; je prenais mon travail de duchesse d'York très au sérieux. Alors que Diana avait cessé de porter des gants, j'en enfilai de bon cœur – des gants longs avec une robe longue, des gants courts avec un tailleur, exactement comme maman me l'avait appris. Et je m'assurais que ma dame de compagnie n'avait pas oublié de placer dans son sac le nécessaire d'urgence. C'est-à-dire, une paire de gants et une paire de collants de rechange, une aiguille, du fil et des épingles de nourrice, un mouchoir et une trousse de maquillage.

Je mettais parfois jusqu'à une heure pour me changer, tellement j'étais anxieuse de trouver la bonne tenue et je changeais de vêtement entre deux et quatre fois par jour. Cela me mettait les nerfs en pelote, sans compter que j'étais, du coup, perpétuellement en retard. Mais je considérais que cela faisait partie de ma nouvelle vie. Au trot, ma fille...

A sept heures, je passais le pas de ma porte, un fruit à la main en guise de petit déjeuner, puis je repassais avant le déjeuner pour me changer, jeter un œil à mon courrier et échanger quelques mots avec Helen Spooner, ma dame de compagnie. J'avais rencontré Helen peu de temps après mon emménagement à Londres. Nous avions toutes les deux travaillé pour Neil Durden-Smith et je savais qu'elle possédait toutes les qualités requises pour faire un bon bras droit : un esprit efficace, un grand cœur et suffisamment bon caractère pour supporter les accès de mauvaise humeur de l'impétueuse princesse royale que j'étais. Helen avait un bureau dans le Palais, mais il se trouvait à cinq cents mètres de notre appartement et nous nous sommes retrouvées plus d'une fois à travailler ensemble sur la table d'acajou de la salle à manger.

Mes relations avec mes employés ont toujours été très informelles. Je comptais sur leur amitié et leur loyauté et nous avons souvent terminé notre journée de travail autour d'une bouteille de vin. Nous ne pouvions cependant ignorer le protocole. Comme tout le monde,

Helen me saluait avec une révérence : « Bonjour, Votre Altesse. » A la suite de quoi, elle s'adressait à moi en disant « Ma'am » jusqu'à la fin de la journée où elle prenait congé en me faisant à nouveau une révérence et souhaitait bonne nuit à Son Altesse.

Je trouvais ces rituels encore plus difficiles à supporter avec mes vieux amis. « Ne fais pas ça ! Tu n'es pas *obligé* de faire ça », m'exclamais-je quand ils faisaient la révérence. « Je suis toujours Fergie ! » Il me fallut un an pour ne plus me sentir mal à l'aise en disant « La duchesse de York au téléphone » quand je décrochais le combiné. Lorsque le protocole n'était pas respecté, ce qui se produisit très souvent les premiers mois, les dames de compagnie me rappelaient discrètement ce que l'on attendait de moi.

Le plus souvent, je déjeunais dans la salle à manger avec un comité ou une commission quelconque, puis je me soumettais à un raccord coiffure et maquillage dans mon dressing-room et me changeais à nouveau. Ensuite, j'écoutais le rapide topo d'Helen sur le rendez-vous suivant. En cas d'obligations officielles à Londres ou de dîners d'apparat, nous commandions une Rolls-Royce. Ces voitures se ressemblaient toutes, noires et solennelles.

Pendant que nous roulions doucement à travers les rues de Londres – trois ou quatre motards nous ouvraient la route, interrompant le trafic aux carrefours pour nous permettre de passer – Helen et moi en profitions pour revoir ses notes. Notes qui incluaient mon agenda, toute correspondance importante et le nom des responsables que j'allais rencontrer. Il me suffisait le plus souvent de les feuilleter une fois, surtout si j'avais déjà rencontré le groupe auparavant. J'ai une excellente mémoire des noms et des visages – je suis capable de reconnaître un visage au beau milieu d'une foule plusieurs mois après notre dernière rencontre.

Pour mes engagements en dehors de Londres, on utilisait généralement un véhicule privé – au début, ce fut la Jaguar d'Andrew et plus tard ma Ford Granada, une berline pas trop ostentatoire. Si le trajet était trop long ou l'itinéraire trop compliqué, nous commandions alors un hélicoptère ou un petit avion de la flotte de la Reine – la seule façon de se rendre dans cinq endroits différents du Pays de Galles, par exemple, dans la même journée. Je pouvais assister à l'inauguration d'un hôpital, au lancement d'un navire, décerner un prix d'export à une entreprise ou visiter une école ou un hospice. Chaque fois, j'essayais de ne pas rencontrer que les directeurs ou les membres du conseil d'administration, mais aussi les secrétaires. Il n'y avait pas si longtemps, j'avais été secrétaire moi-même et je savais combien elles étaient importantes.

On s'attendait toujours à ce que je dise quelques mots – que ce soit à cinq ou à cinq mille personnes. Je n'avais pas l'habitude de parler en public, mais j'avais étudié les vidéos d'Andrew et de la Reine et, au début, je les copiais. Puis, rapidement, je pris de l'assurance et me mis à jouer avec l'assistance, à dire des blagues, à faire ma petite représentation. La veille d'un grand discours, je pouvais être à l'agonie (le trac!) et être odieuse avec tout le monde, mais au moment opportun, j'y allais et me donnais à fond.

Ma plus grande émotion eut lieu le jour où je représentais la Famille royale à une cérémonie militaire à Berlin. Lorsque j'étais petite, papa m'emmenait tous les ans à Albert Hall pour assister aux cérémonies de l'armistice de la Légion Royale britannique où l'on rendait hommage à ceux qui étaient morts pour notre liberté. Depuis, j'ai toujours aimé la pompe et la tradition. L'un des grands moments de mon enfance fut le jour où Herbert et moi avions porté le drapeau britannique lors d'une compétition internationale de polo – c'est agréable de regarder un défilé, mais c'est encore mieux d'y participer.

Maintenant, j'en faisais partie chaque fois. Lorsque l'orchestre jouait « God Save the Queen », je me tenais, comme mon père me l'avait appris, droite comme un i, les bras le long du corps, remplie d'une incommensurable fierté. Je me demandais toujours si papa était en train de me regarder à la télévision.

Après une journée bien remplie, j'avais le plus souvent une obligation officielle le soir – une soirée de bienfaisance, un dîner à la Mansion House donné par le Maire, une réception des francs-maçons... Cela signifiait un nouveau changement de tenue, le coiffeur et un nouveau briefing. Andrew absent, c'était à moi d'ouvrir le bal qui suivait les dîners officiels, dîners qui ne sont pas réputés pour leur brièveté. Je rentrais donc chez moi vers minuit, parfois même plus tard.

Mais ma journée n'était pas terminée. Il me restait encore à écrire les lettres de remerciements à tous les gens qui m'avaient accueillie dans la journée – pas uniquement les officiels, mais aussi la jeune fille qui m'avait offert des fleurs à l'improviste, ou un malade luttant courageusement contre la mort. Évidemment, pas question, pour moi, de signer une lettre écrite par un membre de mon équipe. Non, je les écrivais moi-même à la main jusqu'à la dernière virgule, comme si le public allait m'en aimer plus.

Ensuite, enfin, je me mettais au lit et dormais d'une traite jusqu'au lendemain matin.

Et tout recommençait.

Impossible d'échapper aux engagements officiels qui avaient été acceptés à la suite des réunions de juin et de décembre. J'étais comme le facteur qui délivre le courrier quels que soient le temps et son état de santé, je me devais d'honorer chaque obligation. Et si quelque chose de plus personnel et plus tentant survenait avec un mois ou deux de préavis – la fête d'anniversaire d'un filleul ou les débuts de comédienne dans le West End d'une ancienne camarade de classe – et que cela entrât en conflit avec un de mes engagements, tant pis, j'envoyais une lettre de regret et allais remplir mon devoir.

Même les changements les plus mineurs étaient source de complications sans nom. Repousser mon rendez-vous avec ma coiffeuse de dix heures à onze heures signifiait prévenir le chauffeur qui devait aller la chercher, le valet de pied qui devait l'escorter jusqu'à mes appartements et, bien sûr, ma femme de chambre. Je ne bénéficiais d'aucune souplesse dans mon emploi du temps, hormis les rendez-vous avec mes amis que je ne cessais d'annuler jusqu'à ce qu'ils finissent par être vexés. Je devais m'en tenir à mon programme, quoi qu'il arrive. Je devais être ponctuelle, habillée comme une duchesse modèle, ne pas me tromper dans les noms. Je pouvais me sentir mal, nauséeuse ou épuisée, je devais quand même offrir à tous mon plus beau sourire, et m'y tenir.

On dit que plus on est occupé, plus on arrive à faire des choses. C'était exactement ce qui se passait. J'arrivais à abattre un travail incroyable en une journée. J'avais en permanence plusieurs fers au feu. Il n'était pas rare de me trouver chez moi, en pleine conversation téléphonique, donnant des instructions à ma coiffeuse, écoutant un topo d'Helen et buvant ma quatrième tasse de thé, le tout simultanément.

Personne n'exigeait de moi une telle ardeur ; c'était moi qui me le demandais. Pour réussir au Palais, j'étais prête à me surcharger de travail. Il n'était pas question de souffler une seconde, car cela aurait signifié que je ne jouais plus le jeu – que je trompais « La Firme ».

Je travaillais sept jours sur sept, sauf si Andrew revenaît pour le week-end, auquel cas je libérais la fin de la semaine pour regarder des vidéos avec mon homme. Je travaillais seize, dix-sept, vingt heures par jour. Quand je jette aujourd'hui un œil sur mes agendas de l'époque, les pages couvertes de rendez-vous qui trahissent ma suractivité compulsive me rendent malade.

J'avais la chance d'être d'une résistance à toute épreuve et de pouvoir, Dieu sait comment, recharger mes accus en une nuit, même courte. Mais c'était encore plus dur pour mon entourage. Il pouvait être quatre heures du matin quand je renvoyais mes officiers de protection chez eux et ils devaient revenir à sept heures. Mon équipe se prêtait à ma folie, se laissait happer par elle. Je pouvais les appeler de ma voiture une demi-douzaine de fois par jour pour les avertir d'un changement dans mon emploi du temps, changement qui nécessitait chacun une demi-douzaine de coups de téléphone, et parfois, nous nous retrouvions à force de remaniements successifs exactement avec le même emploi du temps qu'au début.

Je suis fière de pouvoir dire que la quasi-totalité de mon équipe est restée avec moi plusieurs années de suite (ce qui tendrait à prouver que je ne suis pas si mauvaise que ça), mais il est vrai qu'ils ont tous fini un jour ou l'autre par me quitter.

Consumée par l'hyperactivité, je ne prenais jamais le temps de souffler. Je devais en avoir besoin, mais c'était une façon d'éviter le face-à-face avec moi-même, cette personne solitaire dont je doutais et que je méprisais. Et puis, une cible mouvante est plus difficile à atteindre. Et surtout, je craignais l'introspection plus que tout.

Mais le pire, c'est que tout cela ne menait à rien. Plus j'en faisais, plus il fallait que j'en fasse ; plus j'en faisais, plus il en restait à faire. (J'aurais mieux fait de ne rien faire, pour la satisfaction que j'en ai retirée.) *Avons-nous pensé à envoyer des fleurs à Lady Pinkertone ? Avons-nous* remercié Lord Bloat pour la façon mortellement pompeuse dont il m'a présentée ? Ai-je rempli mon quota ?

Où est Andrew ? Est-ce qu'il serait content de moi ?

Est-ce que je fais ce qu'il faut ? Comme il faut ?

Que suis-je supposée faire, en réalité ?

Entre-temps, mon moral se détériorait lentement. J'avais beau m'escrimer, c'était perdu d'avance.

*
* *

Notre appartement était plus grand et plus beau que tous les endroits où j'avais vécu depuis Lowood. C'était à peu près aussi confortable et chaleureux qu'un hôtel de gare. Je ne l'avais pas remarqué tant qu'Andrew y dormait toutes les nuits – à quoi bon se plaindre de ce que l'on voit lorsque l'on ne pense qu'à éteindre les lumières – mais, en son absence, je découvris combien c'était un lieu oppressant.

Deux choses seulement avaient changé depuis notre mariage. Sir Michael Timms, le gentil Assistant du Maître de la Maison royale, avait, Dieu sait comment, réussi à réunir un budget suffisant pour refaire mon dressing-room. Le papier peint et les rideaux bleu et blanc étaient beaucoup plus gais...

Le deuxième changement, c'était une nouvelle pièce pour la collection de peluches d'Andrew : un nounours géant, le cadeau de mariage d'Edward qui avait fièrement trôné à l'arrière de notre carrosse sur le chemin du retour de l'Abbaye.

En dehors de ces deux modifications notables, j'avais ajouté quelques photos et mes babioles personnelles, mais nous continuions à étouffer sous les horloges, les tableaux et les meubles qui avaient été installés là avant notre naissance et qui resteront bien longtemps après notre départ. Nous vivions « au-dessus de la boutique » comme l'avait dit mon beau-père, le duc d'Édimbourg un jour, et on pouvait difficilement l'oublier. Les bonnes venaient faire le ménage, nettoyer l'argenterie et remettaient tout à la même place. Ce Palais avait été bâti pour un Empire et, si on observait la décoration de notre appartement – les huiles de batailles navales du XIXe siècle et la peau de léopard jetée devant la cheminée –, on pouvait croire que l'Empire n'avait toujours pas perdu les Indes.

L'aile Est abritait les bureaux du ministère de l'Environnement. En bons bureaucrates, les fonctionnaires arrivaient à neuf heures trente et repartaient à six heures pile. A n'importe quel instant entre ces deux heures, ils pouvaient emprunter le corridor, tout comme les valets de pied, le facteur, le plombier royal et ce gentil gars qui réparait le téléphone. Quand votre salle à manger vous sert de bureau et que la porte est souvent ouverte, il est hors de question de sortir de sa chambre à moitié déshabillée à moins d'avoir envie de se faire de nouveaux amis.

Comme quoi, on n'a pas besoin d'intimité pour se sentir isolée.

Le chauffage obéissait aux règlements du ministère de l'Environnement. Au printemps, on éteignait tous les radiateurs, même s'il gelait dans les rues. Inutile de discuter ; on enfilait tout simplement un second pull-over. En septembre, on remettait le chauffage en route, sans se préoccuper de l'été indien. Ce qui n'aurait pas été si grave si nos vieilles fenêtres à guillotine avaient accepté de s'ouvrir de plus de dix centimètres.

Ouvrir ses fenêtres était de toute façon à peine toléré. En tant que l'une des principales attractions touristiques de Londres, Buckingham Palace se devait de ressembler à une carte postale. Comme notre appartement faisait face au Mémorial de la reine Victoria, il nous était interdit d'ouvrir nos rideaux en grand et de toucher aux voilages. La lumière du jour – tout du moins le peu que nous avions, notre appartement étant exposé plein nord – était toujours filtrée et affaiblie.

La quasi-totalité des ampoules de nos lampadaires et nos lampes n'excédait pas 40 watts, une économie sans doute louable, mais difficilement compatible avec un travail de bureau. Un jour de mauvais temps, il faisait si sombre dans le salon que ma secrétaire personnelle, Jane Amber – elle vient de Liverpool et ne s'embarrasse pas de manières –, avait enlevé tous les abat-jours plissés de la pièce pour me remonter le moral. C'était tellement extraordinaire d'avoir de la lumière, même avec ces faibles ampoules, que les gens entraient dans la pièce pour demander ce qui pouvait bien se passer.

Cette semi-obscurité permanente aurait été supportable si j'avais pu de temps en temps aller prendre un bol d'air frais au milieu des fleurs. Évidemment, si vous connaissez Londres, vous allez me rétorquer que les jardins du Palais sont grands et merveilleusement fleuris. Oui, mais... Pour m'y rendre, il me fallait arpenter la totalité de cet immense corridor, longer les bureaux du duc d'Édimbourg, prendre l'ascenseur jusqu'au rez-de-chaussée et faire encore une soixantaine de mètres avant de les atteindre.

Un trajet de presque dix minutes à l'aller et au retour : j'avais rarement vingt minutes à perdre dans mon emploi du temps. J'étais enfermée dans l'un des endroits les plus confinés et je ne sais combien de fois je me suis surprise à rêver des champs de Dummer ou des pentes du Verbier.

Dans les chapitres précédents de ma vie, mon antidote contre la mélancolie avait été la nourriture et encore la nourriture. Mais grignoter n'était pas chose facile au Palais. Pour notre mariage, Andrew et moi avions reçu des centaines d'assiettes en porcelaine et de verres en cristal et des douzaines de plats anciens en argent massif, mais pas un seul mixeur, pourtant l'un des appareils électriques les plus communément offerts aux jeunes mariés. Une entreprise de Washington DC rectifia la situation en nous faisant livrer un mixeur de première classe.

Il n'y avait qu'un seul problème : nous n'avions rien à mixer.

Notre appartement ayant abrité deux hommes célibataires, il n'avait pas de cuisine. Ni cuisine, ni grille-pain, ni cafetière électrique. Pas même une bouilloire électrique. L'équipement se réduisait à un réfrigérateur minuscule dans lequel nous pouvions ranger une ou deux bouteilles de Schweppes et une plaque chauffante pour garder au chaud le thé ou le café que nous apportait un valet de pied.

Pour tout le reste, nous dépendions entièrement des cuisines du Palais. Nous devions commander ce que nous voulions pour le déjeuner et le dîner la veille au soir, ou le matin à la première heure. L'heure du dîner était fixé à sept heures, mais le temps qu'arrive chez moi le valet de pied épuisé, mon poisson grillé était invariablement froid, car la cuisine se trouvait dans une autre aile du Palais, à plus d'un kilomètre de notre appartement.

Puis, le cuisinier finissait son service. Si j'étais sortie ce soir-là, si j'avais dû me débattre avec un morceau de poulet caoutchouteux à un quelconque banquet et que je meure de faim, c'était tant pis pour moi. Il ne me restait plus qu'à fantasmer sur ces cuisines tout équipées que j'avais vues dans les films américains où un père et son fils s'installaient au beau milieu de la nuit et discutaient football en dégustant des glaces et des biscuits avec un verre de lait.

Un jour, ma sœur Jane s'était moquée de moi en disant que « manger directement dans la casserole » me manquait. En fait, j'aurais été heureuse de me faire un sandwich au fromage ou de plonger ma cuillère dans un yaourt à la framboise.

Bien sûr, j'aurais pu égayer cet appartement en invitant des amis à dîner, mais il me fallait alors prévenir au moins un jour à l'avance et ma secrétaire devait rencontrer l'adjoint du Maître de la Maison royale pour discuter du menu. Ensuite, il y avait toute une logistique à installer : donner le nom des convives à la sécurité, prévoir quelqu'un pour tenir le vestiaire et un valet pour les accompagner jusqu'à notre appartement. Je finissais par trouver que cela ne valait pas le coup, surtout quand Andrew n'était pas là.

Ou alors, j'aurais pu sortir dîner avec des amis, mais là encore, je devais le prévoir à l'avance. Je renvoyais normalement mon officier de protection chez lui vers sept heures du soir rejoindre sa famille. Cela me culpabilisait de l'empêcher de rentrer chez lui et je culpabilisais encore plus si j'avais demandé au chef de faire mon dîner qui, du coup, ne serait pas mangé. En plus, mes incertitudes reprenaient de plus belle : devais-je rejoindre des amis au restaurant sans Andrew ? Pouvais-je boire un verre de vin en public ? *Qu'aurait aimé mon époux ?*

Et tant pis pour la spontanéité.

Pendant des années j'avais été l'Anti-Planificatrice par excellence. J'évitais les montres comme la peste, je me laissais guider par l'impulsion du moment. Et tout à coup, ma journée de travail était réglée comme du papier à musique, jusqu'au millième de seconde. Je ne pouvais accepter que ma vie sociale subisse le même régime. Ma solution fut simple : je cessai de sortir. Je restais seule dans mon salon en tête à tête avec mon dîner tiédasse en espérant que j'irais mieux le lendemain, sombrant peu à peu dans le découragement.

La fidèle Jane Ambler détestait me laisser seule dans cet appartement lugubre et, plus d'une fois, elle resta avec moi bien après la tombée de la nuit. Je ne me suis jamais plainte à qui que ce soit d'autre. Je me répétais sans arrêt combien j'étais chanceuse de vivre dans la maison de la Reine, d'être servie – *je dois accepter les choses telles qu'elles sont.*

Mais seule avec Jane, je n'arrivais plus à contenir mes larmes. La vraie Sarah réapparaissait ; et elle se sentait misérable. « Oh, Jane, je n'en peux plus. » « Je ne comprends pas. »

Cela bouleversait Jane qui ne savait que faire – on ne peut pas aider quelqu'un qui est en train de creuser sa propre tombe, même en lui arrachant la pelle des mains et en la frappant avec. Plus tard dans la soirée, quand elle était rentrée chez elle, il m'arrivait de lui téléphoner en demandant : « Qu'est-ce que tu fais en ce moment ? »

Au début, cela faisait rire Jane, puis elle comprit que j'avais vraiment envie de savoir. Elle pouvait être en train de remplir la machine à laver la vaisselle ou de repasser une chemise. Et je pensais, *tu vis une vraie vie – une vie réelle..., veinarde.*

CHAPITRE VII

Le vertige de l'altitude

Sir Robert Cooke était en train de mourir.
Six mois plus tôt, il était l'image même de la vigueur et il grimpait quatre à quatre l'escalier jusqu'au sixième étage de l'immeuble de Mayfair où se trouvaient mes bureaux. Maintenant, il pouvait à peine écrire et encore moins marcher. Son corps n'était plus qu'une enveloppe qui s'effritait autour de l'esprit aiguisé que j'avais appris à aimer.
J'avais rencontré sir Robert pour la première fois en 1984, après que sir Richard Burton m'eut demandé de m'occuper d'un livre sur le palais de Westminster, père de tous les parlements. D'abord, je remarquai qu'il y avait une lacune dans le marché de l'édition : peu d'ouvrages avaient été consacrés à cette splendeur architecturale dont la genèse remontait à Guillaume le Conquérant.
Puis, je me mis en quête d'un auteur. Alors que je demandai conseil à mon amie Anna Butcher qui travaillait au Parlement, elle n'hésita pas une seconde.
— Il y a cet ancien membre du Parlement, sir Robert

Cooke, m'apprit-elle, qui sait précisément jusqu'à quel cendrier était posé sur le bureau de Mme Thatcher.

C'était exactement le genre de personnes que je recherchais et Anna nous organisa un rendez-vous. Au premier abord, sir Robert avait tout de l'aristocrate anglais : poli, bien élevé et méticuleux. Il avait une cinquantaine d'années, c'était un homme bien bâti au crâne dégarni et aux yeux perçants dont les paupières tombantes n'enlevaient rien à l'intelligence du regard. Il m'écouta lui exposer mon projet, puis déclina mon offre. Cela, me dit-il, signifiait trop de travail pour lui – il n'avait pas vraiment envie de le faire.

Il me fallut l'amadouer pour le convaincre de signer. Après quoi, nous nous rencontrâmes une fois par semaine au sujet de ce livre et je me rendis peu à peu compte que j'avais fait la connaissance d'un excentrique extraordinaire et d'un auteur talentueux. Ses manières étaient impeccables et il n'y avait pas une once de prétention en lui. Ses amis l'appelaient Robin, mais je ne pouvais me résoudre à l'appeler ainsi, pour moi, il était *sir Robert*, un homme au-dessus du commun. *The Palace of Westminster* était mon premier livre en tant qu'éditeur et la collaboration de sir Robert fit de ce nouveau travail un délice.

Quelque temps avant mon mariage, je suspectai que quelque chose ne tournait pas rond. Il avait de plus en plus de mal à gravir les six étages pour rejoindre mon bureau ; il arrivait essoufflé, tremblant, presque titubant. Lorsque je lui demandais s'il se sentait bien, il me répondait en souriant, « je manque d'exercice » et changeait de sujet de conversation.

Puis, au fur et à mesure que les semaines passaient, de plus en plus de signes inquiétants apparaissaient. Son écriture devenait tremblante, sa démarche hésitante. Un jour, il finit par demander : « Pourrions-nous nous rencontrer en bas, la prochaine fois ? » C'est ce que nous fîmes, et, en définitive, sir Robert me confia qu'il souffrait de dégénérescence neuromusculaire.

La dégénérescence neuromusculaire tue trois personnes par jour en Grande-Bretagne, plus que le sida. Pourtant, je n'en avais jamais entendu parler auparavant – il fallait alerter l'opinion publique. Parce que cette maladie m'avait touchée de près, je me mis à rechercher un maximum d'informations. Je découvris que la dégénérescence neuromusculaire peut survenir chez n'importe quel adulte, qu'il n'existe ni cure, ni traitement et que l'on ne sait même pas ce qui la déclenche. (La recherche récente se dirige sur des toxines environnementales, mais les recherches ne sont pas encore concluantes.)

Ce que l'on sait, de triste expérience, c'est combien la dégénérescence neuromusculaire détruit impitoyablement les nerfs qui gouvernent le mouvement et comment cela atrophie inexorablement les muscles. Petit à petit, on perd la capacité de marcher, de parler, d'avaler et pour finir, de respirer. Le professeur Stephen Hawking, cosmologiste de réputation mondiale a survécu plus d'un quart de siècle à une dégénérescence neuromusculaire, mais c'est une exception. La majorité des malades meurt dans les deux ans qui suivent l'établissement du diagnostic.

La cruelle ironie de la dégénérescence neuromusculaire est qu'elle épargne l'esprit et les sens ; on se rend donc tout à fait compte de sa détérioration. Le corps devient une prison, une sorte de couloir privé de la mort. Avant de mourir de cette horrible maladie, David Niven confiait : « C'est affreux, je ne peux plus raconter de blagues, et pourtant, je me souviens de toutes. » Cela doit être, à mon avis, l'une des maladies les plus frustrantes du monde.

Sir Robert, dans un sens, a eu de la chance, il put parler jusqu'à la fin. Mais son rapide déclin me bouleversa ; à chacune de mes visites, son état empirait. A l'automne, il ne pouvait plus sortir de chez lui. Sa femme, lady Cooke, s'occupait de lui jour et nuit au détriment de son sommeil. J'ai vu comment la dégénérescence neuromusculaire réduisait à l'impuissance ses proies les plus fières, combien d'aide avaient besoin les familles des malades et combien ils en recevaient peu.

Avec ce courage tranquille que j'ai souvent constaté chez les victimes de cette maladie, sir Robert ne s'est jamais plaint. Le 6 janvier 1987, il enregistra les derniers paragraphes du livre *The Palace of Westminster* sur son magnétophone. Sa tâche terminée, il mourut le jour même, à l'âge de cinquante-six ans. Le travail de sir Robert resta impeccable jusqu'à la dernière ligne ; son cerveau était aussi alerte qu'au jour de sa naissance.

Lorsque je demandai à lady Cooke ce que je pouvais faire pour elle, elle ne réclama rien pour elle-même. A la place, elle me proposa de prendre le parrainage royal de l'association contre la dégénérescence neuromusculaire.

J'étais déjà liée à plus d'une douzaine d'œuvres de bienfaisance ; cela faisait partie de mon rôle de Princesse royale. Mais l'association dégénérescence neuromusculaire était la première association dont j'allais, seule, défendre la cause.

Pendant la première année de mon mariage et même un peu plus, je restai la coqueluche des médias. Comme elle l'avait fait avec Diana, auparavant « La Firme » comptait sur moi pour revitaliser une monarchie quelque peu érodée – non pas seulement pour insuffler du sang neuf dans la lignée, mais aussi pour augmenter sa popularité auprès des contribuables. J'étais en état de grâce. Je m'étais taillé un beau sucès à Noël devant le sapin de

Regent Street que j'avais allumé en prononçant le discours le plus court du monde : « J'espère seulement qu'il n'y aura pas un deuxième Big Bang. »

Mes premiers succès firent de moi une héroïne, une jeune femme tout simplement merveilleuse, la pièce rapportée idéale pour la Famille royale. Ma belle-famille, selon l'un des *Sunday Times Magazine* du mois de juillet 1987, « sait à quoi s'en tenir avec Sarah – c'est une jeune femme complètement conventionnelle qui sait faire preuve de la même simplicité conviviale et chaleureuse que celle qui a cours dans cette famille ».

Même mon côté ordinaire travaillait pour moi ! J'étais portée par un fort courant d'approbation... C'était donc *ça*, la vie – c'était aussi simple que ça. C'était génial, non ? J'avais l'impression d'être un juif biblique qui arrivait enfin en Palestine après avoir passé quarante ans dans le désert. J'avais douloureusement souhaité être aimée, être désirée et soudain le monde entier était de mon côté – *Eh, oh, tous avec la fille de la campagne !* J'allais en tirer le maximum, et dans un sens, c'est ce que j'ai fait. Une adoration absolue corrompt absolument.

En regardant en arrière, je me rends compte que j'ai commis la plus grande faute que peut commettre un personnage public. J'ai cru la presse – une habitude dont j'aurais du mal à me défaire même après que le conte de fées eut tourné au cauchemar.

Je cherchais tellement à correspondre à ce que l'on attendait de moi. Je m'y employais à chaque minute de la journée. La Royauté ne prend jamais de vacances, ne se détend jamais ; on est toujours en représentation, même en famille. A l'opéra, on s'empêche d'éternuer et l'on reste jusqu'à la fin – impossible de se lever au milieu pour aller aux toilettes, si urgente que soit son envie. Au Windsor Castle, le dimanche matin, il faut descendre prendre son petit déjeuner à huit heures trente (quelle que soit votre envie de rester au lit), être à l'église à onze heures et de retour pour l'apéritif à douze heures trente.

Mais il n'y avait pas un jour plus épuisant que celui de Noël à Sandringham. Dès l'aube, je m'habillais pour le petit déjeuner : une jupe longue en tweed, un chemisier élégant et un cardigan assorti. Les assiettes étaient à peine débarrassées que j'étais déjà remontée dans ma chambre afin de me changer pour la messe, une tenue *très* élégante, une robe ou un tailleur sous un long manteau (il fait un froid de loup dans le Norfolk) avec un chapeau et des gants, bien sûr.

Puis, retour à la maison, exit le manteau, le chapeau et les gants, et nouvelles chaussures et robe en soie pour le déjeuner. Si je décidais de rester à l'intérieur l'après-midi, je pouvais enfiler une tenue plus relax – un chemisier en coton, peut-être même un pantalon, mais certainement pas un jean. Si je décidais d'aller me promener, alors, c'était un trois-quarts sport, une jupe ample et des bottines ou mes bonnes vieilles chaussures de marche. Dans un cas comme dans l'autre, il me faudrait à nouveau me changer pour le thé : une tenue plus ou moins semblable à celle du petit déjeuner, une jupe longue en soie avec un haut assorti et des chaussures plates.

Venait ensuite le dîner, un dîner habillé qui exigeait une robe longue. A ce moment-là ma pauvre femme de chambre tirait la langue, mais je ne remettais jamais ces règles en question et j'en éprouvais encore moins du ressentiment. Cela faisait partie du truc, des us et des coutumes de ma nouvelle famille et je n'aurais jamais osé y déroger.

Comme dans toute réunion de famille, la ponctualité était un devoir. Si le dîner était annoncé à huit heures trente, vous étiez censé descendre pour l'apéritif à huit heures. Et vous *deviez* absolument être là à huit heures quinze pile, moment où entrait la Reine. Il était hors de question d'arriver après la Reine, point à la ligne – arriver après elle aurait été une marque d'irrespect inimaginable.

Par tempérament, je n'étais pas une personne très à cheval sur la ponctualité. A l'époque où je rentrais tous les soirs de Londres à la maison, avant mon installation à Clapham, papa disait toujours, « si tu rates ton train, je ne t'attends pas », et il l'a fait plus d'une fois. Je faisais partie de ces femmes qui prévoyaient toujours plus de temps que nécessaire et qui, prêtes à partir, se rendaient tout à coup compte qu'il y avait un problème avec leur tenue, leur maquillage ou (plus difficile à arranger) avec leur silhouette. Je me mettais alors à paniquer et à perdre du temps. Il est arrivé plusieurs fois à Windsor ou à Sandringham que la Reine franchisse la porte au moment même où je volais littéralement dans la pièce par une autre porte, suante, trébuchant sur le tapis et feignant d'avoir déjà été là.

Mais même si j'essayais de toutes mes forces de me fondre, cela n'a jamais vraiment marché. Durant les week-ends de chasse de la famille, quelques-unes des femmes présentes avaient des chiens qui rapportaient le gibier que celui de leur mari avait négligé. Le timing, cependant, est tout. Il y a trois chasses le matin et deux l'après-midi et, chaque fois, on doit attendre que les rabatteurs aient battu les bois pour faire lever les faisans. Pendant ce temps-là, il fallait rester silencieuse, avec le chien silencieux au pied – de peur d'effrayer les oiseaux avant que les fusils ne soient prêts.

Au grand dam de tous, mon chien avait le timing d'un danseur de polka ivre. Il courait directement dans les bois débusquer les oiseaux qui s'envolaient dans la direction opposée à celle prévue et la chasse était gâchée. Et le pire, alors que tous les autres chiens étaient noirs, le mien était crème – impossible, donc de blâmer quelqu'un d'autre. J'adorais mon labrador, c'était Andrew qui me l'avait offert. Mais il était, indiscutablement, un chien non conformiste pour une duchesse royale non conformiste, et il mettait le duc d'Edimbourg plutôt en colère : « Ne pouvez-vous donc pas maîtriser votre chien ? »

Cependant, la plupart du temps, mes mésaventures faisaient rire tout le monde : « Cette bonne vieille Fergie, elle est impayable, il faut toujours qu'elle se fasse remarquer, elle a même gâché la chasse. » J'étais « in » à l'époque, même quand j'avais tout du bouffon du roi.

C'est vrai, il fallait toujours que je me fasse remarquer – j'étais Superwoman et je voulais tout essayer. Il ne me suffisait pas de nager, de skier et de monter à cheval – il fallait aussi que je fasse du ski nautique, c'est ainsi que je me suis luxé le genou en 1987. (Andrew a été merveilleusement gentil avec son éclopée de femme, il a vraiment été aux petits soins pour moi. J'ai pu compter sur lui dans tous les domaines, même pour les détails les plus infimes.)

Ce n'était pas suffisant d'être la joueuse la plus enthousiaste aux mimes ; je me suis aussi essayée à la conduite d'attelage, la dernière passion du prince Philip.

Mais ce fut probablement en répondant du tac au tac, sans réfléchir, « bien sûr, je vais apprendre à piloter un hélicoptère », à un journaliste qui m'avait demandé avec désinvolture si je comptais mettre mes pas dans ceux d'Andrew et apprendre à voler, que je me suis imposé le défi le plus fou. C'était une déclaration ridicule à faire devant toute la presse, mais une fois que je l'avais faite, j'étais bien obligée de tenir parole.

Et puis, je cherchais désespérément à plaire à mon époux adoré, à lui montrer mon intérêt pour son métier, à partager sa vie, à pouvoir en parler avec lui. Je voulais le surprendre, l'épater – après tout, ce n'était pas n'importe quelle femme qui devenait pilote ou même qui essayait.

Je n'avais aucune idée des difficultés qui m'attendaient. Avant de prendre des cours de pilotage d'hélicoptère, j'appris d'abord à piloter un avion de tourisme. Je me fis la main sur un Piper Warrior et je vis tout de suite la différence entre un avion et une voiture : on peut toujours arrêter une voiture et en sortir, mais un avion, il faut d'abord le *poser*. Cela requérait plus qu'une compétence technique, surtout quans on vole en solo. J'ai dû apprendre à maîtriser ma peur, à l'empêcher de me submerger.

Avec mes heures de vol en sus, mon emploi du temps devint un numéro d'équilibriste. Je devais être à l'aéroclub à sept heures trente pour ma leçon, leçon qui dépendait, bien sûr, du temps. Je restais en contact avec mon équipe grâce à mon téléphone mobile, donnant à ma secrétaire des directives à la vitesse d'une mitraillette. Mais, après avoir obtenu ma licence de pilote et reçu une avalanche de louanges de la part de la Reine et du duc d'Edimbourg, je sus que cela en valait la peine.

Il me fallait maintenant passer à la deuxième phase. Les avions de tourisme sont construits pour rectifier les erreurs de pilotage et se stabiliser eux-mêmes, les hélicoptères sont infiniment plus sensibles aux talents du pilote. Ils sont plus complexes et plus dangereux. En conduire un, c'est comme s'asseoir sur une balle de golf (bien que je n'aie jamais essayé) ; un léger mouvement et l'appareil peut soit plonger soit faire un brusque mouvement vers l'avant. Un hélicoptère demande un synchronisme total, la précision d'un joaillier, la grâce d'un gymnaste.

Au fur et à mesure que je gagnais en assurance et en compétence, je devins encore plus fière de mon mari, de sa force et de son courage.

Lorsque j'obtins ma licence de pilote d'hélicoptère en novembre 1987, j'avais gagné plus que les applaudissements de mon entourage. Je m'étais lancée dans cette histoire pour Andrew, pour cimenter mon acceptation dans la famille, mais voler était en soi une récompense : moi, qui avais toujours eu des difficultés avec les mathématiques, j'avais réussi à voler. (Quoique... dans mes moments les plus noirs, idiote que je suis, je me suis demandé s'ils m'avaient donné ma licence à cause de mon titre.)

Maintenant, je volais pour moi. Je montais dans le cockpit, habillée comme il le fallait, veste en mouton retourné et long foulard de soie, et je volais. Je montais dans le ciel jusqu'à ce que les immeubles ressemblent à des jouets et les gens à des petits points, et je pouvais respirer à nouveau – je ressentais moins le devoir comme une pression, un étau. Voler demandait tellement de concentration que je *devais* m'immerger dans l'instant et repousser toutes mes inquiétudes. C'était la meilleure thérapie que je pouvais imaginer.

Il y avait de la liberté dans un hélicoptère, de la détente et une totale intimité. Dans ce cockpit, je retrouvais la sensation que j'éprouvais lorsque je galopais à Dummer – personne ne pouvait m'attraper, j'étais enfin en sécurité.

En juillet 1987, Andrew et moi nous envolâmes pour le Canada, notre premier grand périple à l'étranger ensemble. Dix jours exténuants de Toronto au rodéo de Medecine Hat, Alberta.

Lors de ce genre de voyage, on est en permanence en représentation ; mes seuls moments de détente, c'était dans l'avion où je jouais tout le temps au Scrabble. Cela me demanda un gros effort d'être à la hauteur – être en forme, être à l'heure et ressembler à mon rôle. Dans les villes, nous étions suivis par une nuée de journalistes dont quarante-cinq vétérans de Fleet Street. Le mois précédent, j'avais pris une volée de bois vert de la part de la presse parce qu'un photographe nous avait surprises Diana et moi, à Royal Ascot, piquant les fesses de ma vieille amie Lulu avec nos parapluies. Nous étions juste en train de chahuter avec une amie, et la presse nous avait quasiment traitées de hooligans et je savais que la moindre erreur de ma part, la moindre faute d'étiquette feraient la une.

Au Canada, la seule gestion de mes tenues avait de quoi rendre folle la femme la plus équilibrée. J'avais emporté près d'une demi-douzaine de robes du soir dans les énormes malles-cabine en fer prévues à cet effet, et, après dix jours de changements incessants de tenues, j'étais prête à toutes les jeter au feu. Nous avions en moyenne cinq obligations par jour, avec à peine deux heures entre chaque à l'hôtel. Andrew se changeait en une demi-heure et avait donc tout le temps de se reposer. Tandis que moi, j'avais du mal à me préparer en moins d'une heure et demie, surtout les « soirs de diadème ». Les diadèmes sont plus lourds qu'ils en ont l'air et ont cette sale tendance à glisser quand on descend d'un carrosse ou d'une voiture. Il faut très bien le fixer pour qu'il reste dans la droite ligne du nez de celle qui le porte. La moindre imprécision et cela donnait une occasion en or aux photographes de faire une photo assassine. Ma coiffeuse le réajustait au moins une douzaine de fois.

Pendant ce temps-là, je revoyais mon prochain discours et je n'avais pas une minute à moi, pas une seconde pour souffler. Les premiers échos dans la presse étant positifs, je travaillais encore plus dur. Les gens aimaient ma simplicité, ma façon de me mêler à la foule, de serrer les mains que l'on me tendait. Et si Fleet Street semblait plus mitigée, la presse canadienne considérait notre voyage chez eux comme un grand succès – « un amour inconditionnel pour cette femme connue sous le nom de

Fabuleuse Fergie », alla même jusqu'à écrire un magazine. Personne ne sut ce que j'endurais durant tout ce périple.

A la fin, je n'avais qu'une envie, m'écrouler sur une plage, mais Andrew avait une autre idée pour nos « vacances » : deux semaines en canoë avec six personnes sur le Hanbury dans les territoires reculés du Nord-Ouest.

Andrew avait déjà participé à des excursions de ce type avec des amis à l'époque de sa scolarité à Ontario et il rêvait de me faire connaître les joies des rapides. Touchée par son empressement, je dis oui – sans savoir que je venais d'accepter le test d'endurance le plus pénible de toute ma vie. Le pilote qui nous emmena à Yellowknife prédit qu'il allait être obligé de revenir me chercher dans les quarante-huit heures – il tint même son hydravion paré à cette éventualité.

Pour goûter toute la saveur de mon retour à la nature, autant se reporter à mon journal.

Lundi 27 juillet. Je croyais que ce serait amusant de s'habiller en Indiana Jones ; le mouchoir autour du cou, le chapeau à bords flottants, le pantalon kaki rentré dans des bottes de chasse et le couteau négligemment pendu à la ceinture. Quelle erreur...

Je m'attendais à un paysage semblable à la Suisse et je me suis retrouvée en pleine toundra canadienne, une étendue désertique à perte de vue. Tout le monde portait des voilettes d'apiculteur sur la tête, j'en ai conclu : sales insectes en perspective. Dès ma descente de l'avion, on m'en a mis une sur le visage qui m'a collé à la peau pendant tout le voyage.

Nous avons ramé pendant près de cinq kilomètres.

Cinq kilomètres qui m'ont paru une éternité. Je crois que tous se sont demandé pourquoi ils avaient emmené cette imbécile grognon aux gestes désordonnés. L'installation du camp, ennuyeuse à périr, a pris des heures. A l'intérieur de la tente, on avait l'impression qu'il pleuvait en écoutant le bruit des insectes qui se cognaient contre la toile.

Les hommes attendent avec impatience que les femmes échouent ou déclarent forfait. Dès que j'ai compris ça, je me suis mise au travail, histoire de leur prouver que je ne suis pas une MAUVIETTE et que je ne me laisserais pas abattre comme ça !

Avez-vous déjà essayé de manger avec une moustiquaire sur la tête ? J'ai plusieurs fois oublié son existence et des bouts de steaks et de carottes sont tombés sur ma chemise. La fin d'une journée qui m'a vraiment ouvert les yeux. Mais je vais réussir. Pour Andrew.

Mardi 28 juillet. Je suis seule avec mon mari et l'eau glacée coule sereinement sous notre canoë. Que pourrais-je demander de plus ? On ne peut pas tout avoir dans la vie - j'ai presque tout, voilà pourquoi les insectes existent pour me rappeler de ne pas tout prendre comme un dû, quand il y a trop de bon autour de moi.

Mercredi 29 juillet. Nous nous sommes réveillés encerclés par une guirlande de moustiques sanguinaires et de mouches noires. L'ennemi nous guette par essaims pendant que nous allons petit déjeuner. Les œufs avaient l'air couverts de poivre noir, en fait, c'était des mouches. J'ai poliment refusé mon petit déjeuner et l'ai offert à un membre de l'équipe moins tatillon...

Nous avons fini par tomber sur des rapides. Malheureusement, il n'y avait pas assez d'eau, impossible de les passer sur nos canoës. Nous les avons longés à pied avec près de trente-cinq kilos de bagages sur le dos en passant d'une pierre à l'autre. Je n'envie pas les ânes et les mulets ; c'était bien à ça que je ressemblais tout à l'heure...

Le déjeuner est le même que celui de la veille, en fait, ce sera la même chose tous les jours, pendant douze jours. (A la fin de notre expédition, le saucisson et le fromage seront devenus trop fort.)

Vendredi 31 juillet. La journée d'aujourd'hui s'est écoulée sans trop de problèmes. Je suis totalement épuisée, mais je vais continuer à me battre, je ne veux pas qu'Andrew se rende compte que je rêve de rentrer à la maison. Je suis très gâtée. Mais je me soigne, à la vitesse de l'éclair ! Nous avons installé notre campement sur une plage de sable blanc. Des vents glacés ne cessent de souffler, mais cela n'a pas empêché les Yorks de plonger. J'ai entendu un hurlement sinistre – l'appel des LOUPS qui hurlent à la lune.

Samedi 1ᵉʳ août. Il est temps de rentrer. J'en ai ma claque de la vie sauvage ; ça va, j'ai assez donné ! Des mouches jusque dans mon nez, des moustiques quand je fais pipi et cinquante kilomètres de rame par jour. Le seul moment agréable, c'est quand on se couche après un verre de vodka-orange (orange en poudre, bien sûr). J'aime tellement mon homme. On se rapproche l'un de l'autre d'heure en heure, grâce à ce voyage.

Mercredi 5 août. Ils parlaient d'une rivière, alors moi, naturellement, j'imaginais une rivière à l'écossaise. Ce n'est vraiment pas le cas. C'est une rivière énorme avec toujours un autre coude, et le décor ne change jamais. C'est une rivière tellement léthargique, terriblement destructrice pour l'âme. Nous avons donné toute notre énergie à la rivière et elle ne nous rend rien.

Jeudi 6 août. Dure journée, aujourd'hui. Le vent et la pluie arctique s'étaient mis de la partie. Mes mains et mes pieds sont engourdis et mon visage sans cesse exposé au vent. Je suis tellement bien sous ma tente. Andrew dort à côté de moi. Mon fabuleux mari. Nous sommes maintenant devenus complètement inséparables.

Dimanche 9 août. Enfin, le jour du retour. Nous sommes rentrés à notre hôtel et, tout en prenant mon bain, je repensais à la toundra. Maintenant, j'apprécie cette expérience ; cela m'a fait du bien.

Que penser de l'auteur de ces lignes sincères ? D'un côté, elle apparaît comme une vraie baroudeuse capable de serrer les dents et de se battre contre un milieu hostile, qui désire prouver à ceux qui doutent d'elle qu'elle ne déclarera pas forfait. Et de l'autre, elle se révèle une femme profondément amoureuse de son mari (l'absence ayant indubitablement renforcé son amour), un homme qu'elle suivrait jusque dans les sept cercles de l'enfer s'ils pouvaient y partager une tente.

Ma folle ténacité ne me valut aucune louange de la part d'Andrew. Les expéditions en canoë étaient comme les engagements officiels ; on avait droit à un commentaire que si l'on faisait une erreur.

Je me suis rengorgée, malgré tout, lorsque la princesse Margaret ouvrit mon journal et le referma aussi sec en disant : « Je ne veux pas en lire plus, c'est trop horrible. »

Plus je me sentais mal à l'aise à Buckingham Palace, plus les sirènes des Alpes se faisaient entendre. Plus le Palais se révélait un monde d'intrigue et de volatilité, plus la montagne me semblait un refuge sûr et constant — comme Sa Majesté, en fait. Quand les murs de ma chambre se refermaient sur moi, je comptais les jours qui me séparaient de mon prochain séjour en Suisse.

Mais la montagne n'est pas à traiter à la légère. Il faut faire attention ; il faut la considérer avec respect même si on choisit de jouer avec elle. Si l'on est sage, on se place entre les mains de quelqu'un qui la connaît et qui vous guide en toute sécurité. A Klosters, station de ski préférée de la Famille royale, je n'allais nulle part sans Bruno Sprecher, un guide surnommé « la chèvre de montagne ».

Même les talents de Bruno ne pouvaient éviter les catastrophes. Un matin de mars 1988, alors enceinte de quatre mois de notre premier enfant, j'ai fait une chute et je suis tombée la tête la première dans une rivière qui courait sous la neige. Je suis passée à deux doigts de la mort et, pendant quelques secondes, j'ai été inconsciente. Grâce à Dieu, le prince de Galles était tout près et il a sauté pour me secourir. Les chaussures de ski dans l'eau glacée, Charles me tira la tête hors de l'eau. « Allez, Fergie, tu peux le faire », m'exhorta-t-il jusqu'à ce que je reprenne mes esprits.

Lorsque je sortis enfin de cette rivière, mes cheveux étaient devenus un énorme glaçon : cela me faisait une élégante crête de coq. Je refusais plus d'assistance « ça va, ça va » – et descendis (cela me prit vingt-cinq minutes) sur mes skis jusqu'à la station plutôt que d'attendre les secours. Mais une fois arrivée en bas, je me mis à paniquer à l'idée d'une fausse couche.

– Ne t'inquiète pas, tout ira bien, me dit Patti Palmer-Tomkinson, une amie de Charles et de maman. Les pommes tombent de l'arbre seulement quand elles le doivent.

Je fis une échographie et le bébé allait bien.

A Klosters, j'avais pris l'habitude d'aller me promener l'après-midi dans la poudreuse avec Bruno. Mais ce jour-là, je me sentais éreintée, épuisée et je décidai de me reposer.

Mon imprudence caractéristique sauva probablement indirectement la vie de Charles.

Le vertige de l'altitude

Comme je n'avais pas besoin de lui cet après-midi-là, Bruno accompagna Charles et ses amis, en tant qu'invité du prince. Ils rencontrèrent une avalanche et Bruno, sentant avant les autres les grondements, cria « Sautez ! ».

Le prince de Galles sauta plus haut qu'il ne l'avait jamais fait et en sortit indemne. En revanche, Patti Palmer-Tomkinson fut ensevelie sous la neige et les rochers jusqu'à ce que Bruno la dégage et lui fasse de la respiration artificielle. Puis, il demanda à Charles de lui parler pendant qu'il allait chercher des secours, de la garder consciente à tout prix.

Charles tint la tête de Patti et lui parla sur ce ton rassurant qu'il avait employé avec moi le même matin et Patti survécut.

Hugh Lindsay, un homme extraordinairement sympathique, qui avait été écuyer de la Reine, mourut. J'ai raconté cette tragédie en sa mémoire.

J'ai toujours pensé que Charles était une personne extraordinaire. C'était un de mes très bons amis à l'époque – on riait des mêmes choses et on se faisait rire mutuellement. On ne se voit plus guère aujourd'hui et il me manque beaucoup plus qu'il ne l'imagine.

CHAPITRE VIII

Grosse et consternante

Au début de l'année 1988, un grand événement survint qui me réveilla et me donna la force de secouer le statu quo : j'allais avoir un bébé. Il nous fallait un nid. Au cours du printemps qui suivit, je disais à tout le monde, « aidez-moi à trouver une maison ». Mais avec Andrew en mer, il n'y avait personne pour s'en occuper, et je commençai à me résigner à l'idée d'élever mon bébé au cœur du ministère de l'Environnement.

Puis, la chance me sourit. Un jour, j'assistai à un match de polo assise à côté de la reine Noor, la femme américaine du roi Hussein de Jordanie et lui demandai si elle connaissait une maison qui pourrait nous convenir. Elle m'emmena sur-le-champ visiter un endroit incroyable, Castlewood House, à la lisière du Windsor Great Park dans le Berkshire. Le roi Hussein l'avait acheté pour ses enfants quand ils seraient grands, mais la reine Noor me proposa d'y vivre en attendant.

Castlewood était doté d'une piscine, d'un court de tennis et d'un parc à la végétation luxuriante : c'était une maison de rêve. Nous emménageâmes au mois de mai. Le devoir me retenait au Palais durant toute la semaine et mes week-ends à la campagne étaient une libération. J'avais mon propre jardin dans lequel je pouvais me promener, un réfrigérateur dans lequel je pouvais puiser quand je le désirais et même ma propre bouilloire... J'avais tout ce dont j'avais besoin dans cette maison, à l'exception de mon homme qui, devenu officier de garde sur l'*Edimbourg*, resta en mer tout le temps de ma grossesse.

Au fur et à mesure que ma grossesse avançait, je trouvais de plus en plus difficile de m'occuper de la maison et gérer mon équipe en même temps; même monter ou descendre de voiture, pour la même raison, devenait de plus en plus compliqué. Plus l'absence d'Andrew me pesait, plus je pesais lourd, au sens propre. Je noyais mon chagrin dans la mayonnaise, les friands à la saucisse et la crème de maquereaux fumés de chez Marks & Spencer. Je devins de plus en plus énorme. Mes mains et mes chevilles enflèrent. J'avais l'impression d'être un éléphant, immonde et grotesque. La veille de mon accouchement, je pesais plus de cent kilos.

Si j'avais été, avant ma grossesse, un bateau sans gouvernail, j'étais devenue un énorme galion espagnol, toutes voiles gonflées...

Je canalisais tout mon amour dans les lettres quotidiennes que j'écrivais à Andrew, ne manquant jamais une levée. Je notais les dates sur mon journal pour plus de certitude. Et mon mari me répondait – des lettres magnifiques, pleines de sentiment.

Pour notre deuxième anniversaire de mariage, il m'écrivit de Singapour.

Tous les soirs à Castlewood, je sortais dans le jardin avec Bendicks, le chien qu'Andrew m'avait offert pour que je me sente moins seule. Je levais la tête pour regarder le ciel en me demandant s'il était sur le pont en train d'admirer les mêmes étoiles que moi – bien que je sache qu'il était beaucoup trop loin, (à peine dans le même hémisphère) et que son ciel était forcément différent.

J'aurais dû prendre plus de repos pendant ma grossesse. Mais je continuais à courir comme une folle, comme pour chasser le chagrin agrippé à mes épaules. De temps en temps – mon accident de ski nautique, ma chute à Klosters – l'univers me rappelait à l'ordre, me faisait signe de ralentir et de m'écouter. Mais j'étais le genre de personne à accélérer aux feux orange et même parfois à brûler les feux rouges. Arrêter le manège et en descendre, rester *tranquille* aurait pu m'obliger à regarder à l'intérieur de moi et ça, je ne le voulais pas.

En août, Andrew revint à la maison pour une permission de deux semaines et notre bébé eut la courtoisie de naître le 8 afin de ne pas bouleverser le programme de la Marine royale. Je n'avais jamais eu une passion pour les bébés ; je m'intéressais aux enfants lorsqu'ils étaient suffisamment grands pour pouvoir répondre. Mais ça, c'était avant d'avoir ma fille. Lorsque je vis son adorable visage et ses grands yeux, la fierté me submergea. Nous l'appelâmes Beatrice en l'honneur de la jeune fille de la reine Victoria.

Quatre jours plus tard, mon nouveau-né et moi prîmes l'avion pour l'Écosse ; Andrew voulait nous installer à Balmoral avant de repartir en mer. La vie m'envoya un nouveau signal : en sortant de l'hôpital avec mon bébé dans les bras, je glissai et déchirai mes points de suture.

C'était trop, trop tôt, trop vite, nous aurions plutôt dû passer une semaine tranquille tous les trois à Castlewood, mais août à Balmoral est sacré – c'était ce que voulait Andrew et c'est ce que nous fîmes. Cela le rendait heureux, et s'il était heureux la vie serait plus facile. Du moins, c'est ce que je pensais.

En fait, ce fut lugubre. Nous étions installés dans un

pavillon sur le domaine et je pleurais tous les jours à la perspective du prochain départ d'Andrew. Quand il rejoignit son navire aux Philippines je retournai alors au château, me sentant à nouveau grosse, mal dans mon corps et hideuse. Je m'enfermai dans ma chambre et écrivis à la main sept cent cinquante lettres de remerciements pour les cadeaux de naissance.

Enfin de retour à Londres, je me rendis compte que mon monde avait irrévocablement changé, et pour le meilleur. Au Palais, notre salle à manger/bureau avait été transformée en nursery. Je continuai de slalomer entre toutes mes obligations, comme auparavant, mais j'avais maintenant une récompense qui m'aidait à tenir jusqu'au soir : j'allais retrouver Beatrice, mon minuscule bébé pour jouer avec elle, la câliner et satisfaire tous ses besoins.

C'étaient des heures précieuses et mon seul regret est de ne pas en avoir davantage profité. Lors de ma grossesse, j'avais perdu du terrain dans la course aux devoirs royaux et je me sentais obligée de rattraper mon retard, afin que mon quota n'ait pas l'air trop misérable à la fin de l'année.

Mais après quoi étais-je donc en train de courir ? J'avais accompli ma plus belle réussite, cette superbe petite fille que j'avais donnée à Andrew. Pourtant, j'étais incapable de faire une pause pour en goûter les charmes. Poussée par mon besoin d'excellence, je travaillais beaucoup trop et spoliais les deux personnes qui comptaient le plus : une jeune mère et son bébé.

En septembre, alors que Beatrice avait six semaines, je la laissai avec Alison Wardley pour rejoindre Andrew en voyage officiel en Australie.

Je m'étais battue pour l'emmener avec moi – après

tout, un nourrisson est facile à transporter. On l'emmaillote contre son corps et hop – un sourire, un coucou de temps en temps, un biberon et une couche propre suffisent à le rendre heureux.

Mais « La Firme » fut très ferme sur ce point. Il m'était fortement « déconseillé » d'emmener Beatrice en Australie, m'informèrent les courtisans.

« Vous ne pouvez pas imposer à ce bébé le survol de la moitié de la planète. »

Ou encore : « La dernière chose dont cette pauvre enfant a envie est certainement d'être traînée d'un endroit à un autre. »

Et enfin, l'argument décisif : « *Cela ne se fait pas.* »

J'étais donc confrontée à un affreux dilemme ; qui choisir entre mon enfant et mon époux ? J'étais redevenue coquette, je voulais qu'Andrew me regarde à nouveau comme une femme. (Ce n'est que bien plus tard que j'ai compris qu'il se préoccupait beaucoup moins de mon poids que moi-même.) Je ne pouvais pas supporter l'idée qu'il puisse rentrer au port sans me trouver là, parmi les épouses des autres officiers.

Et puis, surtout, j'avais besoin de ressouder notre relation. Ces deux années de mariage nous avaient peu à peu éloignés l'un de l'autre ; et même si je ne me l'avouais pas clairement, je sentais que notre couple n'allait pas très bien. Je devais aller rejoindre Andrew, c'était son tour. Je savais qu'Alison s'occuperait très bien de Beatrice, alors, je partis.

Si c'était à refaire, j'attraperais mon bébé et je m'en irais. Au lieu de ça, j'ai cédé à ma peur du « qu'en dira-t-on ». Qu'allaient penser les courtisans ? Qu'allait penser la Famille ? (*Elle n'écoute jamais ce qu'on lui dit, elle n'en fait qu'à sa tête...*) J'avais été élevée comme ça : faire ce que l'on me disait de faire. Difficile de se débarrasser de cette habitude.

Comme je l'ai déjà dit, la peur est mauvaise conseillère et vous mène en général droit à ce que vous redoutez le plus. Ce voyage en Australie ne fit plaisir à personne. Tous les matins, je me réveillais avec un épouvantable sentiment de manque, comme si j'avais laissé une partie de moi-même en Angleterre. Andrew était pris par son travail et le club des Navy's boys. De toute façon, six semaines, même idylliques, n'ont jamais sauvé un mariage. C'est le moment que choisit la presse pour lancer cette accusation extrêmement blessante : j'étais une mauvaise mère.

Personne ne prit la peine de se souvenir que la Reine, et la Reine Mère avant elle, avaient, elles aussi, été obligées de laisser leurs bébés derrière elles lors de voyages et d'obligations officiels. Les tabloïds utilisaient l'histoire à leur convenance, selon le but qu'ils visaient. En l'occurrence, leur but était de m'abattre. J'avais déjà reçu quelques coups – pour cette histoire de parapluies à Ascot et autres petits écarts de conduite –, mais cette fois-ci l'attaque était d'une autre nature. C'était outré, méchant et mesquin, et bientôt, cela allait être pire.

La Fergiemania était morte et enterrée. C'était mon tour d'être le bouc émissaire royal. Et en bonne Fergie qui se respectait, j'allais endosser le rôle avec panache.

Où commença exactement ma dégringolade ?

Plusieurs mois avant ce voyage en Australie, j'avais senti qu'une énorme machine était en train de me tirer vers le bas, c'était irrésistible et irréversible. Au Palais, il m'arrivait d'être désemparée – non pas une, ni deux, mais cent fois par jour. Je ne pouvais pas appeler Andrew et lui demander sans cesse des conseils. Je ne pouvais compter que sur mon éducation et mon bon sens, mais cela ne suffisait pas, l'échec était patent. Je ne faisais plaisir à *personne*. A chaque nouvelle erreur, je perdais un peu de mon assurance, et bien sûr, plus je faisais des bêtises, moins j'avais confiance en moi, jusqu'à ce que je perde tout contrôle et chute en vrille, sans aucun espoir d'en réchapper.

En clair, j'étais une cible en or pour le premier tabloïd qui avait besoin de tirer à vue. La presse britannique avait fait du chemin depuis l'époque d'Edward VIII où elle avait évoqué du bout des lèvres sa liaison avec Wallis Simpson. La Famille royale moderne était une nouvelle version de feuilleton, et ses membres réduits à des personnages en deux dimensions de dessin animé. Lorsque je rejoignis la troupe, la princesse de Galles avait déjà le mauvais rôle. La presse avait donc besoin d'une nouvelle héroïne. Ainsi naquit, selon les mots de lady Colin Campbell, « Fergie l'authentique », un changement rafraîchissant au regard de « Diana la dépensière écervelée ».

A la fin de l'année 1987, cependant, Diana avait redoré son image. Ce qui laissa un vide à Fleet Street. Il fallait absolument trouver un « vilain membre de la Famille royale », rôle successivement tenu, à un moment ou à un autre, par Philip, Margaret, Charles, Anne et la princesse Michael. Et qui pouvait mieux jouer ce rôle que la grosse, l'énorme ex-roturière, avec sa forte (et maintenant insupportable) personnalité et son parler vrai qui était l'expression d'un impardonnable manque de tact ?

La duchesse d'York fut donc déclarée mauvaise. Vraiment très mauvaise. Et, contrairement à Charles et Anne qui sont de naissance royale, cette victime-là pouvait être sacrifiée. On pouvait y aller...

Une chose est sûre, la presse ne pouvait pas trouver une cible moins méfiante. En tant que « remarquable Fergie », protégée par mon confortable bouclier de compliments auxquels je m'étais habituée, je n'avais pas compris à quel point la charge de cruautés contre Diana avait été violente. Quant à moi, j'ai sûrement dû rater les premières salves qui m'étaient destinées, car au début, l'art de la diffamation que déploya la presse fut chose assez subtile. Un jour, les photos publiées sont moins flatteuses. Une seule grimace, un petit bout de cuisse qui apparaît furtivement quand vous descendez de voiture, et ce sont ces photos-là que vous retrouvez à la une des journaux les jours qui suivent.

Le lecteur, lui, ne voit pas le rédacteur en chef scruter six pellicules à la loupe pour trouver le cliché le plus accablant. Le lecteur se dit seulement que vous êtes une imbécile.

Ensuite, l'artillerie lourde se met en branle. Vous découvrez des phrases entières que l'on vous prête à tort mais ça, c'est la routine, et qui de plus, sont absurdes, insultantes ou tout simplement stupides. Vous dînez avec des amis, avec qui vous vous amusez normalement – une bouteille de vin rouge et une bouteille de vin blanc – et un journaliste zélé compte le nombre de verres sur la table puis insinue derechef que vous avez participé à une fête qui aurait fait rougir Bacchus.

Lorsque j'habitais à Buckingham Palace, le maître d'hôtel apportait à mon appartement les journaux du matin à six heures. Je feuilletais le tout, mais ne lisais réellement que les histoires déplaisantes qui me concernaient. Si un seul journaliste me traitait de grosse et si dix de ses confrères écrivaient que j'étais jolie, je ne croyais, bien sûr, que le pire et je passais le reste de la journée à ressasser l'insulte. Je vivais dans l'angoisse de la prochaine rebuffade journalistique qui ne mettait jamais très longtemps à venir. Le pire, c'était lorsqu'ils appelaient mon bureau le vendredi en demandant des commentaires. Cela signifiait qu'ils concoctaient un gros coup pour le dimanche suivant et cela ruinait mon week-end.

Lorsque vous êtes un personnage public et que la presse déclare la chasse ouverte, il y a peu de moyens de vous défendre. Chaque fois que vous tentez de répondre à un de ces tireurs embusqués, vous ne faites que prêter le flanc à l'un de ces collègues, encore plus tordu. De toute façon je ne voyais pas comment attaquer mes accusateurs. Tout le monde ne les croyait-il pas ? Ne les croyais-je pas moi-même ? S'ils disaient que j'étais mauvaise, une mauvaise mère et une mauvaise duchesse, ce devait être vrai. Ma vieille haine de moi-même était maintenant renforcée par leurs écrits.

Plusieurs fois, bien sûr, je me suis rendu compte que rien ne s'était passé comme ils le prétendaient, à commencer par ce week-end à Dummer où j'avais emporté mon linge sale. Mais la réalité des faits n'avait pas d'importance, ni pour moi, ni pour la presse. Si je n'avais pas commis cette bêtise-là, j'en avais sûrement fait une autre, pire probablement, qu'ils n'avaient pas relevée. Je méritais cette raclée. J'étais persuadée que je l'avais cherchée.

Et *j'étais* coupable : de cruauté mentale et de maltraitance, de tentative de meurtre. Vis-à-vis de moi-même. Je voulais ma propre destruction. J'étais toujours mon pire ennemi – ce qui, à cette période, n'était pas rien.

En y réfléchissant après coup, j'aurais pu obtenir plus de clémence si j'avais joué la pauvre petite victime hâve et timide, la pâle jeune femme fragile. (J'aurais dû m'abstenir de chasser et pêcher par exemple.) Mais je me voulais, souvenez-vous, insubmersible. *Que peut-on faire pour abattre cette femme ?* J'ai dû exaspérer les journaux à scandale en ne cessant de rebondir comme un ludion. Comme ces boxeurs qui se font rouer de coups, mais qui se relèvent et se battent jusqu'au dommage cérébral.

D'autres « vilains membres de la Famille royale » avaient été protégés des excès de la presse. Harold Evans, du *Sunday Times*, m'a un jour raconté que la Reine elle-même avait demandé à chaque rédacteur en chef de laisser Diana tranquille en 1982, ce qu'ils firent, tout du moins pendant un temps. La princesse Anne, pour en citer une autre, se réfugia dans le silence et fut ensuite réhabilitée.

Mais je n'eus pas droit à autant d'égards que je n'étais d'ailleurs pas disposée à rechercher. Sans véritable foyer, sans vie de famille normale, mon mari absent et mes amis écartés par mes devoirs, je ne savais plus où j'en étais – je traversais une véritable crise d'identité. Mon moi profond, longtemps anémique, était devenu quasiment transparent. Et certainement inaudible. *Qui est Sarah ?* Je ne pouvais pas répondre à cette question, ni la formuler.

La seule chose à laquelle je devais me raccrocher, c'était cette image publique baroque de drôle de duchesse fabriquée de bric et de broc. Elle pouvait avoir l'air ridicule et méprisable, cette image, et elle fut bientôt celle de la femme la plus insultée des Îles britanniques, mais comment la mettre de côté ? Je n'avais rien pour la remplacer.

« Je fais juste partie de ma génération et de mon époque », avais-je affirmé à un moment, quand ma popularité baissa plus vite que le cours de la livre . « Je suis juste moi. Je ne prétends pas être qui que ce soit d'autre. »

Pourquoi ne m'aiment-ils plus ? Je me comportais pourtant toujours normalement (mais c'était devenu *le* problème), en étant juste moi-même, qui que fût cette personne. Ils m'avaient trouvée tellement délicieuse quand je m'étais déguisée en policier lors de cette mémorable soirée entre filles. Ils avaient ri de mes fameuses grimaces et de mes facéties verbales. Peut-être ne me trouvaient-ils pas si drôle que ça, mais ils m'aimaient bien, et cela me suffisait.

Soudain, les sourires s'étaient durcis. Soudain, ils me trouvaient inacceptable, manquant totalement d'élégance et de la plus élémentaire tenue.

Il y avait eu Ascot et l'affaire Lulu ; le dîner privé à New York où j'avais « adoubé » avec un couteau à beurre le chien de notre hôte ; et la fois où Diana et moi chahutions en haut des pistes à Klosters et où les photographes nous avaient prises en flagrant délit. Nous étions belles-sœurs, nous étions amies et nous faisions les idiotes. C'était peut-être immature de notre part, mais nous étions *jeunes* après tout.

J'étais une spécialiste de la « bonne ambiance ». J'essayais de tout rendre amusant, même à Windsor Castle où j'organisais des jeux de société après le dîner et la première soirée dansante de Noël. Même si la Reine avait eu l'air d'apprécier mes initiatives, certains « employés de La Firme » trouvaient cela beaucoup moins convenable.

Mais je ne pouvais pas changer ma façon de faire. J'avais toujours joué la rigolote de service, à Hurst Lodge comme à des centaines de soirées, seulement, maintenant que j'étais duchesse, tous les amplificateurs de la cour royale étaient focalisés sur moi. J'étais la grande magicienne du rire et, si ma voix était trop sonore et mes plaisanteries sans limites, j'avais de bonnes raisons. Je devais détourner l'attention afin d'empêcher quiconque de remarquer la petite femme terne que j'étais. Parce que j'étais certaine de n'avoir aucun intérêt.

Mon premier crime lèse-décorum date de 1987, alors que j'étais encore adulée. Le prince Edward m'avait demandé de participer à « C'est un knock-out royal ! », un jeu télévisé sur la BBC qu'il avait organisé pour une œuvre de bienfaisance. Il me semblait faire preuve d'esprit de famille en acceptant ainsi qu'Andrew et Anne l'avaient fait. Tout le monde avait approuvé. Quand Charles et Diana ont décliné l'invitation, je me souviens de m'être sentie fâchée – je trouvais qu'ils manquaient d'esprit sportif, qu'ils ne soutenaient pas la famille comme ils l'auraient dû.

Plus tard, je compris à quel point ils avaient fait preuve de discernement – on ne peut pas se prêter à n'importe quoi lorsqu'on est une Altesse royale.

Le jeu était structuré autour d'une série d'épreuves comiques : course sur une flaque d'huile, jets de seaux d'eau et lancers de tarte à la crème. Des célébrités comme Jane Seymour ou Christopher Reeve constituaient les équipes, et nous, membres de la Famille royale, en costume médiéval, les encouragions du bord de la piste.

Ce jeu bon enfant soutenait une bonne cause, mais il se révéla un désastre en termes d'image. Harold Brooks-Baker du *Burke's Peerage*, reniflant comme un homme en proie à un gigantesque rhume des foins, déclara : « Il est extrêmement dangereux pour les membres de la Famille royale de se conduire de cette façon. Ce genre de comportement pourrait mener à une république. »

J'étais prête à recevoir ma part de critiques pour ma participation à ce jeu. Mais je ne m'étais pas préparée à endosser le rôle de la cible *numéro un*, et c'est exactement ce qui arriva. Dans les semaines et les années qui suivirent, « C'est un knock-out royal ! », serait analysé comme ma première grosse bévue. Cela me sembla injuste. Capitaine de l'équipe bleue, je l'ai peut-être encouragée plus énergiquement et j'ai peut-être hurlé plus librement que les autres, parce que c'est dans ma nature. J'étais encore nouvelle venue dans cette famille – alors pourquoi étais-je la seule à être accusée de vulgarité et d'indécence ? Et Edward, Anne et Andrew, alors, qui m'avaient entraînée dans cette galère ? Pourquoi devais-je seule être blâmée ?

Je vois maintenant, mais c'est trop tard, comment le jeu s'est noué entre les médias et l'Entreprise. Comment je me suis laissé abuser. Tout le monde, à part moi, avait lu le règlement et, quand j'ai pu enfin mettre la main dessus, il était en latin de cuisine et je n'ai rien compris. On m'avait donné la corde pour me pendre et j'étais en train de faire le nœud comme un bon petit scout.

J'ai été meurtrie quand la presse a fustigé mon comportement. Blessée quand ils ont condamné mon goût vestimentaire. Mais ce qui m'a fait le plus mal, c'est quand ils ont écrit que j'étais atteinte d'obésité, ce démon que je combattais depuis l'adolescence.

Quand j'étais plus jeune et que la vie était plus simple, j'étais convaincue que le bonheur et les petits amis s'obtenaient avec un joli visage et un corps mince. Faire un régime devint une obsession. Pendant mes années Clapham, je vivais de café et de repas irréguliers et déséquilibrés. Le résultat final ressemblait à une épave : une femme sur les nerfs, terrorisée, qui s'évanouissait en plein après-midi. Chaque jour, je souffrais de migraines. Je m'empoisonnais à mort.

Après avoir rencontré Andrew qui m'avait aimée comme j'étais, je m'étais calmée. Dans une interview d'avant notre mariage, j'avais nié souffrir de troubles alimentaires : « Je ne fais pas de régime. Je n'ai pas de problème. Une femme devrait avoir une taille mince et ce qu'il faut là où il faut ; une femme devrait avoir une silhouette de femme. Je ne vais pas devenir mince. Je ne vais pas beaucoup changer. Je vais juste continuer à être moi. »

A cette époque, en réalité, je me nourrissais de viande, d'oranges et de vitamines pour pouvoir rentrer dans ma robe de mariée. Cependant, tant qu'Andrew vivait avec moi au Palais, j'étais en paix avec mon poids. Quand j'ai l'impression de maîtriser ma vie, mon poids suit. Mais lorsque Andrew me laissa, ma discipline aussi me quitta et j'ai un métabolisme qui laisse peu de marge de manœuvre – un plat de pâtes me fait prendre un kilo que je mets trois jours à perdre.

Pendant notre mariage, je n'ai cessé de prendre et perdre du poids, même si je n'ai jamais été aussi grosse que pendant ma première grossesse. La plupart du temps, j'avais une silhouette tout ce qu'il y a de plus normal – pas parfaite, mais rien qui aurait pu faire peur à un enfant à la nuit tombée.

Mais ce n'était pas suffisant pour la presse à scandale, ou, en tout cas, cela ne l'était plus. Ils avaient un nouveau personnage de bandes dessinées avec lequel jouer – La Grosse et Consternante Fergie. N'ayant épargné ni effort ni argent, la presse n'allait certainement pas épargner mes sentiments. C'est l'une des pires épreuves qui attend un personnage public : même son physique tombe dans le domaine public. Les courbes de vos mensurations sont scrutées comme celles de la dette nationale. Il ne vous reste *rien*, pas même votre corps.

Quand ce personnage public est une femme, elle est doublement vulnérable, les journaux peuvent l'humilier, se moquer d'elle avec un mépris, une condescendance dans la plus pure tradition des clubs de gentlemen, tout cela sous couvert « d'intérêt général ».

De tous les gros titres qui m'ont été consacrés, il y en a un qui remporte le premier prix, et de loin. Couronnant une photo particulièrement peu flatteuse, il me proclamait : DUCHESSE DE PORK !

Si horribles et humiliants qu'aient pu être ces articles, le pire, le plus décourageant, c'était leur mauvaise foi. J'aurais pu ressembler à Michelle Pfeiffer, m'habiller comme Jackie Onassis et me comporter comme Mère Teresa, en fin de compte, cela n'aurait fait aucune différence. Cela aurait obligé les rédacteurs en chef à se creuser un peu plus les méninges et à utiliser leur imagination fertile, mais ces gens ne manquent pas de ressource – ils auraient trouvé un autre biais.

Objectivement, j'étais une personne plus triste et plus solitaire en 1988 qu'en 1986, mais je ne me comportais pas différemment. Ce n'était pas moi qui avais changé, mais la façon dont on me percevait.

La Remarquable Fergie avait été un apport bienvenu de sang neuf, un produit sain de la campagne dont les parents étaient bien acceptés par la Famille royale. La Grosse et Consternante Fergie était une fille vulgaire et commune de Basington, la fille d'un serviteur royal et d'une femme qui s'était enfuie avec un étranger de langue espagnole.

La Remarquable Fergie était simple, directe, gaie et exubérante. La Grosse et Consternante Fergie était évidemment grossière, mal élevée, bruyante et sans dignité.

Les jeux étaient faits d'avance. Dans les années qui suivirent, on me reprocha successivement de mal m'habiller, puis de trop dépenser pour ma garde-robe ; de négliger mes obligations royales et dans le même temps de négliger mes enfants, et d'être quand même une intrigante ambitieuse.

Mais mon vrai problème n'était aucun de ceux-là. En fait, je n'étais pas fustigée pour ce que je faisais ou ce que je portais, mais pour *ce que j'étais* – et ça, je n'y pouvais rien. J'étais irlandaise du côté maternel, comme du côté paternel, j'étais rousse et pleine de vie. J'étais indubitablement différente des autres résidents de Buckingham Palace. Cette différence avait attiré Andrew, m'avait gagné les faveurs de la Reine et avait fait de moi une duchesse.

Et maintenant, elle faisait aussi de moi une femme à part.

J'étais un cas désespéré : la mauvaise personne au mauvais moment et au mauvais endroit. Ils ne pourraient jamais faire de moi une princesse parfaite.

Imaginez un cheval enfermé toute la journée dans une stalle totalement obscure. Un jour on le mène dans un grand champ vert et luxuriant, mais on lui interdit de galoper, de secouer la tête ou de se rouler dans l'herbe et de savourer sa liberté. On lui permet juste de brouter quelques touffes d'herbe avant de le ramener dans sa noire cellule.

J'ai été ce cheval et j'ai refusé de me plier à leur loi. Je n'ai pas voulu rester dans l'étroite stalle réservée à la duchesse d'York, un lieu où les sourires sont artificiels et la bienséance hypocrite. Je voulais n'en faire qu'à ma tête ; vivre, courir, où bon me semblait.

En dépit de ce que m'a fait subir la presse à scandale, je ne tirerais pas sur le messager. Je sais comment le compte rendu honnête d'un journaliste peut être déformé pour coller à un bon titre ; comment des rédacteurs en chef honnêtes, à la base (même ceux du *Telegraph* et du *Times*, si, si, ça existe), peuvent être poussés par la recherche effrénée du scoop à construire des histoires à partir de rien.

Les rédacteurs en chef sont, en général, pragmatiques. Dans mon cas, il ont juste fait montre de bon sens. Ils avaient décidé que leur intérêt à long terme reposait plutôt du côté du Système que du mien. Ils présupposèrent que la machinerie du Palais allait me mettre à genoux, que j'allais me rendre et partir.

Vu les règles du jeu, la rigueur et la vérité des propos

pouvaient parfois souffrir, mais cela n'était pas trop risqué : une duchesse royale ne porte pas plainte. La presse appréciait à sa juste valeur le moindre petit renseignement diffamatoire que pouvaient leur livrer – avec mon assistance, je dois l'avouer – les courtisans. Si un rédacteur en chef faisait preuve de suffisamment de loyauté et de constance, il pouvait même finir par recevoir un titre en remerciement de ses bons et loyaux services... Existe-t-il membre de l'Establishment plus fiable que le distingué Lord Rothermere, président du *Daily Mail* ?

Mais la presse a fait deux erreurs.

Premièrement, je suis partie, mais je ne me suis pas rendue.

Deuxièmement, ils ont raté une vraie bonne histoire. Le plus gros coup de leur carrière, plus gros même – incroyable, non ? – que deux adultes consentants se montrant leur affection au bord d'une piscine.

Oui, à mon avis, la presse a raté la vraie bonne histoire. L'histoire qui n'a toujours pas été racontée et qui explique comment quelques personnages de Buckingham Palace, parmi les plus inattendus, ont par leur comportement sapé la monarchie elle-même.

CHAPITRE IX

Fenêtres qui claquent

Le prince de Galles avait trouvé une formule choc. « Ce n'est pas notre personnel qui est à notre service, avait-il dit, c'est nous qui sommes au leur. »
Si la Famille royale représente le conseil d'administration de « La Firme » (la Reine en étant la présidente), les courtisans les plus influents, les fameux Hommes en Gris, sont les cadres dirigeants, ceux qui font tourner l'affaire. Tout en haut de leur hiérarchie, siègent les secrétaires personnels. Il y en a un pour chaque branche de la Famille. Ils gèrent leurs domaines avec l'aide des écuyers (une sorte de bureaucrate à épaulettes), et ils les gèrent d'une main de fer.
Ceux que j'appelle « les Hommes en Gris », cette bande de courtisans sournois et obséquieux, décident de la politique du Palais et ont directement accès auprès des membres de la Famille royale. Bien que leur charge soit quasi héréditaire, il est de bon ton que le courtisan n'entre au Palais qu'après avoir fait carrière ailleurs. La Famille royale ne paie pas bien, mais les Hommes en Gris ne sont pas à la recherche d'un gros salaire. Ils

viennent tous, après tout, de la bonne vieille aristocratie terrienne.

Une fois en poste, un secrétaire personnel est indélogeable. A moins que quelqu'un ne finisse par se rendre compte qu'il n'a pas seulement fait une petite sieste au bureau, mais qu'il est en permanence en pause café. Son inertie en fait le meilleur représentant de l'Establishment britannique, un exemple parfait de cette stabilité si prisée. Les Premiers ministres peuvent perdre des votes de confiance, les dynasties royales peuvent être renversées et remplacées par d'autres, mais les courtisans restent, inamovibles, à Buckingham Palace. Leurs visages peuvent changer, leur mission jamais. (Quoique... après un certain temps à Buckingham, leurs visages deviennent interchangeables.)

Les Hommes en Gris sont essentiellement des BCBG bien conformistes. Ils portent des costumes anthracite ou bleu marine. Parfois rayés, mais alors une rayure quasiment invisible. Et s'il fait vraiment très chaud ou qu'ils se sentent d'humeur spécialement désinvolte, ils osent un prince-de-galles gris. Des chemises à rayures ou unies, bleu pâle ou rose pâle. Une cravate classique avec l'insigne d'un régiment ou la cravate de leur ancienne école, une de ces écoles anglaises prestigieuses. Et enfin, des chaussures noires impeccablement lustrées.

Ces courtisans seniors font leur travail avec une certaine nonchalance. Ils vont à la chasse quasiment tous les week-ends, prennent un ou deux jours de congé en juin, pour Ascot, ou en septembre pour Wimbledon. Lorsqu'ils daignent enfin se montrer au Palais, ils suivent un emploi du temps immuable précisément minuté. A neuf heures trente, ils entrent tous en même temps par la Porte de la Cassette royale. Un valet de pied les débarrasse de leurs parapluies et de leurs pardessus qui vont être pliés – pliés, *jamais* suspendus.

— Déjeunez-vous ici aujourd'hui, monsieur ? demande le valet.

— Je vous le ferai savoir, répond en général l'Homme en Gris avec une certaine morgue.

Ils filent directement dans le salon des écuyers pour y survoler les journaux qui les y attendent (si par hasard, un hasard qui avait fâcheusement tendance à se renouveler un peu trop souvent, quelque chose me concerne, ils maugréent quelques commentaires désagréables, du genre : qu'est-ce qu'elle a *encore* fait, cette horrible femme ?).

Une fois terminée leur petite séance de lecture, les Hommes en Gris rejoignent leurs bureaux pour y passer ou y recevoir quelques coups de téléphone. Car ils connaissent la règle première de toute hiérarchie de pouvoir : l'influence d'une personne dépend de sa capacité de contrôler l'information. Au Palais, par exemple, Charles ne peut décrocher son combiné pour proposer à sa sœur, la princesse Anne, une action commune pour une œuvre de bienfaisance quelconque. Non, il doit en parler à son secrétaire personnel qui passe le message à l'un de ses subordonnés qui, lui-même, appelle un membre de l'équipe d'Anne qui en parle au secrétaire personnel d'Anne qui lui délivrera le message.

Une organisation des plus byzantines. Mais, quel que soit leur dur labeur, les Hommes en Gris se débrouillent toujours pour retourner au salon des écuyers à douze heures trente pour leur gin-tonic.

S'ils restent déjeuner, ils se dirigent à treize heures quinze vers la salle à manger de la Maison, réservée exclusivement aux secrétaires personnels, aux écuyers et aux dames de compagnie. Une deuxième salle à manger reçoit le reste du personnel en col blanc et la troisième les maîtres d'hôtel, les valets de pied, les chauffeurs et les femmes de chambre – et malheur à celui qui pénétrerait dans la mauvaise salle à manger !

Le thé est servi à quatre heures pile dans le salon des Écuyers et une nouvelle tournée de gin-tonic à six heures. Entre-temps, les courtisans changent parfois leurs costumes pour une autre de leurs merveilleuses tenues – les écuyers sont particulièrement superbes avec leurs uniformes et toutes leurs brillantes médailles.

**

M. Z était le DG de l'Entreprise. Il n'avait pas cinquante ans lorsqu'il avait atteint ce poste, mais c'était un homme sans âge, comme beaucoup des Hommes en Gris ; on avait l'impression qu'il était à Buckingham Palace depuis toujours et qu'il allait y rester pour l'éternité.

A l'extérieur du Palais, M. Z ressemblait à un superbe portrait en pied de l'aristocrate anglais au chapeau melon. Discrètement prédéterminé, semblant programmé génétiquement pour sa profession, M. Z pouvait être poli et charmant quand il voulait. Je suis sûre qu'il était persuadé d'être un honnête homme qui faisait correctement son travail.

Mais ce travail, comme nous allons le voir, n'était pas fait pour les pusillanimes. M. Z était celui qui imposait la loi au nom de « La Firme », sa courroie de transmission, sa voix policée, celui qui fait respecter les normes et le gardien du temple. Et même si les règles semblaient arbitraires, et loin de la vie réelle, tout transgresseur découvrait, atterré, une autre facette de cet homme : abrupt, cinglant et impitoyable.

Ce courtisan des courtisans était la voix de la Reine et il avait son oreille. Au moment où nos chemins se croisèrent, il semblait ne plus savoir où finissaient les intérêts de la Souveraine et où commençaient les siens – il avait probablement fini par croire qu'ils ne faisaient qu'un. Là où il discernait la plus petite odeur de fumée, le moindre soupçon de révolte de Palais, il brandissait son tuyau d'incendie ouvert à pleine puissance et piétinait soigneusement jusqu'à la dernière braise. Dans les batailles qui se jouaient au Palais, M. Z était beaucoup plus qu'un mandarin protégeant ses arrières ; il était le bouclier de la Reine ; le dernier rempart entre l'ordre et les infidèles.

En théorie, le but de « La Firme » était de conseiller et d'organiser la vie des membres de la Famille royale, de traduire leurs souhaits en action, de tempérer leurs excès afin de leur éviter tout embarras.

En pratique, le travail de « La Firme » était de perpétuer son propre pouvoir. Plus royalistes que la Famille royale, les courtisans géraient le club le plus prestigieux de Grande-Bretagne. Leur hostilité à l'égard des étrangers était légendaire. A l'époque de Victoria, ils appelaient le prince Albert, « l'Allemand » et ses aides de camp, « les espions allemands ». Plus récemment, le prince Philip tenta de réorganiser la gestion du Palais et se heurta à un véritable mur. A quoi bon être exclusif si l'on ne peut pas empêcher les autres d'entrer ? Et à quoi sert une sinécure si l'on devait être jugé au mérite ?

L'emploi du temps de « La Firme » engendrait l'ignorance et la bassesse comme La Bourgogne génère le bon vin. Il suscitait particulièrement une suspicion arrogante à l'égard de toute nouvelle idée ; l'influence du club « ras des pâquerettes » était vivante et bien vivante à Buckingham Palace. Aux yeux de la petite coterie des Hommes en Gris, faire preuve d'originalité était proche de la traîtrise ; la reine Elizabeth était peut-être la monarque, mais on s'inclinait d'abord et avant tout devant le Roi statu quo. Les courtisans avaient enseveli le Palais sous la naphtaline, l'avaient enchâssé dans l'ambre. Ils étaient capables de partir véritablement en guerre pour défendre le « mystère » de la Famille royale. Car, si par malheur ces membres se révélaient pareils à vous et moi, un public cynique risquait de décider qu'il pouvait se passer d'eux.

Lorsque Diana entra au Palais en 1981, elle fut rapidement ressentie comme une menace. D'abord, c'était une étrangère. Ensuite, elle bénéficia très vite du soutien du public et devint donc indépendante. Enfin, elle n'était pas aussi timide et réservée qu'elle en avait l'air – elle avait une grande force de caractère et refusa de se plier à la tyrannie intolérante de l'Entreprise. Pourtant, en dépit de leurs réticences, les courtisans se sentirent obligés de lui attribuer une place et un rôle. Elle était *trop* populaire pour qu'on l'écarte et... elle était la mère du futur héritier du trône.

Avec moi, ils eurent moins de scrupules. Je n'étais que l'épouse du fils cadet. Ils ont supporté la popularité dont j'ai bénéficié, la période « bouffée d'air frais ». Ils consentaient à attendre un peu, ils savaient exactement ce qu'ils allaient faire. Parce que l'air frais peut être dangereux. Parce que trop d'air pouvait déranger le Palais...

Trop d'air pouvait même, qui sait, souffler la maison.

Lorsque je revins d'Australie, les Hommes en Gris rêvaient de me claquer la porte au nez et de boucler les fenêtres.

A mon arrivée, « La Firme » était gérée par des courtisans de la vieille école, une variété presque sympathique. Ils avaient l'air honnêtes et justes et j'ai écouté leurs conseils.

Mais ces hommes partirent à la retraite, moururent et l'Entreprise eut sa propre relève de la garde. Il y avait (et il y a) des gens très bien au Palais, mais ces nouveaux

Maman et papa, le jour de leur mariage, en 1956.
(Archives personnelles de la duchesse d'York)

Papa reçoit un prix des mains de la reine.
(Archives personnelles de la duchesse d'York)

Ma première compétition équestre.
(Archives personnelles de la duchesse d'York)

Enfant, j'essayais toujours d'être la plus sage et la plus serviable.
(Lord Lichfield/Camera Press)

Photo de classe. Devinez qui a oublié son pull réglementaire ?
(Archives personnelles de la duchesse d'York)

Maman entourée de ses deux filles ; Jane est à droite. Ma mère était absolument géniale ; je n'ai jamais rencontré quelqu'un d'aussi énergique.
(*Archives personnelles de la duchesse d'York*)

Avec Diana, à Smith's Lawn. Amies depuis l'adolescence, nous nous sommes mutuellement soutenues, plus tard.
(*Srdja Djukanovic*)

Page ci-contre, en haut :
Rien ne pouvait nous séparer, Andrew et moi - en tous cas, c'est ce que je croyais à l'époque.
(Gene Nocon)

Page ci-contre, en bas :
Notre mariage fut grandiose, malgré les quelques frustrations dues au protocole.
(Albert Watson)

Ci-dessus : Quand Andrew me photographiait, mes yeux brillaient plus que pour les autres photographes.
(SAR le duc d'York)

C'est lors de mon voyage en Australie, en 1988, que la presse commença à s'acharner contre moi.
(Robin Nunn)

Ci-dessous : Son devoir de marin appelle une fois de plus Andrew. Pendant tout le temps de notre union, il n'a jamais passé plus de quarante jours par an en famille.
(Robin Nunn)

Eugénie vient de naître. Comme pour beaucoup de femmes, les bébés n'ont commencé à m'intéresser que lorsque j'en ai eu un.
(Gene Nocon)

Eugenie et Beatrice illuminent ma vie.
(Archives personnelles de la duchesse d'York)

Une visite familiale à bord du HMS Cottesmore, en juillet 1994.
(Archives personnelles de la duchesse d'York)

Ci-dessus : Le jour de l'annonce de ma séparation avec Andrew, ma tristesse est évidente en allant chercher Beatrice à l'école. (Robin Nunn)

Ci-contre : Mai 1992, au Windsor Horse Show, deux mois après notre séparation, je ne savais toujours pas où j'en étais. (Srdja Djukanovic)

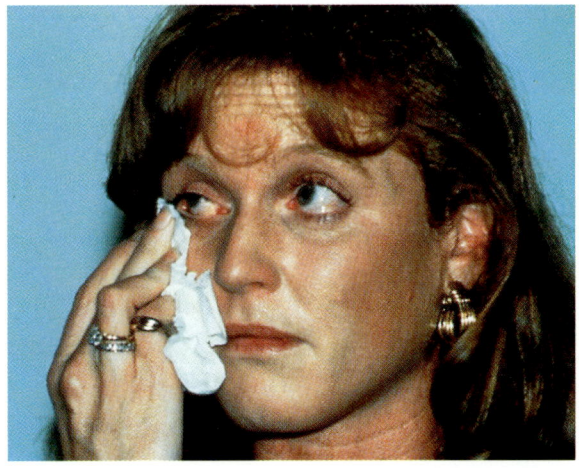

Quelques semaines seulement après la publication des photos avec John Bryan, et alors que je pensais à la déception générale qu'elles avaient pu causer, l'accueil très chaleureux des malades et de l'équipe soignante du Motor Neurone Disease Association m'a profondément émue. (Camera Press)

Beatrice et Eugenie, en route vers les écuries du château de Balmoral.
(Archives personnelles de la duchesse d'York)

Notre famille a su rester très tendre et complice.
(Archives personnelles de la duchesse d'York)

courtisans – plus dynamiques, plus nerveux, moins tolérants – étaient différents. Je crois que je leur faisais l'effet d'un électrochoc – j'étais un animal étranger à tout ce qu'ils connaissaient. Le fait que je sois, la plupart du temps, seule, sans Andrew pour me guider ou me refréner, ne m'a bien sûr pas aidée. Mais, dès le début, cette nouvelle équipe ne m'a montré que méfiance et défiance.

Ils commencèrent par lever les sourcils. Vint ensuite l'inflexion sarcastique, le commentaire cinglant dit à voix basse. Des ricanements moqueurs accompagnaient le passage de mon équipe dans les couloirs du Palais – ils étaient pratiquement aussi impopulaires que moi, car ils refusaient de potiner à l'heure du déjeuner.

Puis, je commençai à recevoir des mémos réguliers. Insupportablement pompeux du début à la fin, n'utilisant jamais une phrase mais plutôt quinze dès qu'ils pouvaient. Les réprimandes les plus désagréables étaient orales, mais suivaient un invraisemblable circuit. Un Homme en Gris téléphonait à notre secrétaire personnel pour bavarder un moment à propos de ma dernière bévue avec l'assurance tacite que ses paroles me seraient personnellement et intégralement répétées. Ce système, ce concept que servaient les courtisans avec tant d'ardeur était devenu pour eux plus important que les membres de la famille pour qui ils travaillaient.

Si les Hommes en Gris m'avaient appelée directement, j'aurais peut-être été plus encline à les écouter, même si je détestais ce que j'entendais. Mais leurs manières indirectes me hérissaient. J'aimais être directe et franche afin que tout le monde sût à quoi s'en tenir. Face à « La Firme », j'avais l'impression de me faire gronder, par secrétaire interposée, comme une écolière prise sur le fait.

La base de notre conflit ne se résumait pas, bien sûr, à notre difficulté à communiquer. Les Hommes en Gris et moi-même étions des adversaires naturels. Ils me rendaient folle, ces gardiens du temple autoproclamés et coincés. Selon leur point de vue, j'étais désespérément fantasque – sans aucun doute, était-ce dû à « des problèmes féminins ». Je n'étais pas faite de la bonne étoffe et m'accrochais à cette idée ridicule d'être « vraie ». J'avais, comme l'avait noté *The Straits Times*, « trop exposé la magie de la monarchie à la lumière fatale du jour ».

Et le comte Dracula – le grand maître des suceurs de sang – ne me contredira pas : les parasites n'aiment pas, vraiment pas la lumière du jour.

Gonflés de leur propre importance, les courtisans entreprirent de me faire rentrer dans le rang. Je suis la première à demander conseil et même à verser dans l'autocritique, mais je suis aussi rétive qu'un cheval sauvage face à des gens que je ne respecte pas. De quel droit un homme, s'arrogerait-il le droit de m'interdire d'aller en Italie pour assister à un opéra ? De quel droit me refuserait-il une demi-heure supplémentaire en compagnie d'un enfant trisomique (un « mongolien » dans le langage fossilisé des Hommes en Gris) sous prétexte que je risque de rater mon train ? Au diable ce train ! Cet enfant valait bien cette demi-heure-là.

Comme je ne me soumettais pas, les courtisans en déduisirent que je les défiais. Et le vernis ne tarda pas à se fendiller. Ils me semblaient peu sûrs d'eux, comme tous les petits tyrans ; dès qu'on remettait leurs jugements en question, ils devenaient nerveux. Leur pression à mon égard se faisait plus forte – et accroissait ma résistance. Je ne voulais, je ne pouvais les satisfaire, même quand leurs remarques sonnaient juste. Je savais qu'au fond d'eux-mêmes, ils me méprisaient et j'avais peur qu'ils n'aient raison.

Il ne pouvait y avoir de trêve entre nous. Ils ne cessaient de me juger et je n'aime pas être jugée – cela réveille immanquablement mon côté enfant turbulente, cela me rend indisciplinée et têtue. Les courtisans avaient le pouvoir de me blesser *(ont-ils parlé de moi à l'heure du déjeuner aujourd'hui ?)*, mais pas celui de me transformer. Je serai toujours différente. Je ne m'intégrerai jamais.

Bien que liés par les circonstances, les Hommes en Gris et moi n'avons cessé de prendre des chemins de plus en plus séparés. Sans le soutien et les conseils de l'administration du Palais, je dus me rabattre sur l'aide d'autres réseaux, moins officiels.

Et c'est ainsi que, moins de trois ans après mon mariage, alors que la monarchie abordait un nouveau chapitre incertain, l'Entreprise avait son bouc émissaire, une innocente à sacrifier sur le bûcher. Attentionnée comme toujours, elle avait même prévu les allumettes.

J'ai *essayé* de plaire, en 1989. On peut même dire que je me suis, pour mon apparence en tout cas, réinventée :

Phase Un, avant mon mariage royal, je m'habillais comme j'en avais envie et me fichais des accessoires.

Phase Deux, ma période fabuleuse Fergie, je fis l'erreur monumentale d'écouter les conseils de mon entourage. « *Vous êtes maintenant un personnage public et vous devez être à la hauteur de votre rôle. Vous devez faire ceci et vous devez faire cela...* »

Andrew ne m'avait jamais demandé de changer mon apparence et notre contrat de mariage ne parlait pas de code vestimentaire. Mais j'écoutais quand même. Je *voulais* être à la hauteur de mon rôle, mais j'ignorais comment m'y prendre. Je savais ne pas pouvoir compter sur mes seules connaissances en la matière.

Aussi, dès mes fiançailles, je pris Diana comme modèle. Je ne pouvais pas, bien sûr, rivaliser avec elle dans ce domaine, mais je pouvais essayer de l'imiter, d'adapter son style à ma personnalité.

C'est ce que je fis : j'y travaillai même de toutes mes forces. Lorsque j'avais besoin de plusieurs tenues pour le Royal Ascot ou une autre grande occasion, je ne pouvais me contenter d'y songer une semaine à l'avance et courir les boutiques pour les acheter. Plusieurs mois avant l'événement, je rencontrais un styliste, discutais avec lui de ce que je voulais. On me soumettait ensuite les premières esquisses. Suivaient une nouvelle discussion, des essayages, des retouches. Après quoi, le modéliste et le gantier créaient chapeau et gants coordonnés.

Ce processus était dans l'ensemble exaspérant. Mais le plus affligeant est de constater que je me suis retrouvée à la tête d'une garde-robe ridicule – il y a certaines photos que je peux à peine regarder aujourd'hui. J'étais excessivement apprêtée, de la tête aux pieds : trop chapeautée, trop coiffée, trop de volants, trop de nœuds... Je n'essayais pas de me faire remarquer ; j'essayais juste de coller à la tendance « romantique » des années 80. Mais jouer la sécurité, suivre les conventions était un mauvais calcul. J'aurais beaucoup mieux fait de me laisser guider par mon instinct, mais je n'avais pas le courage de m'y fier.

Résultat, je devins la cible, une cible inratable (au propre comme au figuré) de tous les journalistes de mode qui se moquèrent de chacun de mes faux pas. La Famille royale d'Angleterre n'a jamais été célèbre pour son chic et son goût sûr, mais je fis office de paratonnerre et attirai l'intégralité des foudres de la presse à ce sujet. Je fus même élue La Femme la Plus Mal Habillée du Monde.

J'étais complègement désorientée. J'avais pourtant suivi scrupuleusement toutes les règles – je n'ai *quand même* pas l'air aussi épouvantablement ringarde ? *Mais si, tu es affreuse*, disait mon démon intérieur... Dans ma chambre, je me plongeais dans les articles et contemplais les désastreuses photos qui prouvaient sans conteste, hélas, que j'avais échoué, en pleurant toutes les larmes de mon corps.

En 1989, j'entrai dans la phase Trois. Je cessai de vouloir ressembler à la princesse de Galles. Je choisis un style plus simple, des lignes plus nettes. Je me mis à porter plus de noir, des tailleurs de chez Yves Saint Laurent. Ce qui me valut de violents reproches : ce n'était pas un couturier anglais. Plus tard, j'adoptai une coupe de cheveux plus courte, un carré au niveau des épaules – qui provoqua un beau tollé.

J'étais déterminée à retrouver mes formes et la forme. Gudrun Johnson, un nutritionniste, me concocta un régime basses calories à base de fruits, de légumes, de poulet et de poisson grillés. Je mincis et réussis à stabiliser mon poids, même lors de ma seconde grossesse. Trois fois par semaine, je commençais la journée par une séance de gymnastique avec mon entraîneur particulier, Josh Salzman et faisais une centaine de longueurs de piscine. Rapidement, mon corps retrouva ses capacités athlétiques.

J'étais, je crois, en train de commencer à apprendre à me réconcilier avec moi-même. J'avais enfin compris qu'il était vain d'essayer d'adopter le style d'une autre, parce que le style est quelque chose de personnel.

Même si plus personne ne me traitait de « setter irlandais ébouriffé », je n'avais pourtant pas gagné la bataille. Il apparaissait, maintenant, que j'en avais trop fait pour obtenir les faveurs du public. « Nous avons transformé Fergie, notre pétillante Fergie, en une sorte de clone docile de la princesse Diana », écrivit Jane Gordon dans *Today*. « L'impétueuse et insouciante duchesse qui se moquait des conventions est devenue une future mère responsable et circonspecte... En fait, la nouvelle Fergie se maîtrise tellement que tous ses excès, ceux pour lesquels nous aimions tant la critiquer, semblent avoir disparu. »

Inutile de s'inquiéter outre mesure. Il leur fallait juste le temps de recharger leurs armes avant de se remettre à tirer à vue. Leur nouvelle offensive porta cette fois-ci sur un sujet universel, un sujet qui concernait tout le monde sauf les membres de la Famille royale, censés être au-dessus de ça.

Cette fois-ci, ce serait l'argent, et ma façon de le dépenser.

Mes parents ne m'avaient pas élevée dans l'amour des choses matérielles, mais j'avais hérité, de ma mère, en particulier, le goût des belles et bonnes choses. C'était *important* de passer de bonnes vacances, de bien manger et de joliment recevoir.

Je n'ai jamais appris à compter, même à l'époque où j'étais sans le sou. Paddy McNally et Richard Burton étaient tous deux aussi travailleurs que bons vivants acharnés et je n'eus aucune difficulté à suivre leur rythme. Je ne refusais jamais de prendre l'avion – la seule odeur de l'avion me remplissait d'aise. Je considérais les commodités que ce moyen de transport offrait comme extraordinaires.

Au moment de ma rencontre avec Andrew, je me débattais comme je le pouvais au milieu de mes dettes. J'arrivai à Buckingham Palace avec un découvert bancaire de 4 000 francs, une somme importante pour quelqu'un gagnant 90 000 francs par an et ayant pour tout patrimoine une voiture vieille de dix ans.

On aurait pu croire, cependant, que mes soucis financiers prenaient fin, puisque j'allais vivre au sein de l'une des familles les plus riches du monde.

Mais la réalité fut tout autre. Car j'avais épousé le *deuxième* fils et cela faisait toute la différence. La somme allouée sur la Liste civile à Andrew permettait de régler les dépenses afférentes à nos engagements officiels, les salaires de notre personnel et les frais administratifs. Quant à la carrière de mon époux, si la Marine royale lui offrait le gîte et le couvert une grande partie de l'année et lui donnait la possibilité de voir le monde, ce n'était pas vraiment la meilleure façon de faire fortune. Durant toutes nos années de vie commune, Andrew n'a pas gagné plus de 250 000 francs par an. Non que cela le gênât. Il n'avait jamais d'argent liquide sur lui et avait signé, au cours de sa vie, très peu de chèques; il avait l'habitude, depuis sa naissance, que l'on prenne en charge sa vie matérielle.

Mais maintenant, il avait une famille et ses finances se compliquèrent. Nous recevions une petite allocation censée couvrir les dépenses de Castlewood, mais qui ne suffisait pas à assurer à la fois l'entretien de la maison et les appointements des domestiques. La gentillesse et la générosité de la reine prenaient en charge ma garde-robe, mais là aussi, j'étais obligée de jongler. Dans les sphères où j'évoluais dorénavant, le prix d'une seule robe du soir pouvait facilement atteindre 20 000 francs, et l'argent filait à une vitesse hallucinante.

Mais j'avais à ma disposition un outil magique : un compte à la banque de la Famille royale, la Coutt's, avec apparemment un crédit illimité.

J'utilisais ce crédit... sans limites. Mais de là à me traiter de « salope opportuniste », selon l'expression d'un personnage haut placé dans les cercles royaux ! Je voyageais déjà dans des conditions très agréables et possédais des choses ravissantes bien avant mon mariage avec Andrew ; je n'avais pas besoin de l'épouser pour ça.

Je ne nie pas cependant que mon nouveau statut

m'ait permis de creuser allègrement mon découvert à la Coutt's, de façon assez impressionnante – au moment de notre séparation, en 1992, le montant de ma dette atteignait un nombre à six chiffres.

Où filait l'argent ? Une grande partie se perdait dans les dépenses pour Castlewood, puis dans celles de Sunninghill Park, la demeure dans laquelle nous avons emménagé en 1990. Dans les voyages aussi, bien sûr, surtout après la naissance de mes filles, car je les emmenais partout avec moi. Pourquoi aurais-je cessé de faire ce que j'avais fait toute ma vie, même si la presse fustigeait « mes vacances à l'étranger ». Skier me faisait du bien, n'en déplaise aux tabloïds. Je payais pour ce que je voulais – et si j'avais envie de voyager en première classe, j'achetais un billet de première classe, plutôt que de réserver en seconde et compter sur le fait qu'on allait me surclasser.

J'ai aussi dépensé de l'argent pour les soirées de Noël à Buckingham Palace. Nous profitions de cette occasion pour inviter tous ceux qui nous avaient aidés pendant l'année, pas seulement les membres de notre personnel, mais aussi les coiffeurs, maquilleurs, agents de voyages et courtiers en assurances. Nous recevions deux cent cinquante personnes dans la salle de bal. Et je tenais à leur offrir plus qu'un verre de sherry tiède et un petit four, comme en avait l'habitude le Palais. Je préférais bien faire les choses : un bon buffet, une pièce de théâtre ou une soirée sur le thème des Caraïbes.

Enfin, j'adorais faire des courses, j'étais une acheteuse impulsive. J'ai toujours aimé offrir des cadeaux. Et maintenant que j'avais la Coutt's derrière moi, je jouais au Père Noël tout au long de l'année. C'était tellement facile : tous les commerçants étaient plus que ravis de me proposer leurs marchandises.

Je n'avais pas l'impression que ma générosité était un

défaut. J'étais vraiment heureuse de montrer à mes amis que j'avais pensé à eux, cette sensation était si intense qu'elle devint presque une drogue. Mais c'est pour la Famille royale que je dépassais la mesure. Je me donnais énormément de mal pour trouver pour la Reine et la princesse Margaret des cadeaux originaux, des cadeaux auxquels personne n'aurait pu penser. Lorsque j'arrivais à en dénicher un, j'oubliais le prix : je l'achetais, un point, c'est tout.

Je voulais juste faire plaisir, et ces présents ne m'ont jamais paru spécialement grandioses, mais je n'avais jamais pris en compte l'horreur de ma belle-famille pour toute démonstration ostentatoire. La Maison des Windsor affichait modestie et humilité, et j'avais enfreint les règles de cette famille. Au lieu de me remercier pour mes présents, on me reprochait mes dépenses. *Vous n'auriez pas dû...* Ils avaient raison, je n'aurais pas dû, mais j'en avais *besoin* parce que j'avais *besoin* de leur amour et j'espérais que mes cadeaux allaient m'attirer ma part de cet amour.

Pour ma défense, je n'étais quand même pas totalement insensible à ce déficit qui se creusait jour après jour. J'ai essayé de faire des économies. Je découvris que certains couturiers étaient prêts à m'accorder une remise substantielle pour que je porte leurs modèles. Cela me sembla un marché équitable qui ne lésait ni l'une, ni l'autre des parties. Je m'étais trompée, une fois de plus : une duchesse royale ne faisait pas ce genre de choses. La presse à scandale créa un nouveau personnage aux traits outrés : « Fergie La Profiteuse », alias « Fergie La Remise ». Cette réputation me collait à la peau. Chaque fois que je sortais, j'avais beau emmener des amies dîner et payer consciencieusement l'addition, j'étais quand même dépeinte dans les journaux du lendemain comme la plus terrible sangsue de Grande-Bretagne.

Ce que ni le Palais, ni la presse n'étaient à même de

comprendre, c'est que je voulais désespérément travailler, gagner ma vie, être productive. Je n'avais jamais voulu abandonner mon poste d'éditrice, mais mes nombreux devoirs m'obligèrent à laisser tomber après *The Palace of Westminster*. La stimulation d'un vrai travail me manquait et dépendre entièrement de la Famille royale me mettait mal à l'aise (un pressentiment peut-être). Je me débrouillais toute seule depuis l'âge de dix-huit ans et j'aimais la satisfaction que l'on éprouve à se prendre en charge, et assurer son indépendance.

L'idée de mon premier livre pour enfants est née à 5 000 pieds d'altitude. A la fin de l'année 1987, pour combattre l'ennui que je commençais à ressentir pendant mes leçons de pilotage d'hélicoptère, je m'étais amusée à les transformer en aventures enfantines. J'avais surnommé mon hélicoptère « Budgie ». Et rapidement, j'avais prêté une vraie personnalité à Budgie, exactement comme je l'avais fait, enfant, avec mes chiens et mes chevaux. C'était un personnage criblé de taches de rousseur, impulsif et légèrement débraillé, le genre à mettre sa casquette de travers et avoir des taches d'huile sur le ventre...

Plutôt que de me conformer au circuit habituel de mes leçons, je me mis à suivre mon impulsion. « Je suis persuadée que Budgie préférerait tourner à gauche plutôt que de continuer tout droit », racontais-je à mon instructeur, un pilote de la Marine royale, Kevin Mulhearn, qui cédait à tous mes caprices.

Beaucoup plus tard, ma dette ne cessant d'augmenter, je rendis visite à un ami de polo de papa haut placé. Je lui fis un rapide résumé de ma situation financière et lui parlais ensuite de Budgie. « Mais c'est une très bonne idée », me dit-il. Il me mit en contact avec Mort Janklow, un agent littéraire de New York qui me fit signer un contrat avec Simon & Schuster.

Dès lors, je commençai à griffonner des idées d'intrigue sur la table d'acajou de Castlewood. Je dotai Budgie d'un ami, Pippa, un avion de guerre (Piper Warrior) ; pour le décor, je choisis de m'inspirer de mes propres vols en avion de tourisme au-dessus de la côte du Devon. Mes deux premiers livres – *Budgie le petit hélicoptère* et *Budgie à Bendicks* – parurent en octobre 1989.

C'était un moment très important pour moi, un moment de grande fierté – mais avant même l'installation des exemplaires en librairie, la presse commença à s'agiter. J'avais pourtant annoncé qu'une grande partie de mes droits d'auteur serait versée à une organisation de bienfaisance. Mais les journaux estimèrent cette part insuffisante, surtout après avoir largement surévalué ce qui allait tomber dans ma propre poche. (Depuis la première apparition de Budgie, il y a sept ans, les livres et les dessins animés m'ont rapporté à peine deux millions et demi de francs dont je donnai la plus grande partie.)

Plus tard, les journaux m'accusèrent de plagiat ; selon eux, j'avais pillé *Hector l'hélicoptère*, un livre épuisé datant des années 60. Je savais d'où venait *Budgie*, il venait tout droit de mon excentrique cervelle. Mais le message de mes accusateurs me parvint avec une éblouissante clarté. Comment aurais-je pu créer une chose originale ? Les livres de *Budgie* ne collaient pas avec l'image que s'étaient faite de moi les tabloïds : plutôt que de reconnaître une nouvelle facette de ma personnalité, ils refusèrent purement et simplement de la prendre en compte.

Mais, en réalité, il n'était question ni de charité, ni d'originalité. J'avais blasphémé, j'avais osé me mettre en contradiction avec le credo du *Burke's Peerage* : s'il était parfaitement honorable d'hériter et de ne jamais travailler, de toute sa vie, en revanche, il était totalement indécent pour un membre de la Famille royale de se souiller en exerçant la moindre activité rémunérée. Et qui plus est rémunérée pour sa valeur propre et non pour la valeur ajoutée que conférait la simple mention d'un titre.

Ainsi fonctionnait cette merveilleuse logique. D'un côté, on ne me donnait pas suffisamment d'argent pour régler mes factures, mais d'un autre côté, on me contestait le droit de gagner de l'argent. Quoi que je fasse, j'étais dans l'erreur. Ce n'était ni la première, ni la dernière fois que je me retrouvais face à ce genre de choix cornélien, mais celui-là eut des répercussions particulièrement déplaisantes.

*
* *

Lorsque mes amis se fiançaient, je leur prodiguais les meilleurs conseils. Passe le plus de temps possible avec ton conjoint, leur disais-je. Ne reste jamais absent trop longtemps. Et garde vos deux familles à bonne distance, pour pouvoir créer la tienne propre.

J'étais bien placée pour connaître l'importance de solides fondations que l'on construit lors des premières années de mariage. Quand la tempête se met à souffler, et croyez-moi, elle finit toujours par souffler, ces fondations permettent à votre couple de rester debout.

Andrew et moi étions à la maison ensemble environ un jour sur dix. Durant tout notre mariage, si l'on excepte notre lune de miel, nous avons passé exactement cinq jours en tête à tête, en vacances dans les Barbades.

Ce fut un bonheur délicieux. Mais ce ne fut pas suffisant. Mon époux avait conscience du problème aussi bien que moi. « Je suis d'abord un prince, puis un officier de la Marine, et enfin, un mari », disait-il. Voilà les priorités qui lui étaient imposées. L'une d'elles allait forcément être négligée.

« Je ne peux plus supporter toutes ces séparations », dis-je un jour à la Reine et au duc d'Édimbourg. C'était en

1987, et Andrew était stationné à Portland. Nous avions une modeste proposition à soumettre à ses parents : pourquoi n'irais-je pas vivre dans les quartiers navals, comme toutes les autres femmes d'officiers ? Je savais être capable de m'adapter à n'importe quelle situation, à partir du moment où je me rapprochais de mon homme.

Un froncement de sourcils accueillit ma demande. Cela n'était pas possible, nous dit-on. Pour des raisons de sécurité, tout d'abord, et, ensuite, parce que cela ne se faisait pas.

— Mais c'est vraiment pénible d'être séparée de lui, insistai-je.

— Eh bien, répliqua le prince Philip, les Mountbatten ont survécu, vous le pourrez aussi, je pense.

Allez, ravale tes larmes, ma vieille. Le sujet est clos.

J'aurais dû persister. Éventuellement, demander à Andrew de quitter la Marine ; il y avait certainement un autre rôle royal qu'il pouvait remplir. Il aurait peut-être été furieux contre moi, mais nous serions probablement encore ensemble aujourd'hui.

Bien sûr, j'aurais dû me battre pour moi-même, pour mon mariage et pour ce que je croyais juste. Mais, à l'époque, j'avais peur de mon ombre. Je croyais qu'une bonne épouse se tenait tranquille et essayait de tirer le meilleur parti de la situation qui lui était imposée. Je croyais qu'épouser un homme, et plus encore un prince, signifiait accepter son métier.

Je n'étais pas capable de me battre. Et Andrew, qui n'oubliait jamais que sa mère était la Reine, en était encore moins capable que moi.

Maintenant, je suis en mesure de voir comment mes démons intérieurs m'ont piégée. J'étais peut-être une Altesse royale aux yeux de tous, mais à l'intérieur, j'étais toujours cette adolescente rondelette qui pleurait en s'endormant, cette femme sans aucune assurance qui dissimulait ses appréhensions à Paddy ou à tout autre homme. A l'intérieur, je n'étais rien, je n'étais personne, une personne inexistante. Et les personnes inexistantes n'ennuient pas la Famille royale de peur d'être renvoyées.

C'est ainsi qu'Andrew et moi avons continué à nous éloigner l'un de l'autre. En 1989, nous partagions de moins en moins de choses. Jusqu'à ne plus rien partager du tout. Un mariage n'est pas fait d'événements extraordinaires ou de somptueuses vacances; non, un mariage se construit sur les petits détails de la vie, se tisse jour après jour sur le quotidien. Privés de tout cela, nous n'avions plus grand-chose en commun. Et la communication entre nous se dégrada.

Comment pouvait-il savoir ce que je ressentais si je ne le lui disais pas?

Comment pouvais-je le lui expliquer si je ne comprenais pas moi-même?

Certains soirs, au lit, je sanglotais de toutes mes forces et Andrew me demandait : « Pourquoi pleures-tu ?

– Je ne sais pas », répondais-je. Il me prenait dans ses bras pour me réconforter et je le repoussais. « Ça va, disais-je, tout va bien ». Nos galaxies étaient si lointaines l'une de l'autre que nous ne pouvions plus nous atteindre.

CHAPITRE X

Le complot s'alourdit

La solitude était une vieille compagne. Elle se glissait tous les soirs dans mon lit à Hurst Lodge, elle s'installa à Dummer Down après le départ de maman et Jane, elle rôdait près de Clapham et du Verbier.

Pourtant, je n'avais jamais été aussi seule que lorsque j'étais une duchesse. Pendant des années, j'avais bridé et contenu mes émotions. C'était cela la solitude : n'avoir personne à qui se confier. Mais, depuis quelque temps, je ne parvenais plus à cacher perpétuellement mes sentiments et, lorsque je fléchissais, je ne contrôlais pas exactement devant qui. L'angoisse qui me nouait le ventre commençait à filtrer dans mon personnage public, et ternir cette coquille brillante qui devait toujours être dans une forme éblouissante.

Charles affirmait : « Il y a le personnage public et la personne privée. » Et je lui répondais : « Pourquoi devrais-je être différente à l'extérieur et à l'intérieur ? » Charles avait compris qu'un personnage public a besoin de poser nettement la frontière qui distingue son âme de son image, la limite qui protège l'une de l'autre. Sans quoi, son âme même devient une image de plus que les médias vont pouvoir exploiter.

Dans mon cas, toutefois, le personnage public et la personne privée vivaient carrément sur deux planètes différentes. L'un était cyclothymique et invincible, l'autre frêle et famélique. Trop éloignés l'un de l'autre, ils me déchiraient en deux. (Une personne qui ment tout le temps sans cesser de sourire n'a-t-elle pas l'esprit dérangé?)

J'essayai de redevenir entière, de recoller ces deux parties de moi-même. J'ai tenté de sauver ma personne privée en niant le personnage public et j'ai fini par perdre les deux. Comme d'habitude, j'avais saboté le travail.

En avril 1989, dans mes interviews, je me mis à parler publiquement de ma solitude, à expliquer combien les critiques dont j'étais l'objet me blessaient. C'était de la folie pure! Au mieux, on me taxerait d'apitoiement sur moi-même; au pire, j'inciterais mes ennemis à m'achever.

La seule explication d'une telle conduite est que j'étais affamée d'attention. Femme de marin, je n'avais pas de compagnon, duchesse, j'étais isolée du peu de gens sur qui je pouvais compter.

Mes plus vieux amis ne m'ont jamais abandonnée, même au plus fort de la tourmente; d'une loyauté admirable, ils m'ont émerveillée. Charmants convives du dîner de la veille, il y avait toujours le risque, même infime, qu'ils ravitaillent les tabloïds du lendemain. Mes amis subissaient d'énormes pressions, et dans mon intérêt, pour moi, ils devaient rester muets comme des tombes.

Ajoutez à cela mon cauchemardesque emploi du temps, le cirque des services de sécurité royaux, et il est plus facile de comprendre pourquoi je vis de moins en moins de gens au fur et à mesure que le temps passait.

Je m'étais fait, bien sûr, beaucoup de nouveaux amis. Lorsque l'on habite Buckingham Palace, on émarge sur tous les carnets d'adresses les plus chics de la ville. Mais après le changement d'attitude de la presse à mon égard, étrangement, les invitations se firent beaucoup plus rares. Peu à peu, je me tournai vers les autres célébrités, non pas pour faire de la « jet set », mais plus simplement parce qu'ils étaient à même de comprendre ce que j'endurais. Ils étaient eux-mêmes, à un moment ou à un autre, passés par là. Ils ne me jugeaient pas d'après mes coupures de presse.

Le 2 novembre 1989, enceinte de quatre mois, j'atterris à Houston pour l'inauguration du Grand Opéra de cette ville. Je descendis chez Lynn Wyatt. Pendant cinq jours, je courus d'obligations en obligations officielles ; une représentation du *Mikado* ; une rencontre avec le maire ; la visite du centre de l'espace de la NASA ; un barbecue dans la plus pure tradition texane.

Je rencontrai ainsi Steve Wyatt, le fils de Lynn, et l'une de ses amies, Pricilla Philips. Nous nous mîmes à discuter... de la montagne, je crois, dont ils étaient eux aussi fous amoureux et, en quelques minutes, nous nous entendîmes comme de vieux copains.

Steve et Pricilla étaient beaucoup moins inhibés que les gens que je connaissais à Londres, plus ouverts, notamment aux questions spirituelles ; ils méditaient tous les deux, ce qui m'intrigua. Lorsqu'ils étaient auprès de moi, les ténèbres semblaient perdre leurs pouvoirs maléfiques.

Je n'avais plus l'impression d'être cette pauvre femme enceinte abandonnée et morose. J'avais deux nouveaux confidents sur lesquels je pouvais m'appuyer. Steve et Illa n'accordaient aucune importance à mon titre ou à mon passé. Ils me regardèrent telle que j'étais et ils aimèrent ce qu'ils virent.

Avant de rentrer à Londres, je fis escale à New York pour promouvoir *Budgie*. Lors d'un dîner organisé par

Mort Janklow, je me trouvai à la fois la voisine de Tom Wolfe et le vis-à-vis de Norman Mailer. Je demandai à Mailer de me recommander un de ses livres ; il me proposa *Tough guys don't dance*.

— Cela parle de quoi ?

Mailer me regarda droit dans les yeux et répondit d'un mot : le mot argotique qui désigne aussi la partie la plus intime du corps de la femme, et au pluriel.

L'assistance en resta pétrifiée. Mais l'on ne me choque pas aussi facilement. Paddy McNail m'avait appris à rester imperturbable et à désamorcer toutes les situations sans rabaisser l'autre.

— Vous savez, monsieur Mailer, dis-je en brisant le silence, la chose la plus intéressante pour moi en ce moment est d'observer le visage de tous les gens qui sont assis à cette table.

**

Dès mon retour des États-Unis, je sautai dans ma voiture pour rendre une visite surprise à Andrew à Portland. J'avais hâte de retrouver mon époux. Nous étions de plus en plus éloignés l'un de l'autre et notre ancienne intimité me manquait.

Andrew était surchargé de travail et ne put se libérer pour dîner avec moi. Je quittai Portland anéantie.

Ce fut au cours de l'hiver 89-90 qu'un ami me demanda de recevoir M. Ramzi Salman, le représentant des intérêts pétroliers de l'Irak. Il s'agissait d'une simple visite de courtoisie. Rien de plus.

Trois ans de pratique du système m'avaient appris à me montrer prudente. Je demandai à un des Hommes en Gris de vérifier que cela ne posait pas de problème et de s'occuper des arrangements nécessaires. Le courtisan revint me confirmer qu'il n'y avait aucun obstacle, mais qu'il pensait qu'il serait plus approprié de recevoir cet invité dans le salon blanc plutôt que dans notre salle à manger.

A vivre en circuit fermé, et c'était mon cas, on ne discerne plus ce qui se passe autour de soi, le monde et ses réalités s'estompent. Six mois avant l'invasion du Koweït, je ne me rendais absolument pas compte que Saddam Hussein était déjà considéré comme une menace par le monde occidental.

Je voulais juste rendre service à un ami qui avait été bon pour moi. Et bien que j'aie demandé conseil, supplié presque que l'on me conseille, personne à « La Firme » ne prit la peine de me prévenir que je m'avançais sur un terrain miné, un territoire diplomatiquement hautement dangereux.

Le courtisan transmit aux services du protocole de M. Salman instruction d'emprunter un parcours qui passait par l'Entrée de la Souveraine pour rejoindre le salon blanc. Pas un instant je n'ai douté qu'il pouvait en être autrement, cela me semblait naturellement adapté à toute visite officielle. Or cette porte est *exclusivement* réservée à la Reine.

Nous nous rencontrâmes dans le salon blanc, bûmes un verre et conversâmes quelques instants. Rien de bien passionnant... Menus propos sur le Palais, quelques questions polies à propos des enfants de mon invité...

Le courtisan assista à chaque minute de cette rencontre et arbora l'air ennuyé et blasé familier. A aucun moment il ne fit le moindre signe pour m'avertir. Rien ne signalait que j'avais pu compromettre les relations de la Reine avec l'émir du Koweït qui n'allait pas tarder à se réfugier à Londres. C'est pourtant exactement ce que j'avais fait.

Pis, j'avais donné un retentissement incontournable à cette histoire et impliqué tout le monde. Si j'avais rencontré M. Salman dans la salle de réception de mon appartement, comme cela avait été prévu à l'origine, s'il avait emprunté une autre entrée, notre rencontre aurait été moins remarquée.

J'avais fait un grand pas en avant dans le domaine de mon autodestruction. Un bond prodigieux, même. Je ne le savais pas à cette époque, mais cette entrevue au salon blanc a probablement scellé mon destin.

**

Le 9 mars 1990, je reçus un coup de téléphone à mon appartement. C'était M. Z qui voulait me voir dans son bureau. A onze heures. Le son de sa voix me fit tressaillir ; je distinguai sans peine la menace qui affleurait, malgré son inflexion grave et policée. Nous nous étions déjà rencontrée, croisés plutôt, mais M. Z ne m'avait jamais invitée dans son bureau pour discuter avec moi des affaires du Palais. Ce n'était pas son genre. Pas plus qu'il n'était dans ses habitudes de faire des compliments.

Je me mis à paniquer : j'étais convoquée chez le proviseur ! *Qu'est-ce que j'avais fait ? Je vais me faire gronder. Je suis désolée... Je ne l'ai pas fait exprès...*

J'étais enceinte de huit mois et demi. Le bureau de M. Z se trouvait à un kilomètre environ de mon appartement et je mis un certain temps pour y parvenir. J'arrivai devant sa porte à onze heures pile et fus immédiatement introduite. Dans son bureau, trois visages résolument fermés : M. Z, son bras droit, et un troisième courtisan. Ils ne s'embarrassèrent pas de détours et ouvrirent immédiatement le feu. Je crois, qu'ils attendaient ce moment depuis très longtemps. « Nous n'aimons pas votre comportement », attaqua M. Z en utilisant le « nous » de majesté.

Lorsque je demandai des exemples, ils se lancèrent – ils avaient une longue liste de sacrilèges commis par moi, que les trois hommes avaient visiblement appris par cœur. Ma rencontre avec M. Salman avait été des plus inconvenantes. Mais avoir fait passer un simple ministre par l'entrée de la souveraine – réservée, appris-je ce jour-là, à la Reine – était inexcusable.

(Et à quoi avais-je bien pu penser en prêtant l'une des voitures de la couronne à un de mes amis pour son déménagement ?)

D'ailleurs, puisqu'ils en parlaient, ils n'appréciaient pas mes nouveaux amis américains, ce n'était pas des gens « comme il faut ». Et je ferais bien de moins les voir.

– Vous avez fait une *énorme* erreur, dit M. Z en s'échauffant. Il était effrayant, gesticulant comme un pantin, hors de lui.

– Ne saviez-vous pas ce que vous étiez en train de *faire* ? continua M. Z. Vous avez abusé de Sa Majesté et de sa gentillesse.

Leur assaut dura une bonne heure et fut d'une brutalité terrifiante de bout en bout. Rétrospectivement, je me rends compte que les Hommes en Gris, pour oser me parler de cette manière, devaient savoir que j'étais virtuellement déjà morte et enterrée. « La Firme » se débarrassait de moi, vite et bien. J'étais irrémédiablement fichue, une imbécile, une marionnette : affaire classée.

La raison d'être des Hommes en Gris était de s'assurer que les choses se passaient « comme il faut ». Je persistais, à leurs yeux, à faire de travers. Comment pouvions-nous coexister ?

Leur semonce était bien trop appuyée, c'était dû à leur façon de me percevoir : bruyante, incontrôlable, agressive et insouciante, dangereuse. Ils ne pouvaient pas savoir que je m'étais battue cent fois déjà avant qu'ils ne lèvent le regard sur moi ; que j'étais bruyante parce que je manquais d'assurance et non le contraire, et que j'avais dû rassembler tout mon courage pour me rendre à leur bureau.

J'étais trop paralysée pour pleurer, je me contentais de subir leurs salves de reproches en silence. (*Quand je te fais une réflexion, pourquoi n'acceptes-tu pas la critique, ne dis-tu pas que tu es désolée et puis voilà, c'est oublié?*) Mais avant de repasser le pas de la porte, je réussis quand même à demander : « Sa Majesté sait-elle que vous m'avez convoquée aujourd'hui ? »

— Nous parlons au nom de la Reine, répondit l'un des courtisans d'un ton égal.

Les trois hommes formaient un seul bloc hostile.

Perdue, au bord de l'évanouissement, je parvins, malgré tout, à atteindre l'ascenseur et à retourner au deuxième étage. Le corridor ne me parut jamais aussi long. J'étais totalement bouleversée, anéantie, désespérée. Je venais d'être rejetée par la reine, par ma « Mama ». J'avais à nouveau l'impression de porter une marque visible d'infamie. Mon pire cauchemar.

A quelques portes de mon appartement, au moins soixante-dix mètres, je chancelai et m'évanouis près d'un grand piano. C'est là que Jane Ambler me trouva. Elle réussit à me relever et m'emmena directement à Castlewood où je restai au lit deux jours.

Le dimanche suivant, enfin rétablie, je rendis visite à la Reine à Windsor et osai lui demander pourquoi elle avait demandé à ces trois hommes de m'admonester — pourquoi ne m'avait-elle pas fait ses reproches de vive voix?

Mon histoire surprit la Reine ; elle n'était absolument pas au courant de cet épisode.

Un triste post-scriptum est à ajouter à la relation de cette histoire. Jusque-là, ma grossesse s'était déroulée sans problème. Selon les échographies, le bébé se présentait bien et je pensais donc accoucher naturellement. Mais, après la visite de sa mère aux Hommes en Gris, mon bébé fit quelque chose de très rare pour un fœtus de cet âge, il se retourna et se présenta par le siège.

Il avait perçu à quoi ressemblait le monde extérieur et, plein de bon sens, avait décidé de lui tourner le dos.

Une semaine avant la naissance, deux cents photographes de presse campèrent jour et nuit devant l'hôpital. Andrew, en revanche, arriva juste à temps de Plymouth où la frégate, *Le Campbeltown*, était amarrée. L'obstétricien avait, en vain, tenté de retourner le bébé. Eugenie naquit par césarienne le vendredi 23 mars à huit heures du soir.

J'ai encore la cicatrice de cette césarienne. Un petit souvenir des Hommes en Gris.

Plus j'en apprenais sur la dégénérescence neuromusculaire, plus je découvrais la somme de travail nécessaire. En tant que marraine royale, il m'incombait de trouver des fonds et d'alerter l'attention sur cette maladie peu connue. L'association dépensait plus de 15 millions de francs par an – et recevait du gouvernement une subvention d'un peu moins de cent mille francs. L'argent servait à acheter des lits électriques et des chaises à dossiers motorisées que nous prêtions aux malades; à faire fonctionner un réseau d'antennes juridiques locales mettant à la disposition de chaque famille un avocat; à offrir une aide médicale aux familles et à financer la recherche médicale.

La dégénérescence neuromusculaire affecte tout l'entourage du malade. Charleigh avait huit ans quand je l'ai rencontrée, pourtant, l'enfance l'avait déjà désertée. Son père était atteint de dégénérescence neuromusculaire; cet ancien boxeur fulminait en permanence contre sa maladie. Il vivait avec sa famille au quatrième étage d'une HLM où les ascenseurs ne cessaient de tomber en panne. Quand les parents de Charleigh rentraient le soir, la mère n'était pas suffisamment forte pour monter son mari toute seule par l'escalier. Elle réveillait donc sa fille pour l'aider – c'était soit ça, soit laisser son mari dans le hall de l'immeuble.

De tels drames étaient fréquents, et j'y étais confrontée, mais mon travail dans cette association m'apporta aussi de grandes émotions. Je n'oublierai pas de sitôt ma première rencontre avec Stephen Hawking, le président de l'Association des malades, et l'un des plus brillants esprits de notre temps. Ce professeur était cloué à sa chaise roulante, mais il n'avait pas perdu son sens de l'humour. Après m'avoir serré la main, il tapota quelques secondes sur son clavier et une voix synthétique me dit : « Excusez mon accent américain. »

Après avoir rencontré un tel homme, j'étais folle de rage de voir les malades de dégénérescence neuro-musculaire traités comme s'ils étaient des malades mentaux – des gens qu'il fallait éviter. L'isolement que pouvait provoquer cette maladie était écrasant. Les amis et les connaissances avaient tendance à être effrayés et embarrassés ; ils ne savaient comment se comporter avec une personne qui ne pouvait plus parler, et ils finissaient par s'éloigner.

Chaque fois que je participais à une conférence dont la majorité de l'assistance était atteinte de dégénérescence neuro-musculaire, l'énergie débordante qui s'en dégageait me frappait. L'atmosphère de la pièce vibrait, comme si l'air était chargé d'électricité. Toutes ces personnes réduites au silence, réunies dans la même pièce, qui essaient de toutes leurs forces de vous communiquer ce qu'ils ressentent... C'était comme recevoir une énorme vague ; Peter Candy, le directeur de l'association, l'appelait *le feu*.

Peu importait le nombre de gens qui assistaient à ces réunions, je me débrouillais pour parler à chacun individuellement avant de partir. Je refusais de me laisser presser ; quitte à être en retard pour mon prochain engagement. Ces gens avaient désespérément besoin d'être compris, de combler le fossé que leur incapacité de parler avait creusé entre eux et le monde ; j'arrivais à lire en eux et nous parvenions à établir cette conversation très intense, à sens unique. C'est difficile à expliquer, mais avec eux, j'avais l'impression d'expérimenter la sensation d'enfermement, d'être pris au piège, que leur donnait leur chaise roulante, comme si j'étais moi-même dans l'une de ces chaises.

Il pouvait m'arriver d'être présentée à un malade et la première phrase que je lui disais était : « Je vous en prie, ne vous levez pas » – je tentais de plaisanter.

— Écoutez, je sais exactement ce que vous essayez de me dire, continuais-je. Vous rêvez de vous débarrasser de cette saleté de chaise, de vous lever et de me serrer la main. »

Et je lisais dans les yeux de cet homme. *Wouah ! Elle comprend ce que je ressens.*

Je n'ai jamais regardé ces gens de haut. Je me mettais à leur niveau, soit en m'accroupissant à leur côté, soit en demandant une chaise. Un jour, je me suis levée pour dire quelque chose au milieu d'une conversation et Jane Ambler crut que je m'apprêtais à discuter avec une autre personne. Elle déplaça ma chaise et, quand je me rassis, je me retrouvai brutalement le cul par terre. Tout le monde pensa que j'étais une nouvelle émule de Charlie Chaplin ; ce gag marcha fort bien.

Il m'arriva une fois, immédiatement après l'une de ces réunions, d'aller directement chez un psychothérapeute.

— Je ne suis pas sûr de pouvoir m'occuper de vous, m'annonça-t-il. Je ne m'occupe pas des toxicomanes.

— Mais je ne suis pas droguée.

— Mais, enfin, regardez-vous ! Vous planez, insista-t-il.

Le thérapeute avait raison, j'avais pris une dose, une dose de *feu*, comme l'appelait Peter Cardy. Je me sentais totalement ailleurs, étrangère à tout ce qui m'entourait. La presse me dépeignait comme une personne méprisable, et une ou deux fois par semaine, je rencontrais des gens qui me voyaient telle que j'étais, qui savaient que je n'étais pas si mauvaise. J'étais à l'écoute et nous nous comprenions, personne ne pouvait m'enlever ça. C'était à moi, ces moments secrets, intimes. C'était ma petite récompense.

Il ne me suffisait pas d'être, encore une fois, un personnage public qui prêtait son nom et son visage à une bonne cause ; mes amis avaient besoin de plus qu'une figure de proue. Ils avaient, avant tout, besoin que l'on trouve un moyen de les guérir. Une utopie, un but inatteignable jusqu'à la première découverte importante. En février 1990, je réunis à Buckingham Palace une demi-douzaine de chercheurs de renom dans l'espoir que naîtraient de leurs échanges des idées intéressantes.

Je m'y rendais lorsque je reçus un appel de maman. Hector ne se sentait pas bien depuis des mois et ils savaient enfin ce qu'il avait : un cancer des tissus lymphatiques. Il partait se faire soigner au Memorial Sloan-Kettering de New York.

Je décidai de les y rejoindre.

**

Pour garder la presse à distance, ils installèrent Hector au neuvième étage, au milieu de patients souffrant d'un cancer du cou ou du visage. Mais là, ils avaient un problème supplémentaire sur les bras avec cette duchesse très enceinte et les gardes britanniques et les agents de sécurité du gouvernement américain qui l'entouraient. Lorsque je m'excusai auprès des infirmières pour les contraintes et le travail supplémentaire que j'occasionnais, l'une d'entre elles me demanda : « Accepteriez-vous de rendre visite aux autres malades ? Cela leur ferait beaucoup de bien. »

Il y avait à cet étage, des gens sans nez ou sans langue. Je m'assis près d'eux, leur pris la main et conversai, très à l'aise, avec eux. La seule bonne chose, lorsqu'on est un paria, est qu'on perd toute sensiblerie exagérée. Je savais ce que c'était d'être un intouchable, d'être considéré comme indigne et de le croire. Je traitai donc ces gens comme mes égaux, qu'ils étaient. Je les pris comme ils étaient.

Une bonne petite dose de gentillesse peut être un médicament fort efficace. Maman m'a raconté après qu'aucun malade de ce service n'a demandé de morphine supplémentaire ce jour-là et qu'une patiente a déclaré : « Nez ou pas nez, je rentre à la maison demain. Je viens de parler à une princesse et elle m'a dit qu'elle me trouvait très bien ! »

Je fis plusieurs fois l'aller et retour entre New York et Londres ce printemps-là. Entre chaque chimiothérapie, Hector vivait dans la ferme du Connecticut de son meilleur ami, Peter Brant. C'était pénible de voir *El Gordo* si maigre et si fatigué. Un jour, j'ai organisé un match de base-ball sur la pelouse devant la maison avec mes officiers de protection pour alléger l'atmosphère et je crois que cela a bien plu à Hector.

Cet été-là, maman m'appela d'Argentine. Ce n'était plus qu'une question de jours et Hector avait demandé à nous revoir, Beatrice et moi, et à rencontrer Eugenie. Je dus demander la permission à la Reine ; aucun membre de la Famille royale n'avait mis les pieds en Argentine depuis la guerre des Falklands et la Grande-Bretagne venait tout juste de rouvrir son ambassade. Sa Majesté me souhaita bon voyage et nous partîmes toutes les trois pour El Pucara le 28 juillet.

Hector bénéficia d'une légère rémission qui lui permit de nous regarder monter ses merveilleux chevaux près des cèdres que j'avais autrefois aidé à planter. J'installai Beatrice qui n'avait pas tout à fait deux ans, devant moi sur ma selle : ce fut sa première leçon d'équitation.

Hector et maman avaient emménagé dans une nouvelle maison au sommet de la colline quelques semaines plus tôt. Hector savait qu'il n'avait pas d'avenir dans cette nouvelle demeure. « Je ne vis pas, je survis », soupirait-il. Il avait résisté jusqu'à notre arrivée parce qu'il voulait nous voir, mais ses forces déclinaient. Le 7 août, il entra à l'hôpital de Buenos Aires. Nous quittâmes l'Argentine le lendemain, le jour du deuxième anniversaire de Beatrice. Mais auparavant, cet homme qui n'était plus que l'ombre de lui-même tint à me faire ses dernières recommandations.

— Attention, me dit Hector, ne te laisse jamais enfermer dans une situation de dépendance totale, comme celle que je vis aujourd'hui. Ne fais jamais rien que tu puisses regretter.

Je compris ce qu'il voulait dire. Le cancer n'était qu'une forme parmi tant d'autres que pouvait prendre l'aliénation.

— J'aime ta mère plus que tout au monde. Occupe-toi d'elle pour moi, d'accord ? Et n'oublie pas qu'Andrew est un homme très bon et qu'il deviendra, au fil du temps, un homme encore meilleur. Reste avec lui, conclut-il.

Deux jours après notre départ, Hector mourut. A l'âge de cinquante et un ans.

J'éprouvai un chagrin complet absolu. Je n'avais pas perdu un père ou un beau-père, j'avais perdu un ami, mon meilleur ami.

*
* *

Castlewood était un nid dans lequel je me sentais en sécurité, mais je savais que je ne pourrais pas y rester. Avec deux petits enfants, Andrew et moi devions trouver un foyer à nous. Suivant la tradition, ce serait un cadeau de la Reine. J'aurais adoré une maison ancienne, malheureusement toutes les maisons du voisinage étaient louées, aucune en vente, et il n'y avait pas de résidences royales libres plus près que le Yorkshire.

Nous choisîmes alors, avec le plein accord de la Reine, de faire bâtir notre maison. Nous trouvâmes un terrain à Sunninghill Park, près de Windsor Park et d'un lac. Nous nous plongeâmes dans l'étude des plans et des projets, cherchant des améliorations examinant chaque possibilité et discutant point par point chaque détail. Andrew et moi prîmes toutes les grandes décisions ensemble. Cette occupation était une façon de m'échapper, d'échapper à moi-même. Agir pour ne pas ressentir. Après tout ce que je venais de vivre, je préférais ne pas éprouver l'émotion de trop près.

Mon excitation augmentait au fur et à mesure que Sunninghill Park se construisait. C'est une sorte de ranch moderne, la lumière et l'espace y compensent largement l'absence de charme à l'ancienne. Ses deux hectares et demi de jardin arboré offrent un fabuleux espace de liberté. Chaque jour me rapprochait, nous rapprochait, mes filles et moi, de ce que j'espérais être notre dernier déménagement.

Jusqu'à ce que nous nous trouvions à court d'argent. Les financiers du Palais avaient signé les plans de Sunninghill, mais soudain, ils décidèrent de réduire le budget. La piscine et le tennis allaient être construits – luxe que l'on nous avait accordé, mais une grande demeure ne peut pas se passer de finitions. Le jardin n'était pas fait. Et il n'y avait pas que le terrain. Ils manquaient des moulures sur certains murs de la maison. Et nous n'avions plus d'argent pour les *rideaux*.

Lorsque le dernier ouvrier quitta Sunninghill, j'avais tiré de mon propre compte plus de deux millions cinq pour finir la maison. Une partie de cette somme venait de *Budgie*, mais ce n'était évidemment pas suffisant. D'autant plus qu'Hector avait laissé des dettes considérables à maman. Elle se battait pour garder El Pucara et je me devais de l'aider. Nous étions tous dans de beaux draps. Il nous fallait trouver de l'argent, et vite.

La solution – la seule qui se présenta d'elle-même – était une proposition de *Hello!*, un magazine espagnol qui offrit près d'un million et demi pour, selon leurs propres mots, « un regard privilégié derrière l'image publique ». Les photos seraient prises à Castlewood par un ami d'Andrew.

Lors de la parution du magazine en août, je fus sidérée. Je pensais que nous serions l'objet d'un reportage de cinq ou six pages. Il y eut en fait soixante-quinze charmantes photos de notre famille sur quarante-huit pages. C'était beaucoup trop – un peu comme de faire passer un ministre irakien par l'Entrée de la Souveraine.

Prises une par une, ces photos n'étaient pas choquantes. Andrew barbotait dans la piscine avec ses filles, lançait une balle de tennis à notre chien ; j'étalais de la crème solaire sur la peau de Beatrice, je donnais son bain à Eugenie. (Eugenie, naturellement, était nue – toute une histoire pour certains individus affligés de cette terreur si spécifiquement britannique du corps humain.)

Ma famille avait l'air heureuse, aimante, normale en fait, semblable aux autres – et c'était exactement cela notre crime. Le reportage paru dans *Hello!* avait battu en brèche le mythe fondateur de la royauté : les monarques sont d'une espèce différente. Ces photos d'un bonheur domestique trop banal ont nourri les potins des dîners en ville pendant des mois. Une fois de plus, je n'avais pas pensé aux conséquences. J'avais sauté à pieds joints là où les Royaux avaient le plus peur d'avancer.

— Un des actes les plus dangereux jamais perpétrés par un membre de la Famille royale, déclara l'omniprésent Harold Brooks-Baker.

— Nous n'avons pas besoin d'une famille royale qui se comporte comme une famille de feuilleton télé, ajouta l'écrivain Barbara Cartland entonnant l'air de l'Establishment et elle chantait parfaitement juste. Pourquoi pas des photos de la Reine Mère en train d'entrer dans son bain après s'être déshabillée ?

— Si la Famille royale perd son mystère, elle n'a plus de raison d'être. La jeune génération ne semble pas le comprendre. C'est très bien qu'ils aient envie de plaire, mais, là, cela va trop loin.

Andrew était en mer lors de la parution de ce reportage. Ce serait à moi, me dit-il, de parler à sa mère ; il ne pouvait tout simplement pas s'en occuper.

Je rassemblai tout mon courage et rejoignis la famille sur le *Britannia* pour dix jours de pénitence. Dix jours de commentaires acerbes de l'Entreprise sur mon manque de discernement et mon intolérable inconvenance.

— Vous avez, une fois de plus fait preuve, d'un comportement absurde et amoral, me dit un Homme en Gris, me tapant une fois de plus sur les doigts avec sa règle en fer. Vous vous êtes mal conduite et je ne pense pas que cela ait beaucoup plu à Sa Majesté.

Et quand je ne respectais pas la discipline, j'étais exclue ; comme atteinte d'une horrible maladie tropicale.

Il n'y avait aucun doute sur celle qui devait payer les pots cassés. Andrew était le fils de la Souveraine et devait être protégé. Peu importe qu'il faille être deux pour danser le tango, que le visage souriant de mon mari s'étale à côté du mien dans *Hello!* La *ligne du parti* ne se discutait pas : j'étais une sorcière avide et cupide qui avait ensorcelé son pauvre duc de mari. Nous revivions « C'est un Royal Knock-out! » une fois encore.

Les photos de Castlewood était un nouveau clou de cercueil ajouté à la collection des Hommes en Gris.

Mais je n'avais pas *voulu* être aussi mauvaise — ne le voyaient-ils pas? J'avais, comme d'habitude, d'excellents mobiles; j'avais essayé de me débrouiller par moi-même, de faire preuve d'initiative, mais j'avais, une fois de plus, utilisé la mauvaise méthode. Mais une intrigante? Ils continuaient à m'accorder des qualités que je n'avais pas. J'étais une Ferrari sans freins, lancée à trop grande vitesse pour réfléchir; ce ne fut qu'en regardant le rétroviseur que je m'aperçus que je courais droit au désastre.

Plus simplement, mon crime était moins une question de forme que de fond – moins ce que j'avais fait que ce que j'étais ou ce que je n'étais pas. Quelques mois après ma dernière disgrâce induite par ce reportage, la BBC programma *Elizabeth R*, un documentaire sans précédent qui racontait une année de la vie de Sa Majesté. A côté des images de cérémonies et des voyages officiels, ce film montrait aussi des moments plus intimes de la vie de la Reine, des... « derrière la pompe » : la Reine examinant un cheval de course à Sandringha ou applaudissant son favori à Epsom Downs; la famille en train de plaisanter le jour du baptême d'Eugénie; la Reine emmenant Beatrice faire un tour de poney à Balmoral.

Personne ne poussa les hauts cris ni même ne fronça un sourcil lorsque ce documentaire passa à la télévision. Ni Barbara Cartland, ni le *Burke's Peerage* ne bronchèrent. A croire que la lumière du jour n'était pas si terrible, lorsque c'était la Reine elle-même qui ouvrait les volets.

Le jour de notre déménagement approchait et j'étais submergée. Andrew était absent, toute la logistique m'incombait, et c'était trop. J'étais perpétuellement en colère. Une colère rentrée que je n'exprimais jamais. Je pleurais sans fin. (J'étais encore une fois au régime, un régime, très sévère, et cela n'aidait pas.) Et je ne parvenais pas à me débarrasser de cette peur diffuse : ma vie n'avait rien à voir avec qui j'étais en réalité.

Le vendredi 5 octobre, je commençai la journée par un rendez-vous avec mon coiffeur à huit heures, puis descendis en voiture à Gloucester pour le service commémoratif d'Hector. Grummy m'avait demandé de lire un texte.

– La mort n'est rien, commençai-je d'une voix tremblante, je suis juste passé dans la pièce à côté...

Je crus chaque mot que je prononçais ; j'avais peur de beaucoup de choses, mais pas de la mort. Hector me manquait terriblement (et il me manque toujours autant aujourd'hui), mais j'avais toujours accepté avec sérénité la mort des gens. Ils passaient dans un autre endroit, un meilleur endroit. Et j'étais d'accord avec les Amérindiens – si l'on a vécu chaque jour pleinement, alors chaque jour qui vient est un bon jour pour mourir.

Je crois aussi que la mort, à cette époque, me semblait attirante. La paix qu'elle apportait, en tout cas. Parce que, dès la fin de ce service, je dus me replonger dans le tourbillon effréné qu'était ma vie. Je me précipitai à Castlewood pour finir de préparer notre déménagement. A quatre heures trente, je changeai de tenue et me pliai à un raccord de maquillage et à un nouveau coup de peigne. A huit heures du soir, j'accueillais avec mon plus beau sourire deux cents personnes en grande tenue de soirée.

C'était notre pendaison de crémaillère et je tenais à ce que tout le monde s'amuse.

Voilà un exemple parlant de la vie de folie que je m'obligeais à mener. Nous avions fini de déménager l'après-midi même. Et les notes du service religieux en mémoire d'*El Gordo* retentissaient encore dans mon esprit. Et moi, j'étais là, toute pomponnée, dans une robe du soir sublime, à jouer la parfaite hôtesse, pleine d'attentions pour chacun des invités. J'ai toujours eu de l'énergie à revendre, mais ce jour-là, j'avais vraiment présumé de mes forces.

Nous aurions pu changer la date de cette soirée, mais, pour moi, il n'en était pas question. *Je maîtrisais la situation, toutes les situations ! Qui oserait en douter ?* Sourde à la douleur qui m'étreignait, aux larmes que j'avais tant besoin de verser, je m'agitais comme une balle de flipper qui accumulait les points et les bonus dans un jeu sans but ni fin.

Le lendemain, le 6 octobre, Andrew retourna sur son navire et j'assistai au dîner d'une fondation sportive. Le jeu continuait.

*
* *

Je savais que nous allions essuyer quelques critiques au sujet de Sunninghill, mais je fus prise de court par leur férocité. Les journaux à scandale s'amusèrent à la baptiser « Southyork », en référence à l'énorme ranch du feuilleton « Dallas », Southfork. Une fois de plus, j'essuyai seule le plus fort de l'attaque, comme si j'avais eu seule l'idée de faire construire cette maison. Mais, de toute façon, le problème n'était pas là. Sunninghill était notre rêve, notre création. Personne n'avait le droit de le mettre en pièces.

Dans le même temps, mes dettes continuaient de s'alourdir. Une maison plus grande signifiait plus de personnel : un valet, une nanny, un cuisinier et un maître d'hôtel, sans compter les domestiques du week-end.

Évidemment, j'aurais pu relever mes manches et me charger du travail supplémentaire qu'occasionnaient les fins de semaine, mais j'avais d'autres priorités : mon quota, tout d'abord. En 1989, j'avais quasiment réussi à atteindre la première place, avec trois cent vingt-sept engagements officiels. En 1990, je fus la dernière avec seulement cent huit obligations – dix de moins que la Reine Mère, notèrent perfidement les tabloïds. Elle avait quatre-vingt-dix ans à l'époque.

Cette soudaine baisse inspira toute une rafale de gros titres (comme « La Princesse royale la plus paresseuse, la duchesse de Doolittle », en référence à Elisa Doolittle, le personnage de Shaw, dans *Pygmalion*). Je n'avais que l'embarras du choix, j'étais une bonne à rien qui errait sur les pistes de ski suisses ou une adoratrice écervelée du soleil de la Riviera. Personne ne releva que cette année-là, j'avais été, à ma petite façon, occupée. J'avais mis un enfant au monde, j'avais perdu mon beau-père et organisé notre emménagement à Sunninghill.

De plus, j'en avais fait beaucoup plus qu'il n'y paraissait ; je n'arrêtais pas, en fait. En 1990, j'étais présidente de quatre organismes de bienfaisance et j'en parrainais douze autres. Il pouvait se tenir jusqu'à cinq réunions par jour – même sur le point d'accoucher, je restai au courant de ce qui se passait.

Grand nombre de mes activités n'étaient pas comptabilisées par le « Bulletin de la Cour » ; les visites privées que je rendais aux malades neuromusculaires chez eux ou à l'hôpital de Clapham ; mes déplacements dans les bureaux administratifs des associations caritatives ou les réunions dans ma salle à manger du Palais ; les coups de téléphone, les briefings de mon équipe et les milliers de lettres que je tenais à écrire de ma main. Mes « chiffres » en souffraient.

De temps en temps, j'acceptais un engagement qui se révélait une véritable folie, mais je tenais toujours mes promesses. Ma sœur m'avait demandé de participer à une réunion de malades neuromusculaires en Australie, je m'y suis rendue en avion, du Portugal et suis revenue à Londres dans la même journée.

Je mentirais en prétendant que je ne tenais pas le compte de mes activités. Mon besoin d'excellence et de perfection me taraudait toujours ; plus ils m'accusaient de ne pas être à la hauteur, plus il me fallait prouver qu'ils avaient tort. Personne ne pouvait être plus occupée que la duchesse d'York ; je ne pouvais pas l'accepter. Ralentir apporterait de l'eau à leur moulin – et me convaincrait que j'étais bien un escroc. (Ralentir risquait aussi de m'obliger à écouter cette petite voix intérieure.)

Il m'arrivait, rarement, mais cela m'arrivait quand même, d'avoir un sursaut de bon sens. « Nous sommes tous deux esclaves de nos stupides devoirs. Nous sommes en train de gâcher notre vie ! » me suis-je un jour plainte à Andrew. Je me raccrochais pourtant à l'idée que je me faisais d'une épouse, même à temps partiel. Ainsi, une semaine après notre pendaison de crémaillère, alors que j'avais passé la journée à Londres en réunion avec des membres de l'association contre les maladies neuro-musculaires, je me précipitai pour

Le complot s'alourdit

rejoindre mon époux à un week-end de chasse – pour de nouvelles clowneries avec Bunty! Nous rentrâmes le dimanche, mais, comme Andrew avait une petite permission, nous sommes immédiatement repartis pour Northampton pour deux jours.

Les enfants ne nous accompagnaient pas lors de ces petits voyages et je ne les voyais pas beaucoup pendant la semaine. J'avais tout le temps l'impression déchirante de voler du temps à mes filles. Je culpabilisais en permanence. Cela me brisait le cœur quand Beatrice demandait à sa nanny, « oh, pourquoi est-ce qu'on ne peut pas aller vivre là où maman habite de temps en temps ? » Elle parlait du Palais où je disparaissais plusieurs jours de suite. *(Peut-être suis-je une mauvaise mère. Après tout, on ne peut tout mener de front...)*

Hector était mort et je devais gérer cette immense maison...

Le monde semblait m'échapper, je n'arrivais pas à trouver une prise.

CHAPITRE XI

La pause

Pour les « joyeuses épouses » de Windsor, comme la presse nous appelait, Diana et moi, l'année 1991 avait été agitée. Toutes les deux, nous avions avancé à l'aveuglette dans l'obscurité – nous étions des aveugles dans un cauchemar digne des frères Grimm. Nous ne savions pas où nous allions, mais nous savions que nous ne pouvions pas nous arrêter, même un court instant.

C'est cette année-là que, pour la première fois, nous mîmes des mots sur une sensation qui nous taraudait depuis quelques temps : l'une de nous, peut-être toutes les deux, risquait de quitter la Famille royale. Nos lignes de téléphone grésillaient jusque tard dans la nuit. Nous échangions des confidences et des plaisanteries que personne, hormis nous, ne pouvait comprendre. « La Firme » était au courant de notre entente, qu'elle voyait comme une puissante et très inquiétante conspiration. Elle déploya tous les moyens possibles pour nous diviser. Les courtisans voulaient isoler Diana qui pouvait devenir la future reine. Ils inventèrent donc un nouveau scénario : Diana, comme Andrew, était une innocente victime de mes ruses et de mon influence maléfique. Dans cette nouvelle répartition des rôles, j'étais la pécheresse et Diana la sainte ; j'étais la méchante sorcière et elle, une sorte de gentille fée. (J'étais gratifiée de tant de pouvoirs à l'époque.) C'était une construction d'autant plus absurde que quiconque connaissait Diana savait sa détermination, et qu'elle n'était pas spécialement influençable.

Plus nous sentions l'hostilité nous entourer, plus notre conduite devint scandaleuse. Lors d'une soirée d'été, qui nous semblait à Diana et moi interminable et ennuyeuse, nous nous éclipsâmes ensemble par la porte principale pendant que le monde prenait le café en grignotant des chocolats. Malgré nos robes longues, nous enfourchâmes toutes les deux une des motos du service de sécurité, et enhardies par l'obscurité, nous allâmes faire un tour sur le terrain de golf et – ce n'était pas intentionnel, je le jure – le green fut endommagé pour la partie du lendemain. Soudain, nous nous trouvâmes devant le pavillon occupé par M. Z et sa famille. Nous ne pûmes résister à la tentation : nous avons sonné à sa porte en pouffant. Il n'était pas loin de minuit et M. Z quand il ouvrit, n'eut pas l'air d'apprécier la plaisanterie. Un autre *très* mauvais point en ma faveur...

Son expression nous fit exploser de rire, un énorme fou rire hystérique. C'était typique : face à « La Firme » nous n'avions que deux réactions extrêmes possibles, rire ou pleurer.

Revenues à Balmoral Castle, nous nous emparâmes de la Daimler de la Reine Mère, une authentique antiquité. Diana s'installa à l'avant, se vissa une casquette de chauffeur sur la tête et prit le volant. Je m'assis à l'arrière et allumai toutes les lumières pendant que nous roulions sur l'allée en gravier.

– Plus vite, Smithers !

Diana appuya sur l'accélérateur et fit plusieurs fois le

tour du château à toute vitesse en faisant crisser les pneus. Ensuite, nous remîmes la Daimler à sa place – personne ne nous avait vues, c'est une bêtise pour laquelle nous ne nous sommes pas fait prendre.

Évidemment, comme vous pouvez vous en douter, mes plaisanteries n'étaient pas appréciées de tous les membres de la Famille royale. Un soir, à Windsor Castle, en allant dîner, je passai devant la porte verte matelassée qui séparait la partie réservée à l'aristocratie de la zone dévolue aux domestiques, et je vis par le hublot un maître d'hôtel que je connaissais. Je lui fis signe en l'appelant par son nom.

Eh bien, c'était encore une chose qui ne se faisait pas. Les autres membres de la Famille royale ne condescendent jamais à agir ainsi. Certains, en fait, ne connaissent pas le nom des gens qui travaillent pour eux.

Le duc d'Edimbourg dit en me jetant un regard glacial, « N'avez-vous pas passé l'âge de flirter avec le personnel ? »

Je savais qu'il avait raison. Mais une fois de plus, cherchant juste à être polie, j'avais maladroitement outrepassé les limites. Ce soir-là, pendant le dîner, j'eus l'impression de me retrouver à Sandringham, cette toute première fois où je confondais rois et comtes et ne cessais de me prendre les pieds dans les chiens et les tapis. J'étais assise à côté du prince Philip, bien sûr, et je n'osais pas ouvrir la bouche. Je n'arrêtais pas de penser à ma gaffe et au mépris qu'il devait éprouver pour moi. Finalement, pour dire quelque chose, je lui demandai s'il s'était entraîné avec son attelage dans la journée – une question idiote qui reçut la réponse qu'elle méritait, car le prince Philip entraînait ses chevaux tous les jours.

Dans ces moments-là, comme Alice, je m'agitais, je mangeais ceci et buvais cela, j'étais trop grande ou trop petite, je faisais tout de travers. Et comme Alice, je ne parvenais jamais à satisfaire la Reine de Cœur.

Ce qui est horrible lorsqu'on est frappé d'ostracisme, c'est que tout ce qui vous concerne est amplifié. Toute l'attention était focalisée sur moi. Comme mon chien, dont la couleur le rendait immédiatement identifiable, on ne voyait plus que moi, et on me rendait responsable de tout ce qui allait de travers. Quand l'adresse de la petite amie d'Edward, Sophie Rhys-Jones, fut donnée à la presse, Edward décida sur-le-champ que j'étais responsable de cette indiscrétion. Il adressa une lettre à Andrew qui disait en substance, *essaie donc de maîtriser ta femme!*

Mais ce n'était pas moi; je ne joue pas à ces petits jeux-là. Mais les familles s'érigent si vite en juge...

Pendant l'hiver 1991, j'ai beaucoup pensé à celle pour qui un roi renonça au trône, par amour, et grâce à qui, en quelque sorte, Elizabeth est devenue reine. Bizarrement, des roses continuaient à fleurir dans le jardin de Sunninghill, défiant le froid de l'hiver. J'ai cueilli un bouquet et j'ai été le déposer à Frogmore, le mausolée royal. Oui, j'ai mis ces fleurs obstinées sur la tombe de madame Wallis Warfield Simpson, une autre femme qui n'avait jamais réussi à s'intégrer.

« La Firme » se faisait de plus en plus agressive. On me « conseilla » fermement d'annuler un séjour de ski, parce que c'était « une mauvaise idée ». Ma vie m'échappait littéralement, je me mis à paniquer. Acculée, je n'avais d'autre solution que de me battre, de rendre coup pour coup. Je refusai qu'un homme bedonnant me dicte ma conduite et m'interdise d'emmener mes enfants en Suisse – je partirais quoi qu'il arrive!

Même si je sortais victorieuse de quelques escarmouches, j'étais facilement débordée. Lorsque la guerre du Golfe fut sur le point d'éclater le 15 janvier 1991,

La pause

j'écourtai mon séjour à Klosters et retournai immédiatement à la maison avec mes filles. Trois jours plus tard, alors que les informations nous montraient la tempête de bombes qui s'abattaient sur l'Irak, la presse exhuma des archives une photo de moi sur les pentes de Klosters pour « authentifier » le fait que « Fergie n'a même pas pris la peine de rentrer ». Ils me faisaient passer pour une idiote insensible, un papillon mondain sans cervelle. Je savais que c'était faux, mais le public britannique le crut – pourquoi ne l'aurait-il pas fait ?

Je me battais sur deux fronts à la fois. Contre la presse et contre « la Firme » et je n'avais aucune chance de gagner. La seule question était de savoir quand j'allais me rendre – et si j'allais sauver ma peau.

Grummy avait un succès fou avec la Famille royale. La Reine, reconnaissant une âme sœur, a tout de suite aimé ses manières simples et franches. Grummy était venue à mon mariage en chaussures de sport – ses pieds douloureux ne supportaient plus aucune paire de souliers, insista-t-elle – et eut la même saine réaction lorsque nous partageâmes un carrosse pour le Royal Ascot.

Lorsque je vivais au Palais, avant la naissance de mes filles, je rendais visite à Grummy et à son labrador noir dans le Wiltshire chaque semaine. Elle avait à l'époque largement dépassé les quatre-vingts ans et n'avait pourtant pas changé depuis mon enfance. Elle riait tout le temps et continuait à s'occuper de son jardin et à broder de superbes tapisseries. Elle avait toujours ses manières impeccables, sauf lorsqu'elle sacrifiait, chaque soir, à son petit rituel : elle prenait un de ces biscuits qu'elle conservait dans une boîte près de son lit et tous les soirs elle en perdait son dentier.

Grummy faisait faire ses lits avec des draps en lin irlandais et sa maison était si froide que, lorsque je passais la nuit chez elle, je grelottais sans pouvoir fermer l'œil. Mais tout cela n'avait pas d'importance parce que, avec ma grand-mère, la vie était toujours belle. Lorsque ma vie au palais me déprimait trop, elle m'offrait une de ces maximes pleines de sagesse.

« Pour obtenir quelque chose de bon dans la vie, il faut faire des sacrifices. »

Ou « sois contente de savoir ce que tu sais ».

Ou encore « le simple fait que quelqu'un t'aime en ce bas monde est plus important que tout le reste ».

Celle-là, c'était ma préférée, parce que je savais que Grummy m'aimait, m'avait toujours aimée et m'aimerait toujours. Tant que je restais dans cette glacière qui lui servait de maison, j'étais en sécurité.

Grummy, jeune fille, s'était brisé le pelvis alors qu'elle montait en amazone un cheval hargneux qui se débarrassa d'elle en la projetant contre un mur. Plus tard, elle vécut deux accidents de voiture et développa de l'ostéoporose ; à la fin de sa vie, elle prenait des stéroïdes. Toute sa vie, elle fut tourmentée par les souffrances physiques, mais ne se plaignit jamais. Lors d'une opération à la hanche, l'anesthésiste eut la main un peu légère. Ils s'apprêtaient à opérer lorsque Grummy leva la tête vers le chirurgien et dit : « Jeune homme, je crois qu'il me faut une dose supplémentaire... Vous n'êtes pas en train de découper le jambon pour le petit déjeuner, vous savez ! »

Elle avait accompagné toute ma vie, et si elle m'avait toujours semblé vieille, elle avait toujours été d'un formidable dynamisme ; et elle m'était si essentielle que je ne pouvais concevoir qu'elle puisse disparaître. C'est ce que Grummy fit pourtant au mois de mai de l'année 1991.

Depuis, je suis seule, vraiment seule.

La pause 229

**

Les événements de l'*annus horribilis* étaient en germe depuis longtemps. En mai 1990, j'étais partie pour de courtes vacances sur la côte marocaine avec Pricilla. Nous y allâmes grâce à un avion prêté par Peter Palumbo et avons séjourné à La Gazelle d'Or, une résidence de vacances normale, ouverte au public, où j'ai payé la note. L'endroit était idyllique ; cinq jours là-bas sans incidents et passés inaperçus – du moins le croyais-je.

Je n'avais encore aucun moyen de savoir qu'un indicateur anonyme avait appelé *Today*, un journal londonien, et leur avait dit que Steve Wyatt était avec moi au Maroc – un mensonge éhonté.

En 1991, après le départ de Londres de Steve, le danger d'un coup monté semblait suffisamment réel pour faire fouiller l'appartement de Belgravia de fond en comble. Il n'y avait rien.

Plusieurs semaines plus tard, un laveur de vitres passa dans l'appartement pour le préparer à l'intention du prochain locataire. Dans la chambre d'ami, il trouva plusieurs petites boîtes en plastique en haut d'une bibliothèque. A l'intérieur, plus d'une centaine de photos.

Les photos finirent par atterrir à la rédaction du *Daily Mail*. Le 15 janvier 1992, le *Mail* titrait en une : LE MYSTÈRE DES PHOTOS DE FERGIE. Dans les deux jours qui suivirent, la presse à scandale consacra plus de quarante pages à cette histoire. (*The Times* et *The Telegraph* montrèrent peu d'intérêt et la BBC l'ignora totalement.) Le bureau de presse du Palais, ne se précipitant pas vraiment à mon secours, se contenta d'un sec « no comment » qui ne fit qu'aiguiser un peu plus l'appétit des journaux...

L'histoire qu'ils avaient inventée était la suivante : Steve m'avait emmenée au Maroc dans *son* avion et était resté avec nous tout le temps de notre séjour. Pour étayer cette fable, le *Mail* ne trouva rien de mieux que de publier des reproductions à l'aquarelle de la découverte du laveur de vitres. (Les originaux saisis avaient été remis à notre écuyer par New Scotland Yard.) L'illustration la plus « scandaleuse » nous montrait Steve et moi, en short et sweat-shirt, sur une balancelle en bois, dans une pose insignifiante, comme aurait pu en avoir un beau-père avec sa bru. Sur une autre, Steve posait avec Beatrice. Selon les journaux toujours, Andrew était fou de rage de voir un autre homme jouer un rôle de père auprès de sa fille.

Un tissu d'inepties. Toutes ces élucubrations étaient construites à partir de photos inoffensives et de « faits » fabriqués. Les photos découvertes à Belgravia avaient, en réalité, été prises à deux occasions différentes, dans deux endroits différents. On apprit plus tard (rien de surprenant pour moi) qu'elles avaient été développées à des dates différentes. Les photos où apparaissait Steve dataient d'une réception, chez lui, dans le Gloucestershire, où j'étais passée déjeuner.

Effectivement, un vrai « mystère ». New Scotland Yard mena une enquête qui ne donna rien. Mais une « source policière » confia à la presse une évidence : ces photographies avaient peut-être été placées là pour me nuire, « l'une des manœuvres d'un complot pour ternir son image et détruire son mariage ».

Pendant que les photos du Maroc répandaient leurs fielleux sous-entendus, « ils » préparaient des événements beaucoup plus importants. Ils n'avaient encore qu'approché l'allumette de la mèche qui allait tout faire sauter. Pour moi, c'était la fameuse goutte d'eau qui fait déborder le vase. Oppressée par les insinuations malveillantes, moquée par la presse et harcelée par les courtisans, enchaînée par un rythme de vie programmé qui ne me laissait jamais le temps de souffler, j'avais atteint mes limites. Mon cerveau me donnait l'impression d'être sur le point d'exploser.

Je portais un fardeau trop lourd et j'avais continué, envers et contre tout, ployant sous le joug, comme papa me l'avait appris. Mais maintenant mes angoisses intimes transpiraient salement. Je me donnais en spectacle, chose qu'un membre de la Famille royale ne doit, ne *peut* jamais se permettre. Pis encore, je disais ce que je pensais vraiment, une excentricité uniquement pardonnée aux fous (voir *Le Roi Lear*) et aux hérétiques (voir « La Tour de Londres »).

De fait, ma dernière interview avant ma mise en liberté provisoire suintait la folie...

— Il est très difficile d'avoir une quelconque intimité, disais-je à la journaliste indépendante, Georgina Howell. En réalité, je ne jouis d'aucune intimité. Oh, il arrive que nous n'ayons personne à la maison (Sunninghill) et que nous puissions passer une soirée en famille. Parfois, je donne aux domestiques leur soirée et je vais à la cuisine faire des sandwichs au fromage. Mais il y a toujours du personnel, des officiers de protection. Il faut être en représentation vingt-quatre heures sur vingt-quatre ; et ce n'est pas supportable, c'est impossible.

La vie que je mène n'est pas réelle. La vie moderne n'a rien à voir avec les pompes de Buckingham Palace. Je ne peux pas me conformer à la ligne officielle parce que... elle n'a rien à voir avec la réalité.

« On meurt toujours seul... », « aussi longtemps que vous êtes bon, que vous vous levez le matin en étant content de vous regarder dans la glace... que vous êtes honnête et que vous remerciez Dieu... Parce que Lui sait, les journalistes peuvent écrire ce qu'ils veulent... »

Finalement, cri du cœur, j'exprimai d'une voix étranglée mon ardent désir d' « échapper au Système » et à ces gens qui répètent, « vous ne pouvez pas, vous ne pouvez pas, vous ne pouvez pas ».

Rien à voir avec les interviews traditionnelles des membres de la Famille royale. En dépit de mon incohérence et de mes propos décousus (j'étais au bord de la dépression nerveuse), j'avais, en quelque sorte, proclamé un manifeste, lancé mon appel aux armes personnel. Une pauvre tentative, aussi, de m'expliquer directement devant le peuple anglais.

Toute ma vie, dès l'enfance, je m'étais recroquevillée, cachée, contenue – j'avais réprimé mes peurs et mes désirs. Et puis, tout à coup, quelque chose de vrai, de sincère, était né à l'intérieur de moi, en *dépit* de moi. C'était mes tout premiers pas vers la reconnaissance des dégâts que j'avais infligés aux autres, et, surtout à moi-même.

Je me rendais enfin compte que je m'étais vendue, – sans en avoir une nette conscience – intégralement, corps et âme, en bloc, aux maquignons du Palais. En épousant Andrew, j'avais épousé « La Firme »; et il n'y avait aucune échappatoire. Or je ne pouvais plus feindre de respecter et honorer *cette* institution, encore moins lui obéir.

C'est une chose que de vivre dans une cage dorée; depuis la nuit des temps la plupart des hommes choisissent la sécurité en renonçant à leur liberté. Mais « ils » avaient électrifié les barreaux de cette cage-là et « ils » me visaient avec leurs fusils, j'étais une cible aussi facile que les faisans domestiques lâchés le week-end à Sandringham.

Il ne servait à rien de résister. Mon entêtement ne ferait qu'aiguillonner mes ennemis, incommoder la Reine, blesser les gens que j'aimais. Et rompre mon équilibre psychologique au-delà du point de non-retour.

Je ne savais pas quel chemin exactement je devais emprunter, mais j'étais sûre d'une chose : si je restais au sein de la Famille royale, la meilleure partie de moi-même en mourrait. Je périrais lentement, car j'étais forte et obstinée, mais je succomberais, il n'y avait aucun doute là-dessus.

Le 21 janvier, six jours après la parution des photos de Belgravia, au cours du dîner, je déclarai à Andrew que nous ferions mieux de nous séparer. Cette perspective nous attristait infiniment tous les deux – c'était la dernière chose dont nous avions envie. Mais il vit que je m'étais résignée parce qu'il n'y avait pas d'autre solution et il ne tenta pas de me faire changer d'avis : « Si cela peut te rendre heureuse, alors je suis d'accord avec toi. »

Le lendemain matin, nous partîmes à Sandringham prévenir la Reine. J'entrai dans la pièce en serrant de toutes mes forces le chapelet blotti au fond de ma poche.

– Je suis désolée, dis-je, mais je pense que c'est mieux. Pour vous et votre famille – je ne peux pas continuer à vous décevoir ainsi.

Je n'avais jamais vu la Reine aussi triste. Elle me demanda de réfléchir, d'être forte et de continuer.

Mais j'étais résolue. Une fois de retour à Sunninghill, je proposai de renoncer à mon titre d'Altesse royale. J'écrivis une lettre où j'expliquais ne pas pouvoir astreindre mon comportement aux contraintes et aux exigences que ce titre impliquait. Je fis porter cette lettre le jour même à Sa Majesté. C'était un geste surtout symbolique, mais il était important pour moi. Je voulais prouver que je ne cherchais pas à jouer sur plusieurs tableaux.

A cause des élections nationales qui se tenaient en avril, j'acceptai de rester discrète et de ne pas divulguer cette décision. L'annonce de nos fiançailles avait été retardée pour des raisons d'État, celle de notre séparation le fut aussi – non pas que cela me gênât. J'avais supporté

« La Firme » pendant six ans, je pouvais bien la supporter quelques semaines encore.

Quelques personnes sûres furent cependant mises dans le secret. Ceux qui m'aimaient s'inquiétèrent. Ils me voyaient quitter la piste balisée pour un chemin aléatoire à travers une jungle dangereuse, pleine de pièges mortels et de surprises vénéneuses. Personne ne savait comment envisager ce qui se passerait. Mes amis me conseillèrent d'être prudente et de prendre mon temps. Un haut dignitaire de l'Église anglicane me conseilla de rester mariée et de « me consacrer à mon devoir ».

C'est ainsi que l'aristocratie de la vieille école, la Reine et Grummy voyaient la vie – un détachement, un renoncement total et une vie tout entière consacrée au devoir. Je savais si bien renoncer, et me désintéresser de mes propres besoins, c'était justement mon problème. Ma capacité de nier l'essentiel m'avait rendue inapte à différencier l'important de l'accessoire. A commencer par moi-même. J'avais failli me perdre. Il me fallait maintenant m'intéresser à moi.

Andrew me comprenait mieux. Mais il avait peur pour moi.

– Si nous faisons cela, me dit-il, ils te détruiront. Je te préviens, fais attention.

Je saisissais très bien ce qu'il voulait dire. Je ne quittais pas Andrew, mais ce que sa naissance impliquait. Nous étions séparés de facto depuis des années et l'affection que nous nous portions y avait résisté. Je divorçais, en fait, d'avec « La Firme ». Mais « La Firme », jalouse de ses prérogatives, risquait de devenir extrêmement dangereuse si l'on osait prendre l'initiative.

N'importe quel étudiant en histoire pourrait vous le dire. Il n'y a guère qu'une façon pour une femme de quitter la Famille royale : avec la tête séparée de ses épaules.

*
* *

— Que veux-tu que je fasse ? demandai-je à Andrew en rentrant à la maison après avoir vu la Reine.

J'avais proclamé mon indépendance, pourtant, je restais à Sunninghill, perdue, je n'avais aucune idée de ce que l'on attendait de moi.

— Tu es toujours une Altesse royale, rétorqua-t-il en ne tenant aucun compte de ma lettre. Tu es toujours ma femme – continue à vivre normalement.

Rien ne changeait, mais tout avait changé. A peine quelques jours après ma visite éclair à Sandrigham, je fus rayée des listes de la Cour. Des engagements furent annulés sans préavis, ni explication. Le flot des invitations venant de la part des représentants de la Couronne des comtés se tarit d'un coup. Je n'eus plus de centres commerciaux à inaugurer, plus d'usines à visiter.

« La Firme » m'envoyait un message à sa façon, subtil et délicat : partez sans faire de bruit. Les courtisans m'expédiaient sans ménagement – et ils prenaient soudain leur travail très à cœur. Ils suivaient une politique précise et calculée en m'écartant ainsi.

Lorsque Diana s'était séparée de Charles l'année précédente, son calendrier n'en avait pas été affecté. Mais, elle était une fée bienfaisante, au contraire de moi qui n'étais qu'une sorcière menaçante.

En février, je remplis ma dernière obligation officielle en tant que membre de la Famille royale : un service commémoratif à la Tour de Londres. Lieu entre tous adéquat pour mon chant du cygne. J'appris ensuite par un de mes amis, diplomate, que les Hommes en Gris avaient contacté leurs homologues à l'ambassade des États-Unis. Je ne représentais plus Sa Majesté, signifièrent-ils aux Américains. Sur le sol britannique comme à l'étranger, nulle assistance ne m'était due.

Apparemment devenue persona non grata dans tout le monde occidental, j'étais absolument inexistante à Buckingham Palace. Un mois auparavant, les courtisans ricanaient peut-être derrière mon dos, mais au moins, ils se pliaient au protocole et me saluaient correctement. Soudain, ils ne m'adressaient même plus la parole. J'ai trouvé ce mutisme cruel – j'avais l'impression d'être Peter Pan sans son ombre. La répugnance que je lisais dans leurs yeux n'était que l'écho du dégoût de moi que j'éprouvais. (*Tu ne vaux rien, on ne veut pas de toi, va-t'en...*) J'existais si peu qu'ils ne prenaient plus la peine de me cacher leur haine.

J'avais encore, à cette époque, un emploi du temps surchargé ; j'avais toujours ce goût du surmenage.

Prenons le 1ᵉʳ février 1992, un jour parmi tant d'autres : premier rendez-vous à sept heures trente, suivi d'une visite d'hôpital à onze heures, une œuvre de bienfaisance à quinze et le dîner d'une association sportive le soir.

Rentrée chez moi, après le coucher des enfants et le départ de mon équipe, je mangeais trop, prenais une pilule pour dormir et priais pour que « ça marche ».

**

Mes relations avec la presse anglaise étaient variables. *The Guardian* et *The Independent* m'ignoraient, comme ils ignoraient le reste de la Famille royale. *The Times* et *The Telegraph* faisaient généralement preuve d'impartialité, même s'il leur arrivait parfois de déformer la réalité, emportés par les impératifs de la compétitivité.

De tous les tabloïds, le *Sun* se démarquait avec ses gros titres merveilleusement ignobles et ses histoires fabriquées ; histoires si proches de la science-fiction qu'elles en devenaient quasiment distrayantes. L'*Express*, le *Mirror*, *Today* et *News of the World* – j'avais eu avec chacun de ces journaux des hauts et des bas. Mais le plus insidieux, et de loin, restait le *Daily Mail*, le poste central de Fleet Street des ragots de la droite conservatrice, que M. et Mme Aristocrate lisaient avec l'impression délicieuse de s'encanailler. Pendant des années, les Hommes en Gris s'étaient servis du *Mail* comme d'une arme contre leurs ennemis. C'était à ce journal qu'ils livraient les histoires et les potins qui pouvaient servir leurs intérêts; c'était dans ce journal qu'étaient publiés leurs commentaires au vitriol et que naissaient les rumeurs malsaines qui persistaient comme un poison radioactif.

(Comme par exemple celle-ci : cette histoire parue dans le *Daily Mail* qui suggérait que je participais à un projet de film où l'on verrait la reine Victoria et le prince Albert faire l'amour. C'était, bien sûr, une invention – provenant probablement des Hommes en Gris, car l'un d'entre eux avait déjà raconté la même histoire à la Reine.)

Même avant mon voyage en Australie en 1988, le *Mail* avait engagé une vendetta contre moi. Ses attaques avaient commencé à s'intensifier au milieu de l'année 1990 – à peu près au moment où la Reine avait nommé un nouveau secrétaire de la presse. M. X était une bonne recrue pour le Palais. Plutôt plus jeune que la moyenne des Hommes en Gris, M. X était élégant et plutôt bel homme, dans le genre satisfait de lui-même. Bourru et empressé, il ne se laissait pas facilement démonter.

En tant qu'intermédiaire entre la Reine et le public, M. X était estimé pour sa discrétion et sa prudence légendaires. Il était connu que son prédécesseur avait dû quitter son poste après avoir laissé échapper que la Reine n'appréciait pas la raideur de Mme Thatcher. M. X ne ferait jamais une erreur aussi stupide, s'accordaient à dire les courtisans. Il ne passerait jamais la ligne, il était trop malin.

**
*

Le mercredi 18 mars, trois semaines avant les élections, la nouvelle explosa. Sur la première page du *Daily Mail*, s'étalait un article exclusif signé Andrew Morton et Richard Kay relatant que le Palais « s'apprêtait à annoncer la séparation du duc et de la duchesse d'York ». L'article présentait ensuite quelques détails imprécis sur les discussions entre nos avocats et mentionnait la conversation privée que nous avions eue avec la Reine à Sandringham.

En découvrant cet article ce matin-là, j'étais plus choquée que n'importe qui; personne ne m'avait prévenue que le secret n'était plus de mise. Je ne savais qu'une seule chose : rien de bon n'allait sortir de ça.

La campagne électorale était tellement soporifique que les journalistes se précipitèrent au Palais dès le lendemain. Le jeudi 19 mars, le sixième anniversaire de nos fiançailles, une demi-douzaine de journalistes spécialisés dans la Famille royale passèrent la porte de la Cassette Royale. Un portier en livrée les escorta jusqu'au bureau spacieux de M. X qui leur distribua un bref communiqué de presse. Ce texte ne laissait aucun doute sur l'identité de l'instigateur de cette séparation :

« Pour couper court aux spéculations de la presse que la Reine trouve particulièrement déplacées en cette période de campagne électorale, Sa Majesté fait la déclaration suivante : " La semaine dernière, des avocats agissant au nom de la duchesse d'York ont entamé des discussions à propos de la séparation officielle du duc et de la duchesse d'York. Ces discussions ne sont pas terminées et rien ne sera dit jusqu'à ce moment-là. La Reine espère que les médias épargneront au Duc, à la Duchesse et à leurs enfants toute intrusion dans leur vie privée. " »

Lorsqu'il s'agit de problèmes de famille, tout le monde sait que le Palais manie la litote en maître, les journalistes s'emparèrent donc de ces trois phrases extrêmement policées et s'en furent écrire leurs articles. Ils ne pouvaient pas voir, derrière les portes fermées des bureaux, l'effervescence des odieux courtisans rouges de fureur se lançant sur les traces du responsable de cette fuite.

Un Homme en Gris l'avait déclaré : « Nous sommes persuadés que quelqu'un – nous ne savons pas encore qui exactement – a orchestré cette fuite. Il y a eu un indicateur dans cette histoire. »

Peu après midi, M. X reçut dans son bureau un vétéran de la BBC, Paul Reynolds, pour une petite conversation et quelques éclaircissements.

Vingt minutes plus tard, Reynolds ressortit de la pièce avec l'histoire royale de l'année. « *Le Palais déclenche les hostilités contre Fergie* », annonça-t-il quelque peu essoufflé lors de l'émission de la BBC, *World at One*.

Puis vint l'allégation qui fit l'effet d'une bombe : j'avais payé un établissement de relations publiques pour faire divulguer au *Daily Mail* la nouvelle de notre séparation.

— J'ai rarement entendu les officiels du Palais parler de quelqu'un de cette manière, ajouta Reynolds. Ils ont parlé de son inadaptation à la vie publique, à la vie royale – ses fameuses photos parues dans le magazine *Hello!*...

M. X avait, semblait-il, légèrement dépassé... la ligne.

Au cours de toutes les intrigues et guerres souterraines qu'avait connue le Palais, personne n'avait entendu une chose pareille : la dénonciation publique d'un membre de la Famille royale par « La Firme » elle-même.

— Cela me sidéra, déclara Sue Crewe qui couvrait la Famille royale pour *Harper's and Queen*. Jamais le Palais ne s'était laissé aller ainsi.

En fin d'après-midi, – j'assistais avec mes filles à une pièce de théâtre –, l'histoire de Reynolds avait fait le tour de toutes les émissions du pays. Pour les lecteurs fidèles des tabloïds, sans parler des Hommes en Gris, les nouvelles de la BBC étaient dans le droit fil de la logique. Ils désiraient clairement se débarrasser de moi, sans plus attendre. Pour accélérer le processus j'étais désignée comme l'instigatrice de cette fuite. Ils m'imposaient un rôle qui leur donnait raison : j'étais égoïste, calculatrice et totalement incontrôlable.

Malheureusement pour « La Firme », M. X avait été un peu trop loin ; ses accusations avaient été trop précises pour lui permettre de faire machine arrière. A la fin de la journée, la compagnie de relations publiques en question avait formellement démenti être pour quoi que ce soit dans cette fuite. Sir David English, le rédacteur en chef du *Mail*, pour une fois se rangea du côté du vraisemblable et soutint ce démenti. (Plus impulsive que réfléchie, jamais je n'aurais pu mettre au point un plan aussi machiavélique – c'était largement au-dessus de mes maigres compétences.)

Le vendredi matin, M. X se rétracta avec une certaine hypocrisie : « Je regrette profondément que ce qui a été dit ait pu être interprété par les médias au détriment de la duchesse d'York... » Il fit aussi distribuer des copies de la lettre d'excuses qu'il avait envoyée à la Reine et à moi-même dans laquelle il me présentait « ses excuses personnelles pour la détresse que cet incident avait pu me faire éprouver ».

Cette rétractation, écrivit un éditorialiste, équivalait à « appliquer un garrot au cou de quelqu'un qui vient d'être guillotiné ».

M. X présenta sa démission à la Reine, qui la refusa.

Au risque de paraître sans cœur, je pense que les larmes de M. X étaient des larmes de crocodiles. *Parce que*

« *La Firme* » *ne s'arrêta pas là*. Au contraire, les hostilités des courtisans s'intensifièrent. Il leur importait peu qu'un membre de leur petite coterie ait failli se brûler ses ailes à ce petit jeu. En fait, il leur avait rendu un grand service ; cet incident avait encore repoussé d'un cran les limites de la « décence ». Les Hommes en Gris pouvaient enfin dire tout haut ce qu'ils chuchotaient depuis un moment dans le salon des Écuyers. Ils pouvaient enfin dire à la presse ce qu'ils avaient sur le cœur.

Dans les jours qui suivirent l'offensive de M. X, alors que j'étais d'une extrême vulnérabilité, les courtisans se jetèrent dans la curée. « Elle a été un désastre complet », confia une source du palais au *Mail*. « Elle a déçu tout le monde et a rendu le prince Andrew très malheureux. Franchement, la Famille royale a fait pour elle tout ce qu'elle a pu mais maintenant c'est fini, elle s'en lave les mains. »

J'avais longtemps soupçonné M. Z et M. X de travailler en tandem, comme Dupont et Dupond. Il n'était donc pas surprenant de lire que j'avais été « mise en liberté conditionnelle » par le secrétaire personnel de la Reine bien avant cette histoire de fuite. « Mise en liberté conditionnelle », c'était bien ça. Depuis des mois, ils étaient prêts à m'enfermer – ou plus exactement à me jeter dehors, et refermer la porte à double tour.

Les courtisans, et non moi, étaient fatigués d'attendre que je m'en aille. C'était M. X et non moi qui avait précipité les événements – et je ne crois pas qu'il ait agi par impulsion, ou que ce fût un accident. Je pense que M. X, lorsqu'il a fait revenir Paul Reynolds dans son bureau, avait un plan, même si son exécution laissa à désirer. « La Firme » n'avait aucun intérêt à ce que je retourne tranquillement et discrètement à l'anonymat. Elle devait s'assurer que j'étais brisée, verrouiller toutes mes futures options et détruire définitivement mon lien avec la Reine.

C'était aussi un moyen d'envoyer un avertissement à Diana, de la garder dans le rang. Ma vivisection publique serait le meilleur des aide-mémoire : *voilà ce qui se passera si tu essaies de nous tenir tête.* (Ils flanquèrent une telle frayeur à ma belle-sœur qu'elle ne voulait plus être vue en ma compagnie et je ne pouvais pas l'en blâmer.)

Papa trouva l'attitude de M. Z intolérable et lui demanda de s'excuser. C'est ainsi qu'un jour, je décrochai le téléphone et vacillai – par réflexe – quand je reconnus sa voix mielleuse.

– Il y a eu un terrible malentendu, dit Z, et je suis désolé si cela vous a causé le moindre désagrément.

– Ça va, je comprends, dis-je bêtement.

Je ne pouvais en vouloir à M. Z. Pas plus que je pouvais en vouloir à « La Firme ». J'étais persuadée qu'ils avaient raison à mon sujet – même s'ils me reprochaient des faits dont je n'étais pas responsable, ils avaient raison. J'étais un être méprisable. Je m'étais débrouillée, de toute façon et sans l'aide de personne, pour faire tort à la monarchie. Le pays tout entier était contre moi et savait à quel point j'étais horrible – et comment prétendre qu'un pays tout entier se trompe ?

CHAPITRE XII

Sur le pas de la porte

Dès l'annonce officielle de notre séparation, les conséquences ne tardèrent pas à se faire sentir. Dès le lendemain, je perdis la protection officielle de la police. J'étais bouleversée – mes gardes du corps étaient devenus des amis. C'était des gens avec qui je pouvais parler et rire quand je me sentais trop seule ; John Askew, en particulier, racontait les plaisanteries les plus drôles que j'aie jamais entendues. Ils avaient protégé la femme effrayée qui vivait à Clapham et lui avaient donné un fabuleux sentiment de sécurité – éprouverais-je encore ce sentiment ?

Il n'était pas question, bien sûr, que je reste à Sunninghill ; les filles et moi devions partir, et vite. Ma belle-famille me proposait d'aller nous installer dans la maison de gardien de la propriété, un pavillon avec deux chambres à coucher et la salle de bains à l'extérieur. « Un petit coup de peinture et elle sera parfaite, avait dit le duc d'Édimbourg.

Les derniers événements m'avaient peut-être anéantie, mais quand même pas à ce point-là. Surtout que cela concernait aussi mes enfants. Je louai une maison, Romenda Lodge qui donnait sur le green de Wentworth. L'allocation qui m'avait été accordée pour me loger ne couvrait pas mon loyer et mon découvert allait en souffrir, mais tant pis.

Je continuais à vivre à cent à l'heure. J'avais toujours mon bureau au Palais et je continuais à m'ensevelir sous les rendez-vous. Le 23 mars, Andrew et moi organisâmes une fête à Sunninghill pour le deuxième anniversaire d'Eugenie. J'avais du mal à faire bonne figure, mais je le fis. J'arrivais toujours à faire bonne figure.

En réalité, j'étais terrifiée. Mes appréhensions m'emplissaient tout entière et je sentais que mon équilibre était menacé. Je m'étais volontairement détachée de la Famille royale et le vide s'était insinué en moi, et avec lui, le cortège de mes peurs. Mes vieilles questions si familières recommençaient à faire surface : *Qu'est-ce que je suis en train de faire ? Qu'ai-je fait ? Suis-je vraiment cette personne dont on parle dans les journaux ? Et sinon, qui suis-je ?*

Ma nouvelle vie était cernée de frayeurs, mais la plus terrifiante des nouveautés était, sans conteste, ma liberté. La liberté signifiait avoir le choix et être responsable de ses actions – un concept épouvantable pour quelqu'un d'aussi peu assuré que moi. Ayant fui, je retombai dans mes vieux comportements compulsifs. Mon régime alimentaire se détraqua et je recommençai à enfler. Je me mis à dépenser comme si j'étais effectivement riche.

Et puis, il y eut ma plus grosse erreur, celle qui me coûta le plus cher : John Bryan.

Andrew et moi avions rencontré John au cours d'un dîner à Londres en 1990. Il cherchait des placements intéressants dans le secteur des technologies de pointe pour son père, un homme d'affaires chevronné. Je fus impressionnée par l'audace et le dynamisme de John – c'était une fontaine à idées nouvelles. Après l'avoir écouté esquisser quelques ambitieuses possibilités d'exploitation commerciale pour *Budgie*, je lui demandai de me représenter, et le mandatai pour défendre et monter tout projet audiovisuel.

Le 20 février 1992, John m'invita à dîner. J'étais en demande et pleine de doutes, il était attentif et tranquillement sûr de lui. John avait un extraordinaire bagou – il aurait pu vendre de la neige à des esquimaux. J'avalais absolument tout ce qu'il me disait. Je le trouvais fabuleux, un véritable typhon. J'étais subjuguée par cet homme brillamment cosmopolite. Je n'éprouvais pas le besoin de gratter la surface, de *comprendre*. Je croyais tout, comme les enfants croient tout.

Au cours de ce printemps qui suivit la grande offensive du Palais contre Fergie, j'étais broyée, meurtrie, détruite. Et je ne pouvais même pas appeler SOS amitié. C'est là qu'entra en scène M. Mondain, qui savait l'heure qu'il était dans chaque capitale du globe. « Laisse-moi m'occuper de tout », dit-il et je le fis. John organisa notre emménagement à Romenda Lodge. Lorsque nous allions faire du patin, il s'occupait des enfants – il était merveilleux avec mes filles, et je ne fus pas longue à me persuader que nous ne pouvions pas vivre sans lui.

Plus il en faisait, plus il voulait en faire. Mon intense besoin d'action gonflait les voiles de sa suffisance – il tirait profit de mon hyperactivité. Il arrivait et disait : « Écoute, voilà comment je peux t'aider : je vais parler à ta banque, ne t'inquiète pas pour ça... » et je pensais, *enfin, je peux me détendre*. J'étais de la glaise entre ses doigts. Lorsqu'on est dépressif, il n'y a rien de plus tentant qu'une personne qui est prête à vous prendre totalement en charge.

En juin, John me demanda une procuration que je lui donnai sans hésiter une seconde. Je lui aurais laissé choisir mes vêtements et décider de mes menus s'il me l'avait demandé.

Un de mes meilleurs amis me prit à part et me dit :
« Tu ne vois pas ce qu'il est en train de te faire ? Comment peux-tu ne pas le *voir* ? » Mais j'étais aveuglée tant j'avais besoin de son énergie. « Tu as tort, répondis-je. C'est un homme merveilleux. » L'idée que John se serve de moi ne me traversa jamais l'esprit. Ainsi que l'analysa *Today* des années plus tard, il m'utilisa « comme un laissez-passer, un passeport pour pénétrer dans un certain cercle... dont les portes lui auraient été, sans elle, fermées à double tour ».

Lorsque j'émettais la moindre réserve (car le bon sens est malgré tout difficile à tuer complètement), John s'empressait de me tranquilliser. « Ne t'inquiète pas, tout va bien se passer, me rassurait-il. Je m'occupe de tout. Ne crois pas ce que l'on te dit. »

Il me gavait de la flatterie dont j'avais tant besoin. « *Tu es une petite héroïne* », déclarait-il avec force et conviction. »

Mais, malgré ses excès et son goût du pouvoir, John n'a jamais été « le Raspoutine de Fergie », comme l'a écrit plus tard *The Sunday Times Magazine*. C'était lui accorder trop d'importance et me laisser trop peu de responsabilités. Il ne me droguait pas, ni ne me contraignait physiquement. Avec le recul, je me rends compte que nous nous sommes servis l'un de l'autre. C'était peut-être un marché tordu, mais équitable.

Je comprends maintenant que l'art du bluff de John ne servait qu'à masquer son propre malaise. Il désirait désespérément réussir un grand coup financier et se faire une place dans la haute ; et moi, tout aussi désespérément, j'avais besoin d'approbation et d'affection. Nous étions tous deux pris dans les sables mouvants, immobilisés par la terreur et la confusion. Trop faibles ou trop effrayés pour tendre la main vers une branche qui nous aurait sortis de là, nous nous accrochions l'un à l'autre, et nous étions condamnés.

*
* *

Beatrice et Eugenie avaient été conviées à fêter Pâques avec la Famille royale à Windsor Castle, mais le nom de leur mère avait été rayé de la liste des invités. Je décidai donc qu'aucune de nous n'irait – j'avais beaucoup de mal à me séparer de mes filles.

A la place, je demandai à un ami de nous réserver un séjour en Asie, aussi loin que possible de « La Firme » et des journalistes. Le 9 avril, nous prîmes l'avion pour Zurich, et de là pour Phuket, en Thaïlande. Je n'avais pas invité John à se joindre à nous – j'avais besoin d'une vraie pause et de solitude. Mais il insista pour venir et nous rejoignit ; comment pouvais-je l'en empêcher à plus de dix mille kilomètres de distance ?

Durant notre séjour, nous avons réussi à échapper à la presse à scandale. Mais les journaux finirent par mettre la main sur une photo. Quelqu'un m'avait reconnue dans le patio de l'hôtel et avait pris une photo de John et moi.

Cette photo aurait dû me ramener à la raison, mais je n'avais plus aucune lucidité. En y réfléchissant aujourd'hui, John agissait comme s'il voulait être découvert, comme s'il avait une idée derrière la tête. « Tu ne peux pas t'imaginer comment tu étais à l'époque », m'a dit une amie qui nous avait rejoints pour une partie du séjour. « Je n'arrêtais pas de te répéter que tu te trompais et faisais n'importe quoi, mais tu ne m'entendais pas. Tu croyais que tout ce que tu faisais était correct. »

Mon amie pensait que j'étais en pleine dépression nerveuse, et elle avait peut-être raison. Mais une dépression nerveuse est double – elle signe à la fois la mort de l'ancien et la naissance du neuf. (Cela ne va pas sans dommage.) J'avais vécu dans un monde halluciné de devoirs et de protocole, et tout à coup le monde reprenait peu à peu ses couleurs, ses senteurs et ses sons. *Réveille-toi !* susurrait une petite voix intérieure...

*

J'étais de retour à Romenda Lodge et j'étais malheureuse, Andrew et Sunninghill me manquaient. Puis, en juin, je reçus une invitation qui me fit chaud au cœur. Elle provenait de Leonard Cheshire qui souffrait de dégénérescence neuromusculaire.

Lord Cheshire était un héros qui m'était spécialement cher. Pilote de bombardier le plus décoré de la Seconde Guerre mondiale, il était revenu de cent missions, alors qu'un pilote sur trois survivait à peine à trente. Il ramenait toujours son équipage à bon port.

En tant qu'observateur britannique officiel, Lord Cheshire avait été le témoin de l'inimaginable horreur de la bombe atomique lâchée sur Nagasaki. Plus tard, ce grand humaniste créa les centres de la Fondation Cheshire destinés aux malades incurables et aux invalides. Il a ouvert plus de deux cent cinquante centres dans quarante-huit pays qui permirent à des milliers de gens de finir leur vie dans la dignité.

Et maintenant, c'était au tour de leur fondateur de mourir.

J'étais infiniment flattée qu'il veuille me voir. Alors que je m'approchais de son lit, il me dit : « Je savais que quelque chose de bon allait m'arriver aujourd'hui parce qu'un bourgeon est apparu sur l'arbre que je vois de ma fenêtre. »

Nous discutâmes de ce que je pourrais faire pour aider ses centres. Alors que j'étais assise à côté de lui, un étrange calme m'envahit – c'était un tel encouragement de penser qu'un homme comme lui puisse m'apprécier. Quelques jours plus tard, il m'écrivit qu'il était persuadé qu'un « travail de première importance » allait remplir ma vie et que je n'allais « pas tarder à découvrir ce que c'était ».

La semaine suivante était la semaine du Royal Ascot. L'année précédente, j'étais dans le carrosse de la Reine Mère pendant la procession royale et là, je le suivis du bord de la route avec mes deux filles, comme je l'avais fait avec ma propre mère. Je donnai des mouchoirs à Beatrice et Eugenie pour qu'elles les agitent sur le passage de la Reine – je voulais qu'elles sachent ce que leur grand-mère faisait. Les relations entre la Reine et moi n'avaient pas trop souffert du chaos des six derniers mois. Elle me répondait au téléphone et je lui amenai ses petits-enfants pour le thé le dimanche à Windsor. C'était un pacte tacite entre nous que je n'entendais pas briser.

Le lendemain, Andrew nous rejoignit sur le bord de la route. C'était un petit geste de solidarité, mais c'est pour de tels gestes que je l'aimais et que je l'aime encore.

Il y eut beaucoup d'autres voyages cet été-là, avec toujours John aux commandes. Jamais je n'avais tant cherché à échapper à la souffrance. Mais la souffrance se sème moins facilement que les paparazzi et où que j'aille, elle me retrouvait et me tapait sur l'épaule. Alors, je repartais et me précipitais sur une autre nouveauté.

Et ainsi de suite jusqu'au mois d'août, où ma course de fugitive me mena dans le sud de la France où j'allais démontrer de façon éclatante que fuir et se cacher étaient deux choses totalement différentes.

Pour revenir sur les détails : John Bryan avait loué notre villa rose sur les hauteurs de Saint-Tropez sous un pseudonyme. Nous avions voyagé dans un avion privé. Nous étions à plus de trois kilomètres de la route et la maison était nichée au milieu de collines et de bois, et on y accédait par une route privée qui traversait un vignoble isolé.

Alors, comment avais-je pu me retrouver dans le champ d'un téléobjectif ?

Trois jours après la parution de ces fameuses photos, le *Sunday Express* publia un article titré, « Sarah a-t-elle été piégée ? ». Ce papier posait les questions suivantes :

Comment le paparazzo Daniel Angeli a-t-il su qu'ils seraient dans cette villa ?

Comment Angeli put-il travailler sans être repéré ?

Et, le plus intrigant, *qui l'avait renseigné* ?

John trouva la réponse à quelques-unes de ces questions la semaine qui suivit en retournant à la villa et en découvrant une tranchée à une cinquantaine de mètres de la maison. D'après la taille de cette tranchée et le fait qu'Angeli avait pris des photos de moi dans différents maillots de bain, il déduisit que le photographe et son assistant avaient bivouaqué dans ce trou au moins trois jours. Ils avaient eu donc tout le temps d'appuyer à loisir sur le bouton du déclencheur.

C'était une découverte extraordinaire. C'était la preuve tangible de ce que nous savions déjà : c'est-à-dire que les règles de sécurité les plus élémentaires entourant les membres de la Famille royale n'avaient pas été appliquées. Si en me séparant d'Andrew, je n'avais plus droit à un traitement spécial, il n'en était pas de même pour mes filles qui appartenaient toujours à la Famille royale, elles restaient héritières potentielles du trône. Lorsqu'elles séjournaient à l'étranger, la sécurité du pays d'accueil était immédiatement avertie pour qu'elle prenne les mesures nécessaires.

Nous n'avions pas bénéficié d'une telle protection dans le sud de la France. Après que le scandale eut éclaté, les autorités françaises firent part de leur surprise, personne ne les avait prévenues de notre présence sur le sol français – une telle négligence n'avait encore jamais été vue.

J'étais abasourdie. J'avais pourtant respecté la marche à suivre. Plusieurs jours avant de partir pour Saint-Tropez, j'avais prévenu la Reine, comme je le faisais toujours.

Les circonstances suggèrent, cependant, qu'un parangon de l'efficacité bureaucratique avait « oublié » de s'occuper des mesures de sécurité habituelles. Je soupçonnai même une collusion entre « La Firme » et la presse, dans cette fuite sur mes vacances. La presse donna le tuyau à une agence de photos française et c'est ainsi que cela se noua.

Du coup, notre séjour se retrouva sans défense. Alors que les gardes du corps de mes filles leur offraient une protection rapprochée, il n'y avait personne pour surveiller les alentours. Si nous avions été espionnés par un individu avec un projet plus violent que celui d'Angeli, les gros titres auraient été d'une autre teneur.

Cette « panne » de la sécurité n'était pas « une omission ou une erreur, écrivit Lady Colin Campbell dans *The Royal Marriages*. C'était délibéré... L'idée des ennemis de Sarah à la Cour était de la discréditer si profondément qu'elle ne pourrait plus jamais être admise comme membre à part entière au sein de la Famille royale. Diana ne manquerait pas de comprendre le message qui lui était envoyé : si elle persistait à suivre le chemin de Sarah, ils avaient plus d'un moyen pour l'obliger à marcher droit. Voilà pourquoi ils ont piégé Sarah... »

Si Lady Colin Campbell ne se trompait pas, « La Firme » avait gagné le gros lot avec ces photos de Saint-Tropez. S'ils avaient vraiment mis la presse sur notre trace, alors les Hommes en Gris pouvaient se féliciter de m'avoir frappée au-delà de leurs espérances. Au pire, ce séjour aurait dû témoigner une fois de plus de mes dépenses fastueuses. La présence de John à mes côtés, au bord de la piscine, ajoutait la possibilité de commentaires obscènes. Les courtisans ne pouvaient pas deviner que j'allais leur offrir sur un plateau une telle arme – que j'allais me donner en spectacle, enlacer et embrasser un Américain chauve en maillot de bain. Je leur offrais là un extraordinaire bonus.

En résumé : j'avais donné à mes adversaires l'occasion de parfaire la mise à mort. *Ils avaient bien voulu ma des-truc-tion.*

Pour moi, il est clair que « La Firme » voulait en finir avec moi. Et c'était bien parti : j'étais déshonorée et mise au ban. Mais une question, une question de taille, restait sans réponse : « La Firme » avait-elle fait son *devoir* ? Avait-elle vraiment servi les intérêts de la Souveraine en déclenchant « le plus grand scandale depuis l'abdication de 1936 » ?

Pour permettre à Buckingham Palace de survivre aux heurts des temps modernes, les courtisans doivent faire un peu plus que siroter leurs gin-tonic et fulminer contre les étrangers. Ils doivent protéger les membres de la Famille royale de tout préjudice public, y compris de ceux qu'ils peuvent s'infliger eux-mêmes. Avec moi – un cas difficile, je l'accorde – ils avaient fait le contraire. Je pense qu'ils ont traqué la moindre de mes faiblesses et ont utilisé la presse pour m'abattre.

L'ironie de cette histoire est que je serais partie de toute façon – ils n'avaient pas besoin d'aller aussi loin. Ils se sont servis d'une masse là où une petite tape aurait suffi, et la monarchie en vacille encore.

« Il y a une faction dans la machinerie du Palais qui n'a jamais accepté Fergie, concluait Bob Houston dans le magazine *Royalty*. Leur idée était de lui donner suffisamment de corde pour qu'elle se pende elle-même. Elle s'est tiré dans le pied plusieurs fois au cours des années, alors qu'elle n'aurait pas dû avoir la possibilité de se tirer dans le pied *une seule fois.* »

* * *

Lorsque je quittai Balmoral pour retourner à Romenda Lodge, j'étais comme un papillon épinglé dans un cadre : très intéressant à regarder, mais aussi très mort.

La tristesse ne m'était pas étrangère, pourtant je n'avais jamais été aussi radicalement triste. J'étais complètement choquée ; je ne savais même plus quel jour on était. J'étais incapable de décider ce que je devais faire l'instant suivant. Si je devais déjeuner avec quelqu'un pour affaires, je demandais à une demi-douzaine de personnes – ma secrétaire, le maître d'hôtel, les officiers de protection de mes filles – quel restaurant je devais choisir.

Vingt minutes plus tard, je leur reposais la question.

Le soir, je me recroquevillais dans un coin et je pleurais. Je me coupais de tous, en dehors de quelques amis très proches. Je voulais être seule.

Je tentais, une fois de plus, de me perdre dans l'excès : dépenser, manger et même fumer. (Je n'avais pas touché une cigarette depuis que j'avais commencé à fréquenter Andrew – il détestait l'odeur de la cigarette – mais j'avais recommencé.) J'étais, comme l'évoque cette bouche grande ouverte de ce tableau – *Le Cri* de Munch –, une boule de souffrance.

En réalité, j'étais comme hors de moi, comme hors du monde. Lunatique et incapable de communiquer. Seules Beatrice et Eugenie arrivaient à m'atteindre – je n'exagère pas en disant qu'avoir des enfants m'a probablement sauvé la vie à ce moment-là. Le meilleur moment de ma journée était, sans conteste, le matin quand je les emmenais à l'école. Même si le regard des autres parents me crucifiait – que pensaient-ils de moi ?

Je ne me maquillais pas pour les conduire en classe ; souvent, même, j'étais en tenue de sport et je me fichais, de toute façon, de mon allure. Un des tabloïds publia une photo particulièrement épouvantable de moi en sweat-shirt et en basket avec cette légende, « Le Sac à Patates Va à l'École ».

Lorsque nous retournâmes le dimanche suivant à Windsor Castle, le duc d'Edimbourg m'accueillit en persi-flant : « Ne pourriez-vous pas être un peu plus élégante quand vous accompagnez vos filles ? »

Dès qu'il s'agissait de mes filles, je devenais beaucoup plus sensible et vulnérable. Si je les emmenais tous les matins, c'était, entre autres, parce que j'avais peur qu'on ne m'en enlève la garde. Toute paranoïa mise à part, il y avait vraiment des personnages haut placés qui auraient aimé qu'on me la retire. A Balmoral, un ou deux jours après la parution des photos, j'avais entendu, en passant devant une pièce, deux Hommes en Gris en discuter sans faire le moindre effort de discrétion. « Oui, je suis d'accord, ce n'est pas une mère convenable », disait l'un d'eux.

Comme toujours, « La Firme » était un bon baromètre des pensées de l'Establishment. David Williamson, corédacteur en chef de *Debrett's Peerage and Baronetage*, déclara sentencieusement qu'il « serait très surpris que la Reine [me] laisse la garde [de mes enfants], car ce sont des princesses de sang royal et leur éducation doit tenir compte des devoirs qui vont leur incomber. Il faudrait peut-être les mettre sous tutelle judiciaire ».

Leur point de vue était clair : une garce comme moi ne pouvait pas élever les petites-filles de la Reine. Ce coup aurait pu me rendre folle, si Andrew ne m'avait pas rassurée en m'affirmant que nos enfants étaient *nos* enfants et que personne d'autre ne s'en occuperait.

Des chasseurs qui traquaient le renard roux, David Williamson était l'un des plus courtois. J'étais un gibier excitant, à ce moment-là, plus que jamais, l'odeur du sang avait attiré la meute. A la suite du coup du *Mirror*, un coup fort lucratif, les tabloïds étaient à la recherche d'un nouveau gros scoop. Huit journalistes me suivaient à la trace. Au magasin de vidéo. *(Loue-t-elle des films pour adultes ?)* Chez le boucher. *(Achète-t-elle des morceaux bon marché ou des morceaux de choix ? Paie-t-elle ses factures à temps ?)*

N'étant en sécurité nulle part, je me terrais chez moi. Mais même là, je ne me sentais pas hors de la portée de leurs dards empoisonnés – j'avais toujours la mauvaise habitude de lire la presse et continuais à croire vrai le reflet déformé qu'elle me renvoyait. J'étais LA DUCHESSE DE YACK, LA PREMIÈRE BOURGEOISE DE LA FAMILLE ROYALE. J'étais, et cela était terriblement douloureux, « la grosse femme pâle que personne n'aimait ».

Ce chœur de sarcasmes résonnait toute la journée à mes oreilles – cela me minait en permanence jusqu'au moment où je m'effondrais sur mon lit en espérant oublier. Mais dès que la nuit tombait, les cauchemars commençaient. Toutes les nuits, je voyais des Hommes en Noir se glisser sous la fenêtre de ma chambre. Entièrement vêtus de noir, ils portaient des masques noirs et se déplaçaient comme des serpents, silencieux et rampants. Il m'était impossible de les empêcher d'entrer : ils s'insinuaient de partout, à travers les moindres interstices.

Chacun de ces hommes brandissait un appareil photo. J'aurais préféré que ce soient des revolvers. Je ne voyais jamais un flash, n'entendais jamais un déclic, mais je savais que je serais, une fois de plus, humiliée. Je savais que ces hommes voulaient me faire beaucoup de mal, qu'ils voulaient me jeter dans les flammes de l'enfer et je me mettais à crier parce que je ne voulais pas y aller...

Quatre ans plus tard, je suis enfin à même de comprendre la véritable signification de ces visions : je commençais, en fait, à guérir. Au fond de l'horreur, j'étais parvenue à un moment pivot de ma vie. J'affrontais enfin ma souffrance en face. Pendant longtemps, je l'avais enfouie tout au fond de moi, je l'avais étouffée, mais elle avait tellement grossi que je ne pouvais plus la contenir et elle sortait de son lit comme une rivière en crue et recouvrait les rives de ma conscience. D'où les Hommes en Noir.

Cette première rencontre était involontaire : je n'étais pas encore assez forte pour saisir mon chagrin à bras-le-corps. Je n'étais pas prête à plonger dans cette étendue de douleur – je n'étais pas encore sûre de savoir passer de l'autre côté.

Cependant, j'avais trouvé une nouvelle voie – une route plus large et plus tranquille. Je ne lui tournais pas le dos. Mais avant que cette route me ramène à la maison, comme Dorothée dans *Le Magicien d'Oz*, elle allait m'emmener dans d'autres lieux. Comme Grummy me l'avait promis, je finirais par me trouver en m'occupant des autres.

— Je ne peux pas venir, expliquai-je à Peter Cardy. Je vais démissionner. Je ne *peux* pas venir. J'ai trop honte.

Le 19 septembre 1992, un mois après la parution des photos de Saint-Tropez, je devais intervenir au cours du séminaire annuel de l'association contre la dégénérescence neuromusculaire à Birmingham. Je n'avais pas fait d'apparition publique depuis mon départ de Balmoral – j'étais une morte vivante, la duchesse de la Honte, et je jouais ce rôle tous les jours. Comment pouvais-je affronter des gens qui m'avaient autant fait confiance –

qui m'avaient autant *donné*? Je déshonorais leur gratitude. Je les avais laissés tomber.

Mais Peter m'obligea à tenir mon engagement. J'allai à Birmingham et pénétrai dans le hall, mais m'arrêtai net devant la porte de la salle où tous ces gens m'attendaient. Je me tournai vers mon ami Kevin Langdon.

– Je ne peux pas y aller, Kevin.

Kevin était un homme que l'on ne pouvait qu'admirer. On lui avait dit qu'il ne pourrait plus jamais marcher, mais il avait refusé de le croire – et il marche encore aujourd'hui, par la force de sa volonté.

– Si tu ne passes pas cette fichue porte, tu auras affaire à moi, dit-il en plantant son regard dans le mien. Pense à ce que donneraient la plupart des gens qui sont dans cette pièce pour entrer dans cette pièce sur leurs deux pieds.

Je ne pouvais rien répondre à cela. L'un des avantages à côtoyer des malades de dégénérescence neuromusculaire, c'est que les problèmes reprennent leur vraie dimension.

Je montai sur scène et écoutai Peter Cardy me présenter et son discours était tellement émouvant et tellement généreux que j'eus du mal à refouler mes larmes. A la fin de son discours, les cinq cents personnes de l'assistance dont une majorité étaient en fauteuil se mirent à applaudir. Lorsqu'on souffre de dégénérescence neuromusculaire, taper dans ses mains peut être un prodigieux effort et pourtant, ils continuaient à applaudir. Puis, ils se levèrent un à un, aidés par leurs soignants, en un hommage épuisant.

Ils n'accordaient pas d'importance aux scandales. Ils étaient connectés avec *moi*, la personne qui s'était toujours mise à leur portée et maintenant ils me retournaient cette faveur.

J'étais suffisamment souvent montée sur scène pour

savoir combien il était ridicule d'y pleurer, mais je ne pouvais pas m'en empêcher. J'avais baissé ma garde et les larmes coulaient sur mes joues. Je ne me suis jamais sentie aussi coupable, aussi humble et aussi contrite. Ces gens étaient en train de mourir et pourtant, me retrouver au milieu d'eux me faisait du bien. Ils m'avaient pardonné ce que je croyais impardonnable – ce que je ne me pardonnais pas.

Les tabloïds furent, à leur habitude, extrêmement brutaux le lendemain : « *Fergie pleure un retour d'affection, elle croit que ses larmes vont nous faire l'aimer à nouveau, elle utilise les malades de dégénérescence neuromusculaire pour obtenir une meilleure presse.* » Mais ils ne pouvaient pas effacer ce que j'avais vécu la nuit précédente à Birmingham, quand mes amis se levèrent pour m'acclamer et que *le feu* s'embrasa en un incendie qui illumina ma nuit.

CHAPITRE XIII

« *Cherchez à comprendre...* »

Pour la famille royale, l'*annus horribilis* se termina comme elle avait commencé : de manière calamiteuse. En novembre, un incendie au château de Windsor provoqua des dégâts estimés à 400 millions de francs. En décembre, Diana et Charles finirent par annoncer leur séparation – coup terrible porté à la monarchie, même si tout le monde s'y attendait.

Mais pour moi, l'année se termina par une opportunité qui apporta enfin une touche de grâce. J'assistai à une partie de polo, jouée au bénéfice d'Angels International. Une femme nommée Theo Ellert m'y parla du travail caritatif effectué en Haute-Silésie, le centre industriel de la Pologne. Avant même la fin de la partie, je savais que je voulais l'aider.

Il existe dans le monde bien des endroits où la vie des enfants est déplorable, et la Haute-Silésie se trouve en tête de liste. Des forêts entières ont été détruites par le soufre et le charbon que crachent d'innombrables hauts fourneaux, la mort s'y répand jusque dans l'air. Cette région a le taux de mortalité infantile le plus élevé d'Europe et les trois quarts des enfants de dix ans y souffrent de maladies chroniques.

Juste avant Noël, Theo m'invita à la suivre dans une visite d'inspection au pavillon des leucémiques de l'hôpital pédiatrique de Zarbze. C'était un endroit abandonné où l'on avait renoncé à tout espoir. Les jeunes patients n'avaient ni draps ni couvertures, ni médicaments ni pansements, ni jouets ni posters – pas la moindre lumière dans leur vie. Ils n'avaient rien – *rien*! Il n'y avait que deux couveuses de fortune et, si un troisième bébé en avait besoin, il était condamné, point à la ligne.

L'amour était rare à Zarbze. Comme c'était l'unique hôpital pour enfants de Pologne, de nombreux parents devaient franchir d'importantes distances pour y parvenir et leurs visites étaient brèves et sporadiques. Et pourtant les enfants étaient si courageux face à l'adversité! Il y avait cette petite Anya dont l'état requérait une chimiothérapie. Or l'hôpital ne disposait pas de seringues taille enfant. Les infirmières employaient donc d'énormes seringues à ponction lombaire, sans anesthésie. Anya se forçait à être courageuse mais elle finissait toujours par éclater en pleurs au moment où l'on enfonçait l'aiguille dans sa veine.

Pour quelqu'un comme moi qui ne supporte pas de voir sa fille piquée par une guêpe, cette expérience changea ma vie. En Pologne, je découvris un autre monde. Je vis plus de désespoir que je n'en avais encore jamais vu, un dénuement scandaleux. Je dus réfléchir à nouveau sur la signification du terme « scandale ». Les miens semblaient à présent dérisoires, beaucoup de bruit pour rien. Que valaient tous mes pleurs comparés aux souffrances d'une fillette comme Anya ?

Dès mon retour en Angleterre, je me mis à travailler avec Angels à une grande campagne d'appel aux dons. Un mois ou deux avant la date prévue pour son lancement, l'association abandonna le projet. Certains de ses responsables craignaient d'être éclaboussés en travaillant trop étroitement avec moi. Ils voulaient m'écarter, mais je suis têtue. Les enfants de Zarbze avaient toujours besoin de l'argent. Si Angels se retirait, je me chargerais moi-même du problème – je fonderais ma propre association !

C'est ainsi que naquit Children In Crisis. Theo quitta Angels pour se joindre à moi et nous mîmes les bouchées doubles pour que l'association puisse être reconnue officiellement, à temps pour notre opération du mois de mars. Nous récoltâmes près de 250 000 francs ce soir-là – et nous pûmes alors vraiment nous mettre au travail.

Plus de cent quatre-vingt mille organisations caritatives sont enregistrées au Royaume-Uni, dont un bon nombre s'occupe de l'enfance. Mais mon expérience polonaise avait révélé un vide que nous pouvions combler. Il y avait là-bas des enfants auxquels rien n'était donné, pas même l'espoir d'un lendemain, et pourtant nul ne s'en préoccupait. Le délai de péremption de l'émotion suscitée par les désastres est de plus en plus bref dans notre monde de l'éphémère. Les nouvelles qui font la une aujourd'hui seront oubliées le mois prochain. Mais, dans les limites de nos ressources (et en coopération avec des associations plus importantes et plus expérimentées), Children in Crisis pouvait durer. Nous pouvions garder le cap à présent que les lumières des projecteurs s'étaient estompées. Nous pouvions durer et marquer notre spécificité.

Nous avions de grandes ambitions. Notre mission, écrivions-nous, consistait à « soulager la misère, la détresse et la souffrance des personnes dans le besoin, en particulier celles des enfants, en tous lieux du monde ».

J'avais à nouveau rompu avec la tradition. Les membres de la Famille royale, qui se doivent de servir les bonnes causes, adhèrent en général à des associations sur invitation, ou en aident une à se développer, comme je l'avais fait pour l'association des malades de dégénérescence neuromusculaire. Personne ne leur demande de retrousser leurs manches et de se mettre à l'ouvrage, au dur labeur que nécessite toute création d'association.

Mais j'avais en tête un autre modèle, celui d'un homme qui un jour avait dit ceci : « De ceux qui ont beaucoup reçu, on attend qu'ils donnent beaucoup. » Je pensais que John F. Kennedy avait mis le doigt sur quelque chose en prononçant ces paroles. On m'avait tant donné – sur le plan de l'expérience surtout – et je commençais seulement maintenant à apprendre à donner à mon tour. Children in Crisis constituait un nouveau départ dans ma vie, que cela plaise ou non à « la Firme ». J'étais différente et le temps où je faisais semblant de m'adapter n'était qu'un souvenir.

Au cours des trois années qui suivirent, Children in Crisis rassembla 35 millions de francs. Nous ne dépensâmes que 7 % de cette somme en frais généraux et administratifs, le tiers de la norme industrielle. Pendant les premiers mois, je couvris de ma poche tous les déficits. Nous avions promis 20 000 francs par mois pour acheter des fruits et des légumes frais pour la Bosnie et nous n'avons jamais manqué un chargement, quelle que fût notre situation bancaire. Ces dons étaient comme un cadeau que je recevais – je ressentais encore ma vieille surexcitation, mais à présent elle avait une base positive et un objectif.

En tant que présidente de l'association, je rencontrais Theo et notre responsable de la gestion, Deborah Oxley, plusieurs fois par semaine. Je présidais la réunion mensuelle du conseil d'administration où j'échangeais des idées avec les autres – j'ai toujours adoré appartenir à une équipe et celle que nous formions était excellente. Peu m'importait qui je voyais, où j'allais – Children in Crisis occupait toutes mes pensées, influençait tous mes actes. Je ne reçus guère de reconnaissance publique (notre travail était trop sérieux pour inspirer les caricaturistes) et je peux dire en toute franchise que cela m'importait peu. J'avais découvert quelque chose de réel dans ma vie et cela me suffisait. En Pologne, nous expédiâmes des médicaments et des couches jetables à Zarbze, mais les besoins des enfants allaient au-delà. Nous souhaitions leur donner de la force et de l'espoir – mais que pouvaient-ils espérer quand chaque bouffée d'air qu'ils respiraient était cancérigène ? Il nous fallait trouver un moyen de leur procurer un répit. C'est la raison pour laquelle, lorsque Sophie Lillingston est venue nous proposer son idée de refuge à la montagne, nous avons immédiatement embrayé.

Aujourd'hui, le Mountain Haven Centre a une capacité d'accueil d'une trentaine d'enfants cancéreux ou souffrant de carences respiratoires chroniques, soit plus de sept cents par an. Situé dans un chalet moderne au pied des Carpates, non loin de la frontière tchèque, le refuge est entouré de forêts de sapins, un peu comme dans *La Mélodie du Bonheur*. Il y a un terrain de jeux et une piscine, un jardin et des animaux de ferme. Les enfants jouent et s'amusent ensemble. Surtout, ils respirent un air pur. Ils prennent rapidement du poids et des forces, morales et physiques qui leur permettent d'affronter les prochains traitements. Ils ne restent que deux semaines – mais ces deux semaines peuvent, selon les experts, prolonger leur vie de deux ans.

Dès 1998, notre activité en Pologne devrait pouvoir s'autofinancer. Le personnel et les dons seront entièrement polonais. Cela permettra à notre succursale londonienne, le vaisseau amiral, de choisir un autre théâtre d'opérations.

En avril 1993, une de nos équipes visita la Croatie pour évaluer ce que nous pouvions faire là-bas. Nous nous attendions à une situation grave dans ce pays ravagé par la guerre : ce fut pire, bien pire. Nos adhérents découvrirent des camps surpeuplés, manquant d'eau et de nourriture, des enfants qui pleuraient des parents qui ne devaient jamais revenir. Pis encore, les hôpitaux fonctionnaient sans médicaments, voire sans électricité. Il s'agissait moins d'hôpitaux que de mouroirs, en fait – surtout pour les bébés qu'on y avait abandonnés.

Un mois plus tard, sous la direction de l'association Feed the Children, nous avons affrété notre premier camion humanitaire au sein d'un convoi mensuel à destination de Split et, au-delà de la frontière, de la Bosnie. Au cours de l'année qui suivit, nous avons acheminé par camions plus de huit mille tonnes d'aide humanitaire, parmi lesquelles près de huit mille paires de chaussures et de chaussettes.

Après des entretiens avec le Haut-Commissariat des Nations unies pour les réfugiés (HCR), nous nous joignîmes également à l'effort consistant à faire survivre les victimes de la guerre pendant les mois d'hiver. Children in Crisis était chargé de se concentrer sur une marchandise simple mais essentielle : la bougie, source de lumière et de chaleur à la fois. Munis d'un nombre suffisant de bougies, les réfugiés pourraient affronter plus confortablement la pénurie généralisée d'électricité. Les hôpitaux pourraient fonctionner dans les abris souterrains ; on pourrait faire la lecture aux enfants après la tombée de la nuit.

Pour commencer, nous fîmes concevoir une machine à fabriquer les bougies à fonctionnement manuel. Subventionnés par l'État britannique, nous achetâmes vingt de ces machines et les distribuâmes un peu partout en Croatie et en Bosnie. Une fois fournie la cire en poudre, il ne fallait qu'une trentaine de secondes pour confectionner une bougie destinée à se consumer pendant quinze heures. En moins de trois mois, plus de deux millions de bougies furent ainsi produites.

Mieux, les réfugiés se chargeaient eux-mêmes du travail et ils étaient payés pour cela. A la fin de la guerre, nous rassemblâmes toutes les machines au même endroit pour monter une petite usine. Nous espérons laisser cette entreprise derrière nous – source permanente de dignité et de revenus pour des gens qui croyaient avoir tout perdu.

Alors même que je m'impliquais à fond dans Children in Crisis, un petit moucheron vint me bourdonner à l'oreille. De temps en temps, « La Firme » se rappelait à mon bon souvenir – j'avais beau avoir perdu mon allocation royale, les courtisans entendaient encore me faire plier. En février 1993, on m'ordonna d'annuler un voyage que je devais effectuer aux Caraïbes en compagnie de mes filles. On me fit la leçon : Diana avait récemment été surprise en bikini là-bas par un photographe. « Et nous ne voulons pas que paraissent des photos de vous en train de vous balader sur la plage. » *En plus, remarquai-je, mon corps n'est pas aussi beau que le sien.*

Comme je voulais plaire à la Reine, je cédai.

Ce fut à cette époque que Diana et moi fûmes désignées comme « deux mauvaises épouses » par l'une des « sources du Palais » des journaux populaires. C'est que les Hommes en Gris étaient troublés. Les « joyeuses épouses » d'antan allaient sans doute être bientôt de gaies divorcées : nous serions certes hors de la famille – bon débarras – mais aussi hors du contrôle des courtisans. Afin de nous empêcher de remonter la pente, « La Firme » fit de son mieux pour nous isoler. Tout ami aperçu en notre compagnie devenait la cible des journaux populaires qui leur consacraient brusquement des articles fort peu flatteurs. Un riche Américain reçut pour consigne explicite de ne pas nous fréquenter. On lui conseilla de nous traiter comme si nous avions le sida...

Il y eut en outre des actes qui en disaient plus long que les mots. Selon Chris Hutchins de *Today*, des tuyaux sur mes voyages à l'étranger avaient été transmis à son journal depuis 1990, au téléphone ou lors de rencontres clandestines. D'après Hutchins, les informateurs « étaient uniformément bien habillés, parlaient avec distinction et semblaient à l'évidence bien placés ». Il estime avoir eu affaire à des membres des Services secrets.

Je sais que le MI5 a mis mon téléphone sur écoute pour analyser mes conversations enregistrées au Centre d'écoutes de Cheltenham. Un ancien officier du MI6 a d'ailleurs confirmé que les Services secrets disposaient d'une unité spéciale chargée de la surveillance de la Famille royale – dans l'intérêt, bien sûr, de la « défense du Royaume ». Comme leurs écoutes ne donnèrent rien, ils entreprirent de me piéger par d'autres moyens, y compris par des coups tordus.

De temps en temps, j'avais la chair de poule, j'étais envahie par la même sensation inquiétante que j'avais connue dans le sud de la France. *Quelqu'un m'épiait.* Était-ce « La Firme » ? La Presse ? Les Services secrets ? A mes yeux, il n'y avait plus aucune différence. Un espion est un espion : on sait qu'il ne peut être un ami.

Au début de l'année 1993, je me rendis secrètement chez mon avocat londonien pour évoquer mon divorce et ses modalités. Quelques jours plus tard, le cabinet de cet avocat était cambriolé.

Plus tard, je tombai sur un étrange asticot sous la clôture en osier de Romenda Lodge. Après une inspection détaillée, cet asticot se révéla être une caméra miniature fixée à l'extrémité d'un proctoscope [1] – je n'insisterai pas sur la symbolique de l'instrument – et dirigée vers ma maison.

Aucun recoin de l'existence d'un membre de la Famille royale n'était à l'abri du mouchardage et des révélations médiatiques. J'avais renoncé à garder mes agendas. J'avais songé un temps à les conserver à la banque mais je craignais que la banque ne fût cambriolée.

Avant ma séparation, mes déplacements pouvaient être rapportés par mes gardes du corps. Si loyaux et sympathiques à mon égard qu'ils pussent être, ils ne pouvaient se permettre de ne pas répondre aux questions de leur patron. Plus tard, lorsque j'eus perdu ma protection personnelle, j'ai eu des raisons de croire qu'un capteur avait été posé dans ma voiture afin de me suivre à la trace.

Dans un premier temps, Andrew détestait m'entendre parler de ces choses. Il avait grandi au Palais dans le rôle du chouchou, après tout. Il était gâté, surprotégé. Les courtisans avaient toujours semblé si bienveillants, si disponibles, tels de vieux serviteurs loyaux et fidèles. Comment « La Firme » pouvait-elle souhaiter me nuire ? Pourquoi disais-je de telles absurdités ? « Ne sois pas si soupçonneuse, me disait-il. Cela ne peut se passer ainsi. » Ou même : « Tu es hypersensible et paranoïaque. Tu te trompes complètement. »

M. Z adopta un point de vue plus clinique : mes théories de la conspiration étaient le symptôme d'une maladie hormonale. Il s'agissait de dépression postnatale ou de syndrome prémenstruel, ou encore de stress post-traumatique : il n'y avait qu'à choisir.

Il m'arriva souvent de craindre qu'Andrew n'eût raison. Étais-je paranoïaque ? Étais-je en train de perdre la tête ? Quand on a vécu pendant des années dans un rêve

---

1. Instrument médical servant à sonder le rectum. (*N.d.T.*)

à la Lewis Carroll, où la vérité ne semble pas avoir plus de substance que les personnages que rencontre Alice, il est bien difficile d'être sûre de quoi que ce soit.

Progressivement pourtant, le scepticisme d'Andrew s'atténua. Après l'enregistrement de Squidgy et le « Camillagate », après la divulgation de l'un de nos propres coups de téléphone, mes soupçons ne semblaient pas si extravagants. Avec le temps, au fur et à mesure que mon mari était confronté directement à la brutalité de « La Firme », il en vint à les partager. Et il parvint à la même conclusion que James Whitaker dans *Royal Blood Feud* : « Que des forces fussent à l'œuvre pour déstabiliser la Famille royale semblait soudain parfaitement possible ; en fait, plus que probable. »

***

Il fallait quand même vivre sa vie, avec ou sans espions. Je m'étais endurcie depuis l'affaire des photos de Saint-Tropez – je parvenais à faire l'impasse sur bien des désagréments. J'avais une nouvelle vocation, après tout. J'avais mon travail et il était hors d'atteinte des mains décolorées des courtisans.

Je m'entretins un jour avec Pida Ripley, la fondatrice de WomenAid, qui avait levé des fonds en faveur des victimes des viols de guerre en Bosnie. Son appel me toucha et je réagis avec enthousiasme. Ce ne fut qu'un coup de téléphone mais cela déclencha bien des événements.

A cette époque, le Haut-Commissariat des Nations unies pour les réfugiés cherchait un ambassadeur bénévole pour remplacer Audrey Hepburn, décédée. Pida avança mon nom et, le 10 juin 1993, ma désignation fut annoncée : j'allais prendre place entre Sophia Loren et Barbara Hendricks, la cantatrice américaine.

Je constituai un « choix idéal », déclara à la presse la

dirigeante du HCR, Sadako Ogata. « Nous avons été très impressionnés par le travail qu'a effectué la duchesse au bénéfice des enfants réfugiés en Bosnie. Nous attendons avec impatience qu'elle se joigne à nous. »

Sylvana Foa, porte-parole du HCR, ajouta : « La duchesse a gardé la tête haute malgré tous ses problèmes personnels et il faut l'admirer pour cela. »

Ou encore, selon une autre source de l'ONU : « Lorsqu'elle se déplace, tout le monde sait qui elle est. Si elle demande quelque chose, on hésitera avant de refuser. »

Ma première intervention eut lieu le soir même, lorsque je reçus une récompense de WomenAid à Londres en présence de Mme Ogata. Sous peu, me dit-on, j'allais être convoquée à Genève pour y recevoir mon gilet pare-balles et mon béret bleu, ainsi que mon contrat symbolique (le tarif courant pour un ambassadeur itinérant est de dix francs par an). Bientôt on m'enverrait visiter des enfants au Mozambique et au Bangladesh. Je n'ai entendu parler que de réactions positives parmi les équipes de terrain. On me percevait de manière bien différente en dehors du monde froid et clos des Hommes en Gris. Quant à moi, j'estimais que c'était la chose la plus merveilleuse qui pût m'arriver. Ce poste à l'ONU allait briser les chaînes du passé. Les gens viendraient me voir pour ce que j'étais vraiment. Devenue indépendante et munie d'un passeport diplomatique, j'allais pouvoir poursuivre mon travail à l'étranger sans interférence du Palais.

Je ne suis peut-être pas Audrey Hepburn – qui pourrait égaler son élégance et sa sérénité ? – mais je savais pouvoir faire du bon travail.

J'avais sous-estimé, dans l'enthousiasme du moment, la capacité de nuisance de « La Firme ». J'avais prévenu la Reine avant que la nomination ne fût rendue publique.

Mais l'ONU avait oublié de consulter le Palais et Downing Street ; les Hommes en Gris ont dû recevoir le choc de leur vie. Ils avaient vu comment le voyage de Diana au Zimbabwe avait éclipsé Charles en la propulsant au statut de superstar internationale – hors de leur contrôle. Ils ne souhaitaient nullement voir les choses se passer de la même manière avec moi.

« Ils en ont marre de Fergie, dit un habitué du Palais. Il s'agit simplement de dire que ça suffit comme ça. »

Après tout, une décapitation ne se fait pas à moitié. Le retour de flamme commença moins de vingt-quatre heures après la déclaration de l'ONU. Ma nomination, fulminait le *Daily Mail*, le journal favori des Hommes en Gris, relevait « du grotesque... La duchesse ne peut guère prétendre représenter les traditions de charité, de compassion et d'abnégation de cette nation... » Il n'y eut jamais de moment plus approprié pour que le Foreign Office fasse passer un message discret au siège de l'ONU. « La duchesse doit être anéantie. »

Une source du Palais indiqua officiellement que la nomination « était une affaire entre la duchesse et le HCR. Elle opère à présent en toute indépendance par rapport au Palais. » Mais on apprit également que M. Z. avait évoqué le « problème » avec le ministre des Affaires étrangères, Douglas Hurd. Et en coulisses, les courtisans répétaient en chuchotant les mêmes mots magiques :

Inadéquate.
Écervelée.
Indécente.

On fit traîner la confirmation de ma nomination. Je compris que j'étais dans le pétrin au cours des premières semaines de juillet, lorsque Douglas Hurd approuva mon voyage en Croatie pour le compte de Children in Crisis avant de l'annuler deux jours plus tard pour des « raisons de sécurité » – même si, comme le *Daily Express* l'avait noté, « le seul risque que court la duchesse à Split est de prendre un coup de soleil ».

Trois semaines plus tard, l'Establishment se mobilisa pour la curée. « Une telle nomination serait totalement inopportune, déclara un ministre avant de remuer le couteau dans la plaie. Il n'y a pas de rôle de Shirley Temple de disponible. »

Mais le premier prix de goujaterie doit revenir à sir Nicholas Fairbairn, député écossais et ancien ministre : « Je n'arrive pas à imaginer quelqu'un que je ne préférerais pas nommer à ce poste plutôt que la duchesse de York... C'est une dame dénuée de tout charme et d'élégance vestimentaire. Sa silhouette rappelle un monstre du Jurassique, elle est cupide, n'a aucun tact et veut éclipser tout le monde. »

Qui a dit que la chevalerie était morte ?

Cette chasse aux sorcières prit de telles proportions que certains journalistes s'en trouvèrent choqués. La campagne contre moi « n'est pas seulement vindicative, écrivit le *Sunday Express*. Elle est stupide. La duchesse n'est peut-être pas parfaite et elle a sans doute commis bien des erreurs, mais elle n'a rien fait de pire que la plupart de ses détracteurs, et la personne à laquelle elle a fait le plus de mal, c'est elle-même. Elle mérite une deuxième chance ».

Cette chance ne devait pas arriver. Pas cette fois. Sylvana Foa appela Pida Ripley et lui apprit la nouvelle, en larmes. Le Foreign Office avait posé ses conditions, m'apprit Pida. La Grande-Bretagne avait menacé de suspendre son soutien au HCR si ma nomination était maintenue. En outre, ajouta Pida, le HCR devait nier m'avoir jamais proposé le poste. On présenterait la chose comme une erreur, une vaine extravagance.

Le chantage marche, quand il est bien monté. Le HCR de Sadako Ogata avait plus de 500 millions de francs de passif. Il dépendait largement du soutien financier et de la bonne volonté du Royaume-Uni – et des troupes britanniques en Bosnie. Il n'y avait pas de choix possible. Il ne restait plus qu'à rédiger le communiqué annonçant mon retrait.

Le HCR, déclara Sylvana Foa à la presse le 29 juillet, m'avait simplement invitée au dîner de gala de WomenAid, ni plus ni moins. « A ce stade, ajouta-t-elle, aucune autre initiative commune n'est prévue. »

Je dus lâcher prise. Je ne pouvais rien faire d'autre.

Pas tout à fait. Il y avait bien quelque chose que je pouvais faire – je pouvais avancer dans le travail en cours. En février 1994, je réussis enfin à me rendre en Croatie. Travaillant en collaboration avec le HCR, nous avons affrété un avion rempli de couvertures et d'aliments pour bébés. Après l'atterrissage, je participai personnellement à l'acheminement des fournitures aux différents hôpitaux. La presse réagit; les terribles difficultés que connaissaient les populations revinrent au premier plan.

Et cela m'ouvrit les yeux. Plus que jamais auparavant. Alors que ma propre vie s'était déroulée à l'abri de tout besoin, je pouvais à présent me rendre compte de ce que c'était que d'être « déplacé » – je pouvais avoir un aperçu de l'horreur de cette situation en discutant avec ces réfugiés, même si nous ne parlions pas la même langue. Le spectacle des dégâts humains provoqués par cette guerre me fendait le cœur. Je rencontrai une fillette musulmane de douze ans, tremblant de peur dans un hôpital catholique. Elle avait été blessée par balle au bas-ventre par des soldats serbes (une tactique courante chez les purificateurs ethniques) et avait été laissée, perdant son sang, sur le bord de la route. Je vis des enfants vivant dans des wagons de chemin de fer, qui avaient besoin que quelqu'un réponde à leurs questions : *Pourquoi n'y a-t-il pas de télévision ? Pourquoi ne peut-on pas sortir pour jouer au football ? Pourquoi papa et maman ne sont-ils pas là ?*

En juin de cette année, Children in Crisis fonda un centre de réfugiés pouvant accueillir plus de cinq cents personnes à Tasovcici, un village dévasté non loin de Mostar, en Bosnie. Nous hébergions nos familles dans des cabanes en préfabriqué qui évitaient une trop grande promiscuité et fournissions l'essentiel : la nourriture, les vêtements, la sécurité.

Mais nous ne voulions pas que notre camp ne fût qu'une étape de plus vers nulle part. Nous voulions créer un *village*. Forts de notre soutien, les réfugiés aspiraient à reprendre leur vie en main. Ils formèrent un comité destiné à participer à la gestion de l'endroit. Ils constituaient le personnel des cuisines et de notre service d'aide sociale, de l'école et du dispensaire médical. Ils travaillaient à domicile pour fabriquer des bougies et du savon. Des réfugiés pharmaciens s'occupaient de la pharmacie. Des réfugiés dentistes officiaient au sein d'une unité de soins mobile.

On put vite constater que les adultes étaient devenus plus positifs, transmettant leur confiance aux enfants. Ils appartenaient tous à la communauté et celle-ci leur appartenait.

Tasovcici fonctionna parce que nous traitions les gens dans le besoin comme des gens, non comme des patients ou des victimes. Plutôt que de prétendre connaître leurs besoins, nous étions à l'écoute de leurs souhaits – et, si cela signifiait trouver des chaussures Doc Marten, nous essayions d'en trouver. Le même principe s'applique dans les autres associations auxquelles je participe. Au Teenage Cancer Trust, nous avons participé à la création d'unités spéciales réservées aux adolescents. Ils peuvent s'y retrouver, avec leur musique, leurs jeux vidéo, leurs blue-jeans pré-troués. Les infirmières ne portent pas d'uniformes et des posters pop ornent les murs. Nous les traitons comme des adolescents plutôt que comme de pauvres petits malheureux – ce qui a fait progressé de 15 % leur taux d'espérance de vie.

En reconnaissance de nos efforts, le HCR a classé Tasovcici parmi les trois camps les mieux gérés de toute l'ex-Yougoslavie.

J'aime à penser qu'Audrey Hepburn en aurait été fière.

CHAPITRE XIV

Pics et vallées

En octobre 1993, accompagnée de mon amie Aly Brown je pris l'avion pour le Népal. En tant que présidente de MacIntyre Care, une association qui travaille sur l'autonomie des handicapés, j'allais rejoindre une expédition au sommet du mont Polkade, à plus de 6 000 mètres d'altitude.

Il y avait trente-huit alpinistes au total, parmi lesquels huit souffraient d'un handicap physique ou mental. Notre objectif était de rendre spectaculaire le fait que ces gens peuvent mener des vies productives et entreprenantes – que l'on n'a nul besoin de les enfermer dans des centres spécialisés. Sans doute font-ils les choses avec plus de lenteur, mais ils peuvent atteindre les même buts que les autres.

Le reste du groupe avait fait le voyage plusieurs semaines auparavant, afin de s'acclimater progressivement à l'altitude. Aly et moi ne disposions pas de tels délais. Nous avions prévu, sur le plan budgétaire, que l'ascension durerait dix jours et comptions quatre jours pour la descente. Sans masque à oxygène, nous allions pousser notre résistance jusqu'à ses limites. Nous avions simplement prévu des cachets pour atténuer les effets de l'altitude, ainsi qu'une provision quotidienne d'eau de neuf litres.

L'ascension s'annonçait rude : huit heures par jour à escalader une pente abrupte, sans arrêt pour déjeuner. Mais les conditions climatiques étaient parfaites. L'air était d'une transparence bleutée et la chaleur des journées nous permettait d'ôter nos parkas et de continuer en tee-shirt. Parfois, en fonction de notre position, nous pouvions apercevoir le pic triangulaire de l'Everest. C'était fantastique d'être complètement détaché du train-train quotidien, d'être totalement absorbé par l'activité physique : c'était tout à fait vivifiant pour l'âme.

La nuit, je partageais une tente avec Aly, l'une des rares personnes avec lesquelles je peux survivre deux semaines dans une telle promiscuité. De jour, j'escaladais en compagnie d'un jeune homme bien bâti, Paul Sillitoe, dont la mère avait eu la coqueluche lors de sa grossesse, ce qui était à l'origine de son handicap.

Paul est boulanger et il a une petite amie. Et c'est tout simplement un héros, à mes yeux. Il a une attitude merveilleuse à l'égard de gens guindés de la haute société – c'est un subversif-né. Je l'ai emmené un jour dans une prestigieuse cérémonie de remise de prix, où mon rôle devait être de remettre les récompenses. Il fallait saluer une flopée de généraux.

— Paul, dis-je, je vous présente le général Holland.
— Général... Ah ouais, salut !
— Il se prénomme Graham, ajoutai-je.
— Très bien, dit Paul. Je l'appellerai donc Graham.

Et c'est ce qu'il fit. Avec mon ami, le formalisme était obsolète. Au cours de notre expédition, il m'appelait « Duchesse Pomme Chips », surtout parce que les pommes chips étaient introuvables dans l'Himalaya et

Paul en avait la nostalgie. Chaque fois que ma volonté chancelait, il m'encourageait ainsi : « Allez, ma Duchesse Pomme Chips, encore un effort, on va y arriver ! »

La neuvième nuit, au camp de base de l'Everest, le thermomètre passa au-dessous de zéro. Le lendemain matin, on nous donna des casques et l'expédition se mit en cordées. Nous nous apprêtions à aborder la partie la plus abrupte de l'ascension : il allait falloir bien regarder où poser les pieds. Deux heures plus tard, Paul et moi atteignîmes le sommet du Polkade avant les autres. Paul admirait le panorama.

– Pomme Chips, me dit-il, jamais je ne serai aussi près de Dieu.

C'était trop émouvant – toute l'innocence de cette phrase, son aveuglante vérité. Des larmes se mirent à couler le long de mes joues. Ce moment, seule avec Paul sur le toit du monde, m'emplit d'une immense quiétude. Mon égocentrisme s'évanouit. La vie paraissait soudain beaucoup plus vaste, beaucoup plus précieuse que toutes les tâches que j'avais accomplies.

Je restai en compagnie d'Aly une vingtaine de minutes au sommet. Ensuite commença notre course en sens inverse. Il nous fallait prendre l'avion du retour, afin d'être en Europe à temps pour la rentrée scolaire de nos filles. Je ne regrettais pas d'avoir à partir. Une fois que j'ai accompli quelque chose, je ne suis pas du genre à m'appesantir – je suis prête à aller de l'avant.

Une semaine après mon retour du mont Polkade, j'allumai le téléviseur et tombai sur une vision de l'enfer dans un reportage de la BBC. Le sujet en était un orphelinat d'État en Albanie. Ces images cauchemardesques semblaient tout droit sorties d'un tableau de Jérôme

Bosch. Dans un bâtiment sans chauffage, où l'haleine des gens se givrait, des enfants nus étaient attachés à des lits crasseux. Ils buvaient à même la tuyauterie et mangeaient par terre. L'endroit était parsemé d'excréments. Des bébés gisaient, négligés, le derrière langé dans des haillons. Leurs corps suintaient la souffrance. Des rats grouillaient sans crainte sur le sol.

Je fus secouée par cette émission. Avant même qu'elle ne fût terminée, j'appelai le journaliste qui en était l'auteur, Bill Hamilton et je lui dis :

— Je ne peux supporter ce que j'ai vu... Ces enfants, ils subissent vraiment tout ça?

— Oui, tout est vrai, me répondit-il.

— On peut aller voir sur place?

— Nous repartons dans trois jours...

— Bon, je viens.

L'Albanie est le pays le plus pauvre d'Europe. Le ministère de la Santé y dépense dix dollars par tête et par an. Mais même l'Albanie n'était pas insensible aux pressions. Le temps que nous arrivions, l'orphelinat avait été fermé. Un enfant était mort de froid ; les autres avaient été dispersés dans des endroits légèrement moins atroces. Entassés dans un minibus poussif, nous retrouvâmes chacun de ces enfants – ils n'allaient pas trop mal, ou presque.

Il était plus de dix-neuf heures lorsque nous achevâmes notre inspection, au plus profond de la campagne albanaise, sous la pluie, à des heures de route de la capitale, Tirana. J'étais sur le point de monter dans le minibus lorsque j'entendis le plus étrange des sons, en provenance d'un bâtiment aux allures de grange à une cinquantaine de mètres de distance. Les pieds dans l'eau jusqu'aux chevilles, nous nous approchâmes de l'endroit en suivant un chemin bétonné. Je pus bientôt identifier ces sons : il s'agissait de hurlements aigus et de gémissements obsédants – une chorale de tourments.

Nous avions conduit le long de routes en piteux état pendant deux jours et l'équipe était épuisée. Je me tournai vers le cameraman : « Il faut qu'on rentre là-dedans... Je n'aime pas ce que j'entends ! » L'un des hommes et moi-même, nous nous mîmes à tambouriner sur les grandes portes de bois. Nous étions prêts à les enfoncer, si une infirmière n'était venue nous ouvrir. « Vous ne pouvez pas entrer ici ! » cria-t-elle. Mais nous la bousculâmes, caméra en main, et nous pénétrâmes dans l'endroit.

Comment puis-je exprimer ce que je vis dans cette grange ? Plus de cinquante femmes au crâne rasé étaient entassées dans trois pièces destinées à en abriter une dizaine tout au plus. Il faisait froid et humide, mais les femmes étaient dévêtues, le corps couvert de vagues lambeaux de chemises de nuit. Elles étaient allongées sur des lits en fer et se servaient du sol en guise de W-C. Ces femmes portaient de nombreuses blessures. Les infirmières étaient grandes et fortes et avaient apparemment toute latitude pour se servir de leurs poings. Les conditions étaient si terribles que les patientes étaient sous calmants en permanence. Il n'y avait qu'une seringue, que tout le monde partageait.

Ce bâtiment était censé héberger des malades mentales, mais je suis convaincue qu'il s'y trouvait également des prisonnières politiques. Une des internées parlait couramment anglais, ce qui n'est pas habituel dans ces contrées. Le nombre de lits étant insuffisant, la plupart des patientes trouvaient un peu de réconfort physique dans la promiscuité.

Je frissonnai sous mon sweat-shirt en songeant que la femme nue allongée devant moi devait être glacée. Je l'ôtai et le lui donnai.

— « Ne faites pas ça ! me réprimanda l'infirmière. Elle se fera tabasser pour ce vêtement... Il vaut mieux qu'elle n'ait rien du tout. » Cette infirmière était dure et impitoyable et je devinai trop bien *qui* se chargerait de rosser la malheureuse.

Nous finîmes par nous faire jeter dehors, mais pas avant d'avoir pu filmer de quoi monter un nouveau reportage pour la BBC. C'est là que j'ai appris les vertus de la visite impromptue – si l'on ne fait que ce qui est prévu et permis par les autorités, on prend le risque de légitimer quelques situations scandaleuses.

A Tirana, je rencontrai le président Berisha et lui fis part de ce que j'avais vu. Il fit mine d'être heureux d'en être informé, mais je crois bien que je le pris de court...

Je suis peut-être lâche dans les combats que je mène pour moi-même, mais pour les autres je peux être aussi courageuse que le chevalier Bayard.

**
* **

En juin 1993, Andrew et moi fûmes aperçus ensemble lors d'un dîner en ville, puis la presse trouva des photos de lui en train de m'embrasser à Balmoral. Les journaux ne parlaient plus que des rumeurs qui couraient sur notre réconciliation. « La Firme » était dans tous ses états – pourquoi est-ce que je ne disparaissais pas du paysage, comme une bonne petite victime obéissante ? Brusquement, sans nous consulter ni l'un ni l'autre, « La Firme » publia un communiqué pour annoncer notre « séparation officielle ». Ce qui n'eut absolument aucune conséquence, en dehors de révéler toute l'inquiétude des courtisans.

En fait, leurs inquiétudes étaient déplacées. La pression s'étant faite plus forte, nous nous sentions bien ensemble, mais nous n'avions pas de projet établi pour l'avenir – et pas la moindre intention d'éradiquer le passé.

Je ne suis pas du genre à effacer un homme de ma vie après une histoire d'amour. On ne saurait réduire les gens à leur statut de « petite amie », d' « amant » – ou du moins, pas lorsqu'ils partagent quelque chose de sain et naturel ; les sentiments qu'ils ont éprouvés l'un pour l'autre existent éternellement. Huit ans après notre séparation, Paddy McNally demeurait l'un de mes plus proches amis et conservait toute ma confiance. Plus d'un an après notre séparation, Andrew et moi éprouvions encore de l'amour l'un pour l'autre et nous nous fichions bien de ce qu'en pensait le reste du monde.

Je connaissais la capacité de pérennité de l'amour ; un siècle plus tôt, la reine Victoria l'avait prouvée, en continuant d'aimer le prince Albert quarante ans après la mort de cet époux adoré. Mon intérêt pour la reine Victoria s'était éveillé quelque temps après mon mariage. J'avais vu comment sir Michael Timms faisait visiter le Palais aux invités après les dîners de gala et j'avais pensé que cela semblait amusant. Je demandai à sir Michael de m'apprendre à faire le guide, ce qu'il fit en me gratifiant d'un jeu d'aide-mémoire sur bristol blanc. Bientôt je me mis à guider les invités moi-même. Andrew adorait que j'en sache tant sur l'endroit où il avait grandi.

Il est impossible de s'instruire sur Buckingham Palace sans apprendre des foules de choses sur la reine Victoria. Notre appartement, par exemple, faisait partie de l'aile ajoutée par Albert – un cadeau fait à Andrew par son arrière-arrière-arrière-grand-père. Le créatif prince de Saxe-Cobourg avait également conçu le balcon surdimensionné d'où nous saluions la foule. La reine que chérissait Albert avait besoin d'une vaste scène pour passer en revue les troupes de retour de la guerre de Crimée.

Plus je lisais l'histoire, plus je me sentais d'atomes crochus avec la plus grande des reines. Je découvris que la reine Victoria avait demandé Albert en mariage (un privilège de souveraine) dans le cabinet bleu du château de Windsor – à la même date que mon anniversaire. Sa fille aînée, Beatrice, épousa le prince Henri de Battenberg à la même date que mon mariage avec Andrew. Chaque petite coïncidence aiguisait ma curiosité – surtout celles que je découvris sur Osborne House, le nid d'amour créé par la reine et son prince consort dans l'île de Wight. J'avais toujours été fascinée par la réputation de ce refuge au bord de la mer, transformé à présent en maison de repos et en musée. Je suivis l'exemple de la princesse Beatrice et j'obtins un brin de myrtille cueilli dans le jardin d'Osborne pour le placer dans mon bouquet de mariage.

Mais les récits publiés sur Osborne étaient pour la plupart superficiels et décevants. La maison était invariablement décrite comme un mausolée où la veuve Victoria, drapée de noir, allait épancher son chagrin lors de quarante anniversaires de mariage solitaires. Je savais qu'une bonne part de l'histoire devait manquer, surtout après ma visite à Osborne en 1988. Je remarquai la dimension conviviale de ses chambres, la proximité entre la nursery et la chambre de la maîtresse des lieux, une exception en ces temps d'austérité puritaine. Je sentis qu'Osborne devait avoir été conçu pour être une maison *familiale*, un endroit joyeux où Albert et Victoria entendaient profiter de la compagnie de leurs neuf enfants – un endroit à eux.

Quel contraste avec les couloirs grinçants, les regards fouineurs de Buckingham Palace et comme la reine l'avait elle-même remarqué, les intrusions de la presse : « Dieu sait que j'aurais voulu vivre avec mon Albert bien-aimé et nos enfants dans la tranquillité retirée de la vie privée, sans être constamment observée, sans faire l'objet d'articles dans les journaux ! »

L'idée d'un livre sur Osborne House remonte à l'époque précédant mon mariage. Richard Burton m'avait encouragée à en faire mon prochain projet après *The Palace of Westminster*. Les devoirs de ma fonction monarchique m'avaient forcée à renoncer provisoirement à cette idée mais, trois ans plus tard, j'étais très désireuse de la remettre en chantier. A présent, j'avais un immense avantage, avec la permission de sa Majesté : l'accès à la bibliothèque royale et aux archives royales du château de Windsor, et donc aux écrits de la reine Victoria.

La bibliothèque royale est un endroit magique. Ses hautes fenêtres donnent sur un vaste paysage où la Tamise poursuit son chemin sinueux vers Londres. A l'intérieur se trouve une véritable machine à remonter le temps. Les sombres murs de l'endroit sont bardés d'armoires vitrées et de rangées de vieux livres, certains d'entre eux annotés de la main énergique de Victoria. Lorsque j'ouvris ces volumes, il s'en dégagea un parfum subtil qui m'hypnotisa, me transporta – comme si le passé me rattrapait plutôt que l'inverse.

Au fur et à mesure de mes lectures, je me forgeai une image plus précise d'Albert, très différent du stéréotype de l'Allemand austère. Le prince était en fait un père plein d'amour et de douceur. Il encourageait ses enfants aux bains de mer (une attitude d'avant-garde à cette époque) et construisit une réplique à l'échelle d'un chalet suisse en guise de cabane à leur usage.

L'amour et les circonstances l'avaient arraché à une vie tranquille à la campagne en le précipitant dans le Londres surpeuplé du milieu du siècle dernier, avec ses émanations de charbon et ses épidémies de choléra. Lorsque Albert résidait à Osborne, il retrouvait l'air pur et le cœur léger de son enfance.

Par-dessus tout, Osborne était le seul endroit où Albert pouvait aimer Victoria telle qu'elle était vraiment. Elle est généralement décrite, au mieux, sous deux visages ; les historiens la montrent portée à la tête du plus grand empire du monde à l'âge de dix-huit ans, puis ils passent sans transition à la petite dame en noir.

Ils ont tendance à oublier les deux plus riches décennies de son existence, celles de sa vie conjugale avec Albert.

Dans ses carnets, la jeune Victoria prend vie sous la forme d'une femme pleine d'humour et d'esprit. Au bal, les pieds serrés dans de minuscules chaussures, elle pouvait danser jusqu'à trois heures du matin, déclarant ensuite qu'une telle « dissipation » lui faisait le plus grand bien.

Elle aimait les chiens et les chevaux et ne dédaignait pas une bonne partie de cartes. Dès qu'elle en avait l'occasion, à Osborne, elle courait dans les champs, des bleuets dans les cheveux, portant des robes qui laissaient voir ses épaules nues qu'Albert aimait tant. Elle apprit l'allemand et la peinture. Elle jouait du piano, faisant parfois un quatre-mains avec son époux. Par-dessus tout, elle aimait son homme.

« C'est avec émotion que j'ai aperçu Albert – il est si beau », écrivait Victoria à vingt ans, après l'avoir vu pour la première fois en descendant un escalier à Windsor, au début de leur relation. Son attachement sincère et passionné pour Albert ne déclina jamais.

Romantique comme je le suis, je me sentis bouleversée par cette merveilleuse histoire d'amour – en gardant l'idée qu'un amour ardent peut transcender n'importe quel obstacle, y compris les devoirs d'un souverain.

Même la fin de l'histoire était d'un sombre romanesque. Le prince Albert mourut à Windsor à l'âge de quarante-deux ans. Des diagnostics postérieurs ont conclu à un cancer de l'estomac ou du foie.

Complètement bouleversée, la reine Victoria voulut

mourir avec lui : « Puis-je continuer à vivre lorsque la moitié de mon corps et de mon âme sont partis ? » Elle pleurait non seulement un mari mais aussi un « père, mère, ami, compagnon, conseiller, amant, ange gardien... Il faisait tout, partout ! »

La reine vécut, bien sûr, quarante années de plus. Elle ne quitta jamais le deuil ; elle ne déserta jamais non plus ses devoirs de reine. Et tous les soirs, tout au long de ces années, elle remontait la montre d'Albert et sortait la chemise de nuit du défunt. Elle se mettait au lit mais ne dormait jamais du côté où dormait Albert. Tel était le monde de Victoria, à partir de ce drame : un lit à moitié rempli, une vie à moitié vécue.

Publié en 1991 (une partie des droits d'auteurs devant être reversée au Prince Andrew Charitable Trust), *Victoria et Albert : La vie à Osborne House* connut un certain succès auprès des critiques. Le livre était exactement ce que j'avais souhaité qu'il fût : une vulgarisation enjouée illustrée de photographies vivantes et d'œuvres d'art. Il était en fait trop bon pour que je puisse en revendiquer l'entière paternité. L'idée originale venait de moi, le style et la mise en forme également et pourtant je ne cessais de répéter à Benita Stoney, qui l'avait corédigé avec moi et avait effectué une bonne part de la recherche : « C'est votre ouvrage, vous avez presque tout fait. » Par réflexe, je me mis à l'arrière-plan.

Mais mon deuxième livre sur Victoria allait porter ma marque de bout en bout. Tout en travaillant sur Osborne House, je découvris l'amour de Victoria pour les voyages à l'étranger. Benita et moi retournâmes à la bibliothèque royale, aux recueils plus volumineux que des dalles de pavage.

Nous nous mîmes à suivre les routes que la reine avait empruntées, du premier voyage dans la ville natale d'Albert, Cobourg, en 1845 jusqu'à son dernier séjour sur la Côte d'Azur, deux ans seulement avant sa mort. Mon idée était de retracer les voyages de la reine aussi précisément que possible. Je voulais voir ce qu'elle avait vu et sentir ce qu'elle avait senti, pour mieux la connaître.

Ce voyage devait satisfaire ma curiosité et au-delà. Je partis pour la Rhénanie en novembre 1992, seulement trois mois après mon humiliation à Balmoral. La honte m'avait piquée au vif et rendue inhabituellement sensible aux impressions nouvelles. Lorsque j'atteignis les collines des alentours de Cobourg, où Victoria avait couru pieds nus, je me sentis soutenue par une énergie plus forte et plus vaste que moi : la présence de la légendaire reine elle-même.

Je m'appliquai à reproduire son expérience jusque dans les plus petits détails. Dans la maison natale d'Albert, le Rosenau, où lui et son frère lacéraient le papier peint de leur chambre en pratiquant l'escrime, je mis les doigts dans les trous que Victoria avait jadis examinés.

Tandis que nous poursuivions notre périple, je me mis à faire confiance à mon intuition et il y eut d'étranges développements. A l'intérieur du palais d'Ehrenberg, je fus attirée par une fenêtre qui donnait sur une ruelle menant à la place du marché et je pris le temps de peindre la scène.

Sur la place elle-même, je fus captivée par le parfum des saucisses fumantes, grésillant sur des aiguilles de sapin. Au cap Ferrat, je trouvai un endroit parfait pour prendre le petit déjeuner, une terrasse abritée du soleil par une pinède. A Potsdam, j'eus une forte migraine. En route pour Nice, j'obéis à l'impulsion de faire un détour par une route de montagne sinueuse.

Aucun de ces incidents ne paraît remarquable en

soi. Mais lorsque je revins ensuite aux carnets de Victoria, je me rendis compte que la reine avait peint la même rue, du même point de vue. Elle avait envoyé quelqu'un lui acheter les mêmes saucisses à Cobourg. Elle avait pris le petit déjeuner dans cette même pinède du cap Ferrat. Victoria avait effectué le même détour – elle s'était même plainte de « maux de tête atroces » (elle était comme moi allergique au chauffage central).

Je ne prétends pas être une autre personne que moi mais, au cours de ce voyage, je me suis retrouvée dans Victoria jusqu'à sentir le roulis de son attelage. A chaque pas, durant mon voyage, sa présence devenait plus forte, plus palpable. Benita m'avait accomapgnée, avec un photographe et mon assistant-en-chef; mais il y avait des jours où je me sentais entièrement introvertie, engagée dans une quête privée. Victoria était la seule compagnie que je recherchais.

Paru en 1993, *Voyages avec la Reine Victoria* s'attira à son tour un chaleureux accueil de critiques. J'atteignais l'apogée de ma carrière éditoriale... Et je le ressentais, encore, comme une gigantesque escroquerie.

J'avais espéré que *Voyages* pouvait me faire regagner l'affection publique que j'avais dilapidée – que j'apparaîtrais comme une personne sérieuse, quelqu'un qui étudiait l'histoire. Mais à présent les compliments sonnaient creux : j'en savais plus que les chroniqueurs, je *savais*. Prenez mon travail artistique : Victoria avait peint de vrais paysages en Europe ; mes aquarelles me semblaient n'être que de vagues gribouillis hâtifs en comparaison. Mes images étaient trompeuses : comment pouvait-il en être autrement, étant donné leur auteur ?

Pour la première fois, je crois, je compris Victoria et à travers elle, sa Majesté, notre Reine actuelle. Je compris ce que devoir et sacrifice signifiaient à leurs yeux. J'étais tourmentée par cette prise de conscience, parce que je n'avais pas simplement laissé tomber sa Majesté. J'avais également, je le voyais bien à présent, trahi cette grande tradition monarchique. *Regarde ce qu'a fait la Reine : le devoir, encore et toujours le devoir, pendant tant d'années. Et toi, tu n'as pas fait ton devoir...*

J'étais entrée dans l'histoire en effet : j'avais vécu un échec de dimension historique.

Mieux que n'importe quelle psychanalyse, les *Voyages* m'aidèrent à réaliser quels dégâts j'avais commis. C'était un nouveau petit pas vers la conscience. Et ça faisait mal.

CHAPITRE XV

La duchesse de Cork

Un dimanche de novembre 1993, j'étais en train de travailler à la maison en regardant d'un œil le British Grand Prix, une compétition hippique qui a lieu à Hickstead. Brusquement je laissai tomber ce que j'étais en train de faire. Un cheval remarquable était en action, franchissant chaque obstacle avec aisance. Mais c'est le cavalier qui me frappa, un homme aux cheveux argentés vêtu d'une tunique verte. C'était un cavalier rare : un styliste. Il montait avec élégance et on voyait bien, à sa gestuelle, qu'il écoutait sa monture – ils évoluaient avec un synchronisme parfait, une harmonie totale. On ne pouvait déterminer où commençait l'un et où finissait l'autre.

Leur travail d'équipe me rappelait un passage de mon livre préféré, *The Horse Whisperer* de Nicholas Evans : « Danser et monter, c'est du pareil au même. C'est une affaire de confiance et d'entente. »

L'homme aux cheveux d'argent tenait toute la grâce du monde entre ses mains – je le savais aussi sûrement que je m'appelais Sarah. Je n'avais pas monté depuis fort longtemps ; j'avais perdu ma passion des chevaux en route, c'est le genre de choses qui arrive quand on cesse d'être à l'écoute de soi. Mais je savais que je voulais rencontrer cet homme. J'avais le sentiment qu'il pourrait m'aider à recouvrer quelque chose.

Un coup de téléphone me fit rater la fin du concours et rater le nom de l'homme ! J'appelai bien vite Jane Ambler et lui dis : « J'ai une mission pour vous ! » Je lui dis ce que je savais – cheval gris, tunique verte – et lui demandai de retrouver le nom de ce cavalier. Jane mit deux jours mais elle y parvint. Le nom du cavalier était Robert Splaine et il dirigeait un centre équestre à Belgooly, dans le comté de Cork, en Irlande.

En ce mois de novembre, je pris un vol Aer Lingus pour Cork. Deux heures plus tard, j'étais chez eux, dans la riche campagne irlandaise, je serrais la main de Robert Splaine et de sa femme, Eileen. Heather Blaze, la ballerine que j'avais vue à l'écran, était calmement en train de brouter du trèfle dans un petit champ. Elle dressa ses oreilles lorsque je m'en approchai.

Les Splaine étaient des gens charmants – pragmatiques, détendus, sans plus de manière avec une duchesse qu'avec le laitier – et nous nous liâmes rapidement d'amitié. Grâce à leurs encouragements, j'achetai un cheval et me remis à l'équitation. Je prenais l'avion une fois par semaine pour aller monter et m'entraîner. Lorsque je m'estimai prête, je m'inscrivis à un country show en Irlande. La compétition équestre clôturait toujours la manifestation et intervenait après les concours de gâteaux et autres attractions : *Et voici la duchesse d'York, sur son cheval Coolcorran Willow !*

Nous glanâmes quelques médailles, Willow et moi, et nous étions fiers de nous. Les gens du coin étaient fantastiques. Ils étaient ravis de voir un membre de la Famille royale chez eux et ils m'encourageaient comme l'enfant prodigue. Au bout d'un certain temps, ils se mirent à m'appeler la « duchesse de Cork ».

Je me suis toujours sentie à l'aise en Irlande. Je pouvais y vivre librement, naturellement – ma chevelure s'accordait bien avec tous ces rouquins. Je pouvais aller au restaurant sans avoir la presse à mes trousses. Les Irlandais étaient mes gardes du corps et j'avais l'impression d'être en sécurité.

Un jour, j'arrivai au centre équestre et remarquai tout de suite que quelque chose n'allait pas. Robert m'annonça que les propriétaires d'Heather Blaze s'apprêtaient à la vendre à des Américains. Il allait bientôt la perdre.

Pour Robert, c'était un choc. Heather Blaze était un mélange irréel de talent, de courage et de tempérament. Une vie entière pouvait s'écouler avant qu'un cavalier ne rencontre pareil phénomène. Sans ce cheval aux longues oreilles, Robert n'allait plus pouvoir monter dans les concours internationaux – et cela me semblait un crime, un gâchis que de se priver de tant de grâce et de brio.

Bien que mon compte à la banque Coutt se situât quelque part entre le pourpre et le cramoisi, je m'engageai à trouver les fonds nécessaires pour que nous puissions garder Heather Blaze. Tout le monde me disait : « Pensez d'abord à vous ! », mais il fallait que j'aide Robert et Eileen. Je ne pouvais pas les laisser tomber. Je parvins à réunir une somme suffisante – pas assez pour égaler l'offre de l'autre acheteur mais suffisamment importante pour verser des arrhes et geler la vente. J'avais du mal à croire que je possédais un tel destrier !

Heather Blaze était au sommet de sa forme en 1995, et remporta de nombreux concours. Mais je savais que l'épreuve de vérité serait la King George V Gold Cup en juillet. Trophée le plus couru d'Angleterre, le King George attirait les meilleurs chevaux du monde. Aucun cavalier irlandais ne l'avait gagné depuis trente-cinq ans. Mais il faut dire qu'aucun cavalier irlandais n'avait monté une bête comme Heather Blaze. Avant la compétition, j'allais voir ma jument et lui dis doucement : « La prochaine fois que tu sautes, n'aie pas peur des planches. »

Robert accordait une confiance extrême à sa monture ce jour-là, et cela se vit lors du premier parcours. Des trente chevaux engagés, cinq seulement firent un sans-faute – et, parmi ces cinq-là, Heather Blaze fut la plus rapide, flottant au-dessus des obstacles comme si elle n'obéissait pas aux lois de la pesanteur. Son excellent temps lui permit de partir dernière dans l'épreuve finale – conformément au plan de Robert.

Dans le second parcours, les quatre premiers chevaux renversèrent une barrière chacun. La stratégie la plus sûre pour Robert – celle que le suppliaient d'adopter ses amis des tribunes – aurait été d'en finir au plus vite, donnant ainsi à Heather Blaze une chance de gagner même en commettant une faute. Mais tandis que Robert se dirigeait vers la barrière, je le voyais secouer la tête – il avait un autre point de vue, plus audacieux. Plutôt que de se précipiter, il aborda l'épreuve finale lentement, délibérément. Il misait sur un parcours sans-faute. Il avait le meilleur cheval, en pleine forme et il lui faisait une confiance absolue. La femme qui présenta le trophée à ce cavalier irlandais et à ce cheval irlandais était fière d'être à demi irlandaise.

Personne, à Hickstead, en dehors de Robert et de moi-même, ne savait que je possédais Heather Blaze. Le secret rendit notre triomphe assez particulier. Peut-être allions-nous pouvoir continuer ainsi, incognito, jusqu'aux jeux Olympiques d'Atlanta – c'eût été une belle leçon de fraternité que le cheval d'une duchesse royale remporte une médaille pour l'Irlande !

Quelques semaines après le King George, Robert inscrivit Heather Blaze au Grand Prix d'Irlande. Elle était à mi-parcours, sautant avec sa grâce habituelle, lorsqu'elle trébucha en bondissant au-dessus de la rivière et chuta.

Sa patte avant gauche tremblait. Il n'y avait rien d'autre à faire que de lui épargner d'autres souffrances.

Robert n'était pas blessé mais je savais à quel point il souffrait. Il avait monté Heather Blaze pendant quatre ans : elle faisait partie de la famille. Nous touchâmes une somme importante des assurances ; assez pour donner à Robert une seconde chance. Mon intuition nous avait menés jusque-là et je voulais continuer de m'y fier. Je reversai l'argent à Robert en lui disant : « Trouve un cheval. »

Celui qu'il dénicha parut peu convaincant. Ballymoss, un beau pur-sang brun, semblait mal nourri. On pouvait compter ses côtes lorsque je le vis pour la première fois. Mais Robert appréciait son potentiel et nous prîmes le risque.

Au bout de quelques mois de soins prodigués par Robert, à force de brouter l'herbe épaisse et nourrissante du comté de Cork, Ballymoss s'épanouit. Aujourd'hui, ce cheval participe aux concours du circuit international, en équipier digne du cavalier le plus inspiré qu'il m'ait été donné de voir.

L'Amérique est une terre que je chéris. J'y trouve les gens incroyablement plus généreux et indulgents – ils ne sont pas enclins à juger tout le monde comme partout ailleurs. Si vous êtes heureux en leur compagnie, alors ils sont également heureux de vous voir, c'est aussi simple que ça.

Lorsque je partais en tournée officielle aux États-Unis, les gens semblaient s'intéresser à la personne que j'étais vraiment. Ils m'appelaient Fergie ou Sarah ou... Princesse Ferguson, du moment que ça leur plaisait. Le protocole n'avait aucune importance – ils étaient tout simplement heureux de voir cette masse de cheveux roux venir les visiter. En Australie aussi, j'ai reçu ce genre d'accueil, et même presque partout ailleurs : ce n'est que dans mon propre pays que je me suis sentie une étrangère.

Après des années passées à collecter des dons, je commençai à me sentir gênée d'avoir à aller en Amérique pour des causes britanniques ; cela avait un parfum trop colonial à mon goût. Je voulais en donner plus à un pays qui m'avait soutenue dans les mauvaises passes.

En décembre 1994, nous avons fondé Chances for Children. Pour être sûre que le petit dernier aurait les reins solides, j'engageai mes ressources financières personnelles afin d'aider à couvrir les frais de la première année.

Même si Chances for Children est basé à Manhattan, je ne souhaitais pas réduire mon choix à l'une ou l'autre des deux côtes du continent et dépasser les mondanités de New York et de Los Angeles. J'aime à trouver des endroits moins fréquentés, où on n'a pas besoin de faire la queue. Lorsque je visitai Oklahoma City, juste après l'attentat, je m'engageai à rassembler 150 000 dollars en un an pour les aider à construire un centre pédiatrique. Je n'avais que Christine Ward pour m'aider et ce fut assez difficile au début. Mais je suis pointilleuse sur le chapitre des promesses. Nous atteignîmes notre objectif deux semaines avant l'expiration du délai et retournâmes en Oklahoma avec le chèque.

Notre premier cas fut modeste, Rhonda Armstrong, une immigrée guyanaise de quatorze ans, avait été aveuglée par une tumeur au cerveau située dans la région du nerf optique. Si cette tumeur n'était pas enlevée, d'après les médecins, la fillette pourrait mourir dans les jours suivants.

Chances for Children fit un don de 15 000 dollars

pour financer l'opération de Rhonda au Montefiore Medical Center. On lui ôta une tumeur aussi grosse qu'un œuf de poule. Quelques jours après l'opération, j'allai la visiter. Rhonda venait de sortir de réanimation. Aussitôt que j'eus pénétré dans sa chambre, elle ouvrit les yeux et s'écria « Mon Dieu, je vois ! »

Certains moments, rares, sont inoubliables : la naissance de son enfant, la mort d'un parent. Les instants que j'ai passés avec Rhonda en font partie. Nous avions donné à cette fillette une année de vie supplémentaire. Je conserve encore sa photo près de mon lit. Je la revois encore découvrant la lumière, comme si elle voyait pour la première fois.

A l'été 1995, je pris l'avion afin de me rendre à Bucarest pour une tournée de trois jours parrainée par Scottish European Aid, une organisation caritative qui est en première ligne en Europe orientale. J'avais amené un photographe avec moi. Notre projet était de vendre ses photos en Angleterre et de faire don du bénéfice de la vente à SEA et à deux organisations caritatives roumaines.

Après une réception officielle, notre visite débuta par une visite à l'orphelinat de Leagen. Les enfants dormaient à trois par lit, mais leurs chambres étaient chauffées, les carreaux n'étaient pas cassés – bref, ce n'était pas un endroit horrible.

Il était vingt-trois heures trente, une longue journée tirait à sa fin lorsque nous passâmes à proximité d'un immeuble en brique au sommet d'une colline : l'hôpital de Camin pour enfants handicapés, que nous devions visiter le lendemain matin. Quelque chose me troublait au sujet de ce bâtiment – il paraissait si austère, si sombre.

– Arrêtez la voiture, s'il vous plaît, dis-je. Est-ce que je peux visiter cet endroit maintenant ?

– C'est impossible, protesta notre guide.
– Je veux aller là-dedans *maintenant*! répliquai-je.

À peine avais-je franchi la porte que je fus assaillie par l'odeur de chou pourri caractéristique de l'urine – je peux encore la sentir. Je vis alors d'où elle venait. La salle était pleine d'enfants, du bambin à l'adolescent. Nombre d'entre eux étaient attachés à des lits sans draps – une mesure destinée à les empêcher de se gratter et de se mordre mutuellement, expliqua l'infirmière. L'urine envahissait tout; les « patients » n'avaient aucun moyen de se rendre aux toilettes.

Je restai dans la salle pendant un long moment pour parler aux enfants. Je ne me suis jamais sentie mal à l'aise en leur compagnie, même s'ils sentaient mauvais et étaient susceptibles de vous faire pipi dessus s'ils s'asseyaient sur vos genoux. Mais ça ne me dérangeait pas : les blue-jeans sont faits pour ça!

Je me rendis ensuite à la buanderie et découvris la racine du problème : pas de machines à laver.

Le lendemain matin, nous y retournâmes pour notre visite officielle et je pus apprécier la différence et les avantages d'une visite de jour. Les draps étaient propres et les enfants lavés. L'odeur était toujours là, mais beaucoup moins forte. Le personnel faisait ce qu'il pouvait pour restaurer la dignité de ses fonctions en fournissant aux enfants des activités tout au long de la journée. Mais la nuit, il était débordé – l'hôpital manquait tout simplement de main-d'œuvre.

Avant de quitter la Roumanie, je demandai à passer une nuit dans les rues de Bucarest pour voir comment se débrouillaient les enfants de la rue. Un monospace Renault nous emmena dans une vaste décharge publique située derrière la gare, dans l'ombre des impressionnants bâtiments ministériels construits par Ceausescu. Mon accompagnateur m'expliqua que, n'ayant nulle part ailleurs où aller, une douzaine d'orphelins s'étaient aménagé un territoire dans la décharge.

Mon photographe et moi, nous y pénétrâmes en distribuant des cheeseburgers et des cocas. Ce que nous y découvrîmes me stupéfia et me bouleversa : une communauté autarcique organisée autour de la récupération des ordures et des détritus. Agés de dix à dix-huit ans, les résidents partageaient la nourriture qu'ils pouvaient trouver et dormaient tous dans des emballages en carton – tous, sauf un garçon nommé Gabriel qui se servait en guise de lit d'un frigo sans porte qu'il partageait avec cinq chiens. Ces enfants devaient être durs pour survivre. Abandonnés du monde, ils n'accordaient leur confiance qu'à leurs compagnons d'infortune. Quand on venait les voir chez eux, il fallait les traiter avec respect.

Le chef de bande avait dix-huit ans et se nommait Noley. Il parlait très bien l'anglais et fumait comme un pompier, même s'il ne laissait pas les plus jeunes toucher une cigarette. Nous nous entendîmes à merveille, Noley et moi. Il était malin et généreux, et pouvait faire quelque chose de sa vie si on lui en laissait la chance. L'enfant le plus triste était une petite fille, Romana. Elle approchait de la puberté et semblait craindre cette perspective.

Lorsque je quittai les lieux, Romana pleurait et je dis à Noley :

– Promets-moi que tu veilleras sur elle.

– Et toi, promets-moi que tu reviendras, répliqua-t-il.

Je promis, car je savais qu'il allait me manquer. Noley m'apprit bien des choses ce soir-là.

A des années-lumière des salles de Hurst Lodge, je recevais enfin un peu d'instruction.

De retour en Angleterre, nous ne rassemblâmes pas autant de fonds que nous l'avions espéré. Le magazine que nous avions contacté nous versa 560 000 francs pour les photos, mais les frais du voyage se montaient à 550 000 francs. Comme les enfants avaient besoin d'aide, je fis un don de 125 000 francs prélevés sur mon compte personnel. L'essentiel de cette somme devait servir à acheter des machines à laver le linge et des sécheuses industrielles pour l'hôpital de Camin.

Le problème fut que mon bureau versa la somme à SEA, plutôt que de la partager entre les trois associations. Cela ne nous semblait pas important – nous avions aidé les enfants de Roumanie, après tout, n'était-ce pas l'objectif ?

Mais la presse entendit parler des deux autres associations et décida que nous avions trahi notre engagement. Il y eut un reportage à ce sujet dans l'émission télévisée *World in Action*. SEA déclara être plus que satisfait par le montant de notre don et nous publiâmes notre propre version des faits. Mais la présentation des médias était tout autre.

Il y eut des moments où il semblait que chaque fois que je faisais un pas en avant, j'en faisais aussitôt deux, voire trois ou quatre, en arrière.

Le magazine *Majesty* publia un article selon lequel, dans la période de douze mois se terminant au 1ᵉʳ juillet 1995, j'avais parcouru plus de trois cent vingt mille kilomètres au service de mes causes humanitaires. Près de trois fois plus que le « numéro deux » de la Famille royale, le duc d'Édimbourg. Pour être juste, les autres membres de la famille avaient un handicap. Leur présence était requise lors d'événements officiels, de garden-parties royales à Ascot et lors de toutes les vacances dans les différentes résidences de la reine.

Quant à moi, j'étais proscrite de tout cela – à perpétuité, à ce qu'il semble. En octobre 1995, le *Mail on Sunday* confirma mon bannissement éternel : *La Reine va écarter Fergie des projecteurs*. Je savais bien ce qui avait provoqué cet article. Andrew et moi avions récemment emmené nos filles en Espagne. « La Firme » devait sans aucun doute se faire du souci au sujet de notre éventuelle réconciliation.

Mais à ce stade, les Hommes en Gris n'avaient pas à s'inquiéter. Andrew et moi ne pourrions plus jamais être réunis, avais-je admis, parce qu'il serait toujours un prince, et, avec lui, il fallait aussi accepter sa famille.

L'exil avait du bon, le plus souvent – il simplifiait la vie, sans parler des choix de garde-robe. Mais il y avait des moments où je me sentais mortellement solitaire, et les pires survenaient à Yuletide. Depuis ma séparation, je m'étais fait un devoir d'emmener Beatrice et Eugenie à Sandringham à l'époque de Noël. J'aurais adoré passer Noël avec maman en Argentine ou avec Jane en Australie. Mais je trouvais plus digne et juste que mes filles soient avec leur père et leur grand-mère, la Reine. J'estimais qu'elles avaient besoin de comprendre comment fonctionnait la Famille royale. Elles avaient besoin de le comprendre mieux que leur mère ne l'avait fait.

Sans doute cherchais-je, là encore, une certaine approbation.

Tandis qu'approchait Noël 1995, je me présentai à la porte avec plus d'appréhension encore que d'habitude. Normalement, nous passions une semaine à Sandringham. Cette année, trop fauchées pour aller en Suisse, nous étions là pour quinze jours. Comme d'habitude, nous logions à Wood Farm, un cottage confortable situé à trois kilomètres de la « grande maison ». A seize heures trente, qu'il neige ou que le soleil brille, Andrew venait chercher Beatrice et Eugenie pour les emmener prendre le thé avec leurs cousins et la Reine. Lorsqu'elles m'étaient rendues, mes filles adoptaient une certaine hauteur avec moi – il allait me falloir un certain temps pour les ramener à plus de modestie.

Au cours des deux semaines de séjour, je ne fus pas invitée une seule fois à la grande maison – ni pour le thé, ni pour un verre, ni pour un bol de porridge. « Maman, me dit Beatrice un jour, pourquoi n'es-tu pas assez gentille pour aller là-bas ? » J'essayai de lui expliquer que leur grand-mère adorerait me voir avec elles, mais que je n'étais pas aussi bien vue des autres membres de la famille. Ma fille sembla se satisfaire de cette explication. Tant que j'étais là pour les accueillir quand elles revenaient, elles étaient contentes.

Pour moi, vous vous en doutez, le moment le plus pénible était celui de la fête elle-même. Selon la tradition, la famille se rassemblait autour de l'arbre pour ouvrir les cadeaux la veille de Noël. Ils se rendaient tous à l'église le lendemain matin et allaient festoyer tout l'après-midi au retour de l'office. Depuis 1992, j'avais été exclue de tout cela – ils ne pouvaient m'interdire l'accès de l'église, bien sûr, mais je ne voulais pas y aller : ils auraient fait trop de commentaires.

A présent, quatrième année de mon exclusion, je connaissais la musique. Mais je ne pouvais m'empêcher de penser : *n'est-ce pas le moment du pardon et de la bonne nouvelle pour tous les hommes de bonne volonté ?*

Andrew et moi, avions maintenu notre propre petite tradition de Noël. Après le déjeuner, où j'avais dégusté deux hamburgers de Noël à la dinde avec le cuistot et les deux policiers de garde, mon mari vint à Wood Farm. Nous regardâmes un film de James Bond et nous amusâmes comme des petits fous. A dix-neuf heures trente, il se leva et nous quitta en rouspétant sur le fait d'avoir à se changer pour le dîner. Et je me retrouvai, à nouveau, toute seule.

∗
∗ ∗

Comme je l'ai déjà noté, j'ai toujours été plutôt dépensière. Je continuai à dépenser après ma séparation, et mon découvert à six chiffres s'orna bientôt d'un septième zéro. Étant donné mon train de vie habituel et le niveau de mes revenus, un déficit structurel avait tendance à s'établir. Vu mon état d'esprit et l'inclination de mon entourage, mon découvert prospéra, gonfla et gonfla toujours plus...

En janvier 1995, mes filles et moi, nous déménageâmes de Romenda Lodge pour nous installer à Kingsbourne. Notre loyer était inchangé, mais notre nouvelle maison, longtemps vide, avait été endommagée par la pluie et je dus investir une belle somme pour rendre l'endroit habitable.

Je n'aurais peut-être pas coulé si vite, et si bas, si j'avais eu des rentrées dans l'autre colonne du grand livre de comptes. Mais là était le hic : de 1992 à 1995, mes revenus avaient sombré. John Bryan avait négocié un contrat pour exploiter les droits télévisuels et les droits dérivés de *Bidgie*. Il ne cessait de parler de futures initiatives, imminentes, qui placeraient la société que j'avais fondée plusieurs années auparavant – les éditions ASB, comme Andrew-Sarah-Beatrice – juste derrière Disney.

La démonstration favorite de John consistait à rédiger des listes de transactions futures en accolant à chacune d'entre elles des chiffres en dollars dépassant le PNB du Luxembourg. « Pas de problème, répétait-il. Ce coup-là couvrira le découvert à lui tout seul. »

Tout paraissait bel et bon – jusqu'à ce que je pose

une question ou que je laisse paraître le moindre doute. Sur ce terrain, John pouvait rivaliser avec les plus vénérables des Hommes en Gris. « Tu n'y connais rien », me disait-il alors.

Je détestais me faire rembarrer, alors j'évitais de poser des questions. Je voulais croire que John était un homme d'affaires accompli qui mettait son génie à mon service. Muni d'une procuration, il n'avait pas même besoin de me consulter avant de signer un contrat – et je trouvais cela formidable, cela me simplifiait tellement la vie. Il n'y eut qu'un problème : le gros coup de John ne se concrétisa jamais. ASB encaissait quelques modestes rentrées, mais coûtait bien plus cher. Il fallait payer le personnel et John passait son temps dans l'avion, allant d'un pays à l'autre pour y mener des tractations au plus haut niveau. Et ce n'est pas le genre d'homme qui voyage en seconde classe. Jusqu'au jour où ASB fut déficitaire de centaines de milliers de dollars.

John quitta définitivement l'Angleterre en juillet 1995. Nous rompîmes tous liens d'affaires en août de la même année. A cette époque, mon découvert avait atteint la stratosphère. La banque Coutt's avait l'habitude de tolérer une dette à long terme de la part des membres de la Famille royale. Les banquiers estimaient que sa solvabilité lui permettait de passer à la caisse tôt ou tard. Et j'étais la belle-fille de la Reine, n'est-ce pas ? Mais, vers la fin de 1995, il était clair que je poussais un peu trop, car mes revenus étaient nuls et ma dette excédait les 25 millions de francs.

Il se trouvait que je devenais plus saine dans la gestion de mes affaires financières à cette époque. J'en repris le contrôle. J'avais taillé dans mes dépenses domestiques. J'avais dû licencier quelques employés. Sur le plan des revenus, plusieurs projets solides étaient en cours de réalisation. Je devenais plus consciente chaque jour, et donc plus affolée. J'avais l'impression de m'être endormie sur la voie ferrée et de me réveiller alors que la locomotive arrivait en fonçant à vingt mètres de moi. J'avais conscience du danger, certes, mais m'étais-je éveillée à temps ?

Dès le mois de novembre, je dus obtenir l'accord de la banque pour faire des chèques au fleuriste ou à l'épicier. Je pensais sérieusement être à la veille de la banqueroute. J'appelai un ami américain et lui dis : « Je suis dans la mouise, je vais bientôt sombrer et j'ai besoin d'aide. Voulez-vous m'aider ? » Alors que d'autres avaient flanché ou s'étaient effrayés, cet homme m'assura qu'il serait à mes côtés. En échange d'une option future sur *Budgie*, il essaierait de me tirer d'affaire.

En décembre, un montage était en cours afin de restructurer ma dette. En janvier, un accord tripartite avait commencé à voir le jour entre Coutt's, le groupe américain et moi-même. « La Firme » nous assura qu'elle cautionnait cet accord.

C'est là que j'aurais dû flairer une embrouille de cour. Car, le 17 janvier, juste avant que notre accord tripartite ne fût adopté, « La Firme » publia la déclaration suivante : « Les affaires financières de la Duchesse ne concernent désormais plus Sa Majesté. La duchesse d'York doit aborder et résoudre ces problèmes avec ses banquiers et autres conseillers financiers... Les affaires de la Duchesse doivent être conduites séparément de tout devoir royal. »

Cette déclaration déclencha un raid sur mon compte en banque. Jusque-là, mes créanciers avaient été inquiets. A présent, ils étaient hystériques à l'idée qu'ils ne seraient pas payés. Tout le monde, du boucher aux compagnies aériennes, exigea un paiement immédiat. Le téléphone de mon bureau ne cessait de sonner. Des avocats nous adressaient par dizaines des lettres solennelles.

Mais mon ami américain tint ferme dans la tempête. Le 20 janvier, mon bureau rendit public un accord « permettant une base solide aux activités de Son Altesse royale, la duchesse d'York, et assurant le paiement des créanciers ». J'ai encore un gros découvert, mais je suis en train de rembourser, jusqu'au dernier centime.

« La Firme », à l'évidence, avait fait de son mieux pour torpiller mon sauvetage. Elle avait essayé de me faire plonger si bas que j'aurais perdu tout espoir d'atteindre la surface, d'être un jour autonome.

Mais « La Firme » avait échoué.

Le reste était de mon seul ressort.

CHAPITRE XVI

Le commencement de la fin

Les trahisons font partie de la vie publique ; elles y sont aussi inévitables que les fausses rumeurs ou les zooms des paparazzi. J'aimerais pouvoir vous dire que je me suis endurcie à leur égard, que j'y suis indifférente – mais ce n'est pas le cas, hélas ! C'est une chose, en effet, que de se voir harcelée par un journaliste inconnu ; c'en est une autre que de se voir insultée par quelqu'un qu'on a fréquenté et apprécié, auquel on a accordé confiance et amitié.

Alors que je venais de me marier et que je me sentais délaissée à Buckingham Palace sans Andrew, nul n'était plus gentil avec moi que lord Charteris, ex-secrétaire particulier de la Reine pendant des lustres. Il dînait souvent avec moi à l'hôtel Connaught, il était le confident de ma solitude. Il me faisait l'effet d'un oncle patient et sympathique.

Je fus donc terriblement blessée lorsque lord Charteris alla jusqu'à déclarer à la télévision que j'étais « une fille délicieuse, mais fondamentalement inapte au travail de Princesse royale, à jamais ». Et j'eus le cœur véritablement fendu en voyant mon ancien compagnon de table en rajouter une louche dans le *Spectator*, en janvier 1995 : « C'est tout simple, la duchesse d'York est une parvenue. Elle est vulgaire, vulgaire et vulgaire, c'est ainsi. »

Les quotidiens le citèrent abondamment pour en faire des articles à leur sauce habituelle. Les journalistes vinrent me trouver à Klosters pour connaître ma réaction. « Chacun a le droit d'émettre son avis », leur dis-je. Mais moi, quel était mon avis sur mon détracteur ? « En réalité, je l'apprécie beaucoup. » Je n'essayais pas de feindre la magnanimité. Cette réponse me vint automatiquement car je pense qu'en effet lord Charteris est un grand homme. Quand j'aurai quatre-vingts ans, j'espère mériter la même indulgence...

Les trahisons les plus douloureuses vinrent de certains de mes anciens employés, ne serait-ce que parce qu'ils en savent tant. C'est un défi que de travailler avec moi – je suis rapide et abrupte et j'aime déléguer du travail et des responsabilités à mon personnel. Lorsque tout s'effondra autour de moi au début des années 90, je suis sûre que j'ai dû me montrer franchement impossible.

Mais les gens qui me sont fidèles savent me pardonner et ne font pas de mes crises une affaire personnelle. Ils savent que je suis loyale et ils m'ont manifesté la plus grande loyauté en retour. Ils m'ont tenu la main dans les moments difficiles. Ils se sont toujours montrés dignes de ma confiance – à deux notables exceptions.

Il y eut d'abord un majordome que je connaissais depuis l'époque du Palais. Il m'avait suivie à Romenda Lodge. Après avoir quitté mon service, il se précipita dans les salles de rédaction. Les journalistes furent si consternés qu'ils me firent prévenir. Les journaux publièrent cinq lignes de ses révélations de voyeur, assez pour me permettre de l'empêcher de se livrer à de nouvelles délations (quiconque entre au service de la Famille royale doit signer un accord de confidentialité).

Theo Ellert se montra plus raffinée et plus dangereuse. Après la réorganisation de Children in Crisis en 1994, il lui fut proposé un changement d'affectation. Theo préféra démissionner. Quelques mois plus tard, elle vendit sa version de mes « secrets les plus intimes » – FERGIE DIT QUE LES CHAUVES SONT DE BONS COUPS! – au *Daily Mirror*, pour 75 000 francs, afin de financer sa nouvelle association caritative. Puis elle créa un serveur téléphonique permettant aux gens d'écouter, en toute indiscrétion et pour 4 francs la minute, deux messages personnels que j'avais laisssés sur son répondeur.

Étant donné ma sensibilité à l'égard des écoutes téléphoniques et des proctoscopes-espions, cette dernière trouvaille me rendit vraiment triste. Je n'avais pas besoin de ça. Les reporters les plus réputés de Londres avaient déjà retrouvé mon manucure roumain à New York (*Mais comment vous traite-t-elle?*) et pouvaient passer des journées à établir que je transportais du papier hygiénique dans mes valises. Rien n'était apparemment trop trivial pour éveiller l'intérêt de la presse populaire. Cela voulait dire que plus rien ne m'appartenait. Les tréfonds de mon être eux-mêmes étaient exposés au vu et au su de tous, triturés de la pointe du stylo.

Le plus atroce, lorsque l'on vit dans un aquarium, ce n'est pas tant que les gens vous regardent, c'est qu'ils vous empêchent de faire ce que vous avez besoin de faire. Theo vendit notre amitié à la presse, à un moment où j'étais fragile. Alors que j'avais lentement progressé sur la voie de la conscience de soi, il me restait encore bien du chemin à parcourir. J'avais besoin de voir en moi, plus profondément qu'auparavant, mais il y avait de plus en plus de monde dans l'observatoire.

Et soudain mon cher père s'y fraya un chemin.

En octobre 1994, les journaux populaires publièrent des extraits de la nouvelle autobiographie de papa – *The*

Galloping Major, My Life and Singular Times. Papa avait ajouté à quelques anecdotes sur le monde du polo de longs passages consacrés à sa célèbre fille cadette – le genre de marchandise qui lui permettrait d'obtenir de gros à-valoir et de couvrir quelques dettes pressantes. *The Galloping Major* s'en prenait aux « lèche-bottes » médisants de « La Firme ». Il s'étendait sur les épreuves qui sont le lot d'une épouse de Windsor et spéculait sur mon avenir avec Andrew.

La lecture de ce livre m'emplit d'un sentiment d'abandon total, de solitude irrémédiable. Ce n'était pas le contenu qui me consternait ainsi. C'était le fait que papa ait vendu notre relation pour quelques milliers de livres, sans même prendre la peine de me consulter. Il s'était emparé de mon bien le plus précieux, ma vie privée, et il l'avait vendue aux enchères, comme si tel était son droit seigneurial.

– Que veux-tu que je te dise ? me demanda-t-il, après avoir compris que j'étais vraiment peinée.

– Rien, papa, dis-je avec lassitude. Tu ne peux rien y faire.

Lorsque l'on est en guerre avec l'un de ses parents, on est perdant sur deux tableaux : d'abord à cause du conflit lui-même, ensuite en raison de l'éloignement qui en résulte. On se retrouve séparé de la personne qui vous a donné la vie. J'ai fini par pardonner à papa, mais son livre a creusé un profond fossé entre nous que nous avons mis du temps à combler.

Nous étions encore en froid en janvier 1996 lorsque je visitai le Qatar, dans la péninsule Arabique. L'émir m'invita à revenir en mars pour le Festival annuel du Cheval – et, ce qui était plus excitant, au marathon équestre international du Qatar, plus connu sous le nom de « Tempête du Désert ».

Ce n'était pas là une proposition qu'il fallait prendre

Le commencement de la fin

à la légère. La course, je le savais, comptait parmi les plus épuisantes du monde. Il s'agissait pour le cavalier comme pour sa monture de parcourir quarante-deux kilomètres sur le sable. Doté d'un prix de plus de 100 000 dollars, le marathon attirait les jockeys les plus expérimentés du Moyen-Orient, des professionnels qui s'entraînaient toute l'année pour affronter une compétition qui durait des heures sous un soleil de plomb. J'étais raisonnablement en forme à cette époque, grâce à mes séances d'entraînement avec Josh Salzmann, mais je n'étais pas assez en forme pour monter. Je n'avais pas monté un cheval depuis la mort de Heather Blaze – je me sentais trop triste pour retourner en Irlande et j'avais en outre réduit mes dépenses de loisirs, j'économisais.

Pourtant, je fus tentée par la proposition de l'émir. Si je concourais, une compagnie pétrolière me sponsoriserait et verserait une somme substantielle à Chidren in Crisis. Je savais en outre que je pouvais disposer d'un manager parfait, un expert dans l'art de survivre dans le désert : le major Ronald Ferguson, ancien de la Garde royale. J'estimai qu'il était temps de faire la paix avec papa.

Dès que j'eus annoncé ma participation à la course, les cyniques se mirent à ricaner. La sagesse populaire – c'est-à-dire la presse – me déclara folle, enragée dans ma quête de publicité. Il y avait pourtant d'autres manières de faire paraître sa photo dans le journal... Le cavalier célèbre de l'année précédente, Patrick Swayze, avait fini bon dernier, et il était l'une des merveilles de l'aérobic hollywoodien. Tout le monde prédisait que j'arriverais au quart du parcours, puis me ferais photographier un bon coup avant de faire du stop jusqu'à la prochaine oasis.

Sous le titre FERGIE GALOPE VERS L'ÉCHEC, le *Daily Express* cita un organisateur de courses : « Il me semble que cette pauvre Fergie a bien peu de chances de terminer la course et elle pourrait bien finir par rendre la Reine ridicule. »

Même papa et Robert Splaine, mon conseiller hippique, exprimaient des réserves quant à ma « tentative incertaine sur un cheval inconnu », comme disait papa. Mais ils me connaissaient trop bien pour essayer de me convaincre de me retirer. J'avais donné ma parole, et plus j'entendais dire que je ne pouvais pas le faire, plus j'y tenais. Comme dans le cas du Hampshire Horse Show ou dans celui de mon excursion en canoë au Canada. Chaque fois que je me sentais sous-estimée, je me dépassais.

Cette fois, la scène était plus vaste, les enjeux plus élevés – et le prix de l'échec serait plus lourd.

En Angleterre, je m'imposai un régime atrocement sain et je passai à sept séances d'entraînement par semaine. Lorsque je revins au Qatar, la course avait pris une importance considérable. A présent, c'était une question d'intégrité – il s'agissait de mon aptitude à rester dans la course et de me montrer aussi sérieuse que je prétendais l'être. Je ne pouvais espérer gagner la course, mais je savais que je devais la terminer. Alors seulement pourrais-je démontrer à ceux qui doutaient de moi – dont le plus exigeant n'était autre que moi-même – que je n'étais pas bidon.

Lorsque nous examinâmes le cheval qui m'avait été attribué, Robert vit sur-le-champ qu'il n'était pas assez en forme pour durer. Puis notre chance tourna ; nous rencontrâmes un autre cavalier, un chanteur de jazz américain nommé Jean Renaud, que tout le monde appelait « Longues-Jambes ». Comprenant notre mécontentement, Longues-Jambes nous présenta à Pierre Bonnard, qui avait justement un cheval disponible, un hongre alezan âgé de sept ans. Il s'appelait Gal et j'aimais la description qu'en faisait Robert : « Un grand cheval plein d'allure, athlétique et raisonnable. »

Gal était un Akhal-Teke, une race russe qu'avait montée Alexandre le Grand. Le corps élancé, les Akhal-

Le commencement de la fin

Teke sont dressés pour s'adapter au désert, et ils sont réputés pour leur endurance. « Et rappelez-vous, me dit Pierre, mon Gal adore qu'on lui parle. Parlez-lui et il vous aidera. »

A l'instant où nous nous sommes rencontrés, avant même que nous n'effectuions ensemble notre unique séance d'entraînement la veille de l'épreuve, j'ai eu un vrai rapport avec Gal. Nous échangeâmes quelques propos, au ras des naseaux et je sus tout de suite qu'il avait un cœur en or, qu'on pouvait compter sur lui.

Nous nous alignâmes le lendemain matin, le long d'une vaste étendue de sable clair. Il y avait là quarante-six coursiers fin prêts et leurs cavaliers, presque tous des hommes. Le parcours n'était que succinctement indiqué, par des bornes ou par des fanions. Derrière les chevaux se trouvaient deux fois plus de voitures, de véhicules tout terrain et d'ambulances. Parmi cette flotte, je remarquai une décapotable pleine de journalistes britanniques, hérissés d'objectifs immenses comme autant d'antennes monstrueuses – chacun de ces gaillards espérait de tout cœur pouvoir immortaliser mon échec.

Quelques minutes avant le départ, de gros nuages noirs apparurent dans le ciel et l'orage éclata, trempant tout le monde jusqu'à l'os.

Un coup de pistolet donna le signal du départ et ce fut le chaos – j'eus bien du mal à conserver mon sang-froid. Les chevaux se cabraient et les moteurs vrombissaient, tout le monde chargeait dans ce qui semblait être une douzaine de directions différentes. Ce fut alors que je me rendis compte que j'avais enfourché un cheval de course, ce que Robert m'avait caché pour ne pas trop m'intimider. Gal prit le mors aux dents et se mit à foncer, au grand galop, comme s'il courait un sprint. Il voulait tout simplement gagner et il ne savait pas que la ligne d'arrivée se trouvait à quarante-deux kilomètres de là.

Je tirai sur les rênes pour tenter de le contrôler mais mes gants trempés par l'averse étaient glissants et les rênes m'échappèrent des mains – j'avais perdu la maîtrise de mon cheval. *En cas de doute*, m'avait conseillé Robert, *faites tourner le cheval en rond.* Ayant lâché la rêne gauche, je serrai les jambes fermement vers l'avant tout en tirant de toutes mes forces sur la rêne droite. Gal fut forcé de reculer en décrivant un cercle. Je repris enfin le contrôle et nous nous mîmes à trotter tranquillement.

J'avais autrefois été comme Gal, songeai-je, toujours à vouloir dépasser mes limites jusqu'à me consumer complètement. A présent, j'étais plus sage : rien ne sert de courir, il faut partir à point.

Une voix d'homme me parvint alors :

« Ne vous en faites pas, tout va bien se passer ! »

C'était Longues-Jambes, qui avait décidé de faire la course en ma compagnie et de m'aider. On ne pouvait rêver meilleur partenaire, plus affable compagnon : il ne se départit jamais de son sourire.

J'avais besoin de tout le soutien possible. Je m'étais préparée à la chaleur, mais pas à l'humidité d'une tempête imprévue. La pluie allait tomber par intermittence, et par trombes, tout au long de la journée. Elle ajoutait du poids à ma monture et de la distance à la course, car il nous fallut contourner plus d'un cratère rempli d'eau. La pluie remuait le sable et les cailloux jusqu'à rendre le terrain lourd et plein de pièges.

Mes perspectives semblaient bien sombres. L'un de mes étriers était trop long et me frottait l'intérieur du genou gauche. Je ne tardai pas à ressentir une douleur aiguë. J'étais trempée et j'avais peur. La pluie avait bouleversé mes plans.

Quelques mètres derrière moi roulait ma voiture de soutien, une Jeep à l'arrière de laquelle Robert était assis tandis que papa se tenait à côté du chauffeur arabe. Papa était revenu à son style militaire à l'ancienne, criant ordre sur ordre.

— J'étais en garnison dans le désert, à Aden, répétait-il en guidant le chauffeur de dune en dune. Je sais ce que je fais.

— Oui, Major Renard du désert, approuvait le chauffeur avant de prendre la direction opposée à celle qu'indiquait mon père.

Papa savait que le truc, avec un tel climat, était de rester « à son maximum ». On pouvait facilement se déshydrater avant de se rendre compte qu'on avait soif. De temps en temps, il faisait approcher la Jeep pour me rappeler de boire au goulot les bouteilles d'eau accrochées à ma selle. A proximité de chaque relais d'eau, où des gourdes étaient fournies, Robert se penchait à la fenêtre de la Jeep et hurlait : « De l'eau ! » Lorsqu'il fallait mouiller le cou et les épaules de Gal, il criait : « Cheval ! »

A mi-parcours, nous atteignîmes le relais vétérinaire, où les cavaliers devaient mettre pied à terre et présenter leurs montures. On y contrôlait leur rythme cardiaque et s'il ne souffraient pas trop. Gal était en grande forme, mais ma propre jambe fonctionnait à peine après s'être frottée à la selle aussi longtemps.

La pluie et le sable prenaient leur tribut. Les chevaux commençaient à boiter et à manifester leur épuisement. A dix kilomètres de l'arrivée, le cheval de Longues-Jambes tombait de fatigue. Mon ami me dit de continuer sans lui et c'est ce que je fis, mais j'avais l'impression de trahir.

Gal et moi, nous étions seuls à présent et le chemin était solitaire. Le désert humide s'étendait à perte de vue devant nous, tout aussi plat et monotone que le paysage que nous avions traversé jusqu'alors. L'univers tout entier semblait uniformément brun. Cela n'allait donc jamais finir ? A cinq kilomètres de l'arrivée, Gal passa du trot au pas, puis à un pas plus lent. Chaque pas était plus laborieux que le précédent... Et Gal s'arrêta. *Je ne veux pas continuer*, me disait mon cheval, *je suis crevé*.

J'étais moi-même épuisée, mais l'idée d'abandonner me répugnait. Je faisais partie d'une équipe de huit cavaliers et je ne pouvais laisser tomber les autres. Il fallait que je passe la ligne d'arrivée. Quelque chose d'extrêmement important en dépendait.

Mais je ne pouvais pas plus être cruelle avec mon cheval. Je ne pouvais ni ne voulais le forcer.

— Je continue? demandai-je à Robert, alors que la voiture avançait paresseusement à mes côtés. Est-ce qu'il a encore assez de jus?

Selon le règlement, Robert n'avait pas le droit de quitter la voiture, mais il examina Gal un long moment. Puis, il dit :

— De ce que je peux voir et avec la distance qu'il vous reste à parcourir, ça devrait aller très bien.

— Vous en êtes sûr?

— Absolument, dit Robert.

Ainsi rassurée, je savais que Gal et moi, nous irions aussi loin que nous porterait notre symbiose. Nous allions avoir besoin de puiser dans nos plus profondes réserves. Nous allions devoir mettre toute notre foi en jeu. Mon cheval voulait renoncer mais je fis appel à lui comme à un ami. « Gal, tu dois me faire confiance. Je sais que l'écurie se trouve derrière nous et que tu ne sais pas où on est... Et on dirait bien qu'on se trouve au beau milieu du désert. Mais il faut que tu comprennes qu'il y a quelque chose là-bas – il faut croire en moi, je vais t'amener là-bas. »

En prononçant ces mots, j'étais en pleurs. J'ajoutai :

— Si tu ne crois pas en moi, on va échouer et il ne faut pas qu'on échoue. Parce que, alors, ils diront : *Une fois de plus elle est toujours aussi stupide, et aussi dingue.*

Gal demeura immobile et mon cœur se mit à lâcher.

J'essayai une dernière fois : « Vas-tu avancer ? Alors que le monde entier m'a abandonnée, est-ce que toi, tu vas me suivre ? » Puis j'entendis la selle crisser et je sentis les membres de ma monture se déployer. Et mon cheval se remit en chemin. Gal me faisait confiance et croyait en moi, contre toute logique : il se remit en route. Cette bonté me subjugua. Il y avait tant de possibilités sur la terre, tant de grandeur dans ces créatures – comment pourrais-je jamais me sentir désespérée ?

A un peu plus d'un kilomètre de l'arrivée, Gal aperçut au détour d'un virage la tribune. Cette vision le réveilla, car il comprit que je ne lui avais pas menti. A huit cents mètres, il se mit au petit galop, plein de confiance en lui. Et c'est ainsi qu'il franchit la ligne d'arrivée, au petit galop, plein d'aisance et de fraîcheur, tel un poulain qui s'ébroue.

Après m'être arrachée de la selle, je fis une imitation spectaculaire, quoique involontaire, de John Wayne. Mes muscles étaient noués et me donnaient une démarche de cow-boy. Il me fallut des heures pour me remettre à marcher normalement.

Je m'assurai que Gal bût en premier, puis je me désaltérai à mon tour. Je voulais prendre soin de ce cheval pour la vie.

Mon temps était de deux heures et trente-cinq minutes – près d'une heure de moins que celui de Patrick Swayze. Plus important, j'avais terminé un parcours qui avait forcé dix-neuf des quarante-six participants à abandonner. Mon équipe se classa troisième et notre entraîneur m'embrassa en me disant :

– Vous l'avez fait ! Vous l'avez fait pour l'équipe !

Ce compliment me procura un immense plaisir ; j'ai un esprit d'équipe bien supérieur à ce que s'imaginent les gens.

Une heure après le triomphe de Gal, je scrutai le paysage en direction du parcours. A travers la bruine, je vis grossir un point à l'horizon, une silhouette élancée avançait péniblement vers nous, tirant un cheval derrière elle. Longues-Jambes ! Je m'élançai aussi vite que mes jambes à la John Wayne me le permettaient et escortai mon camarade. Lui aussi avait terminé, après tout.

Plus tard, je demandai à mon ami pourquoi il était resté avec moi au début.

– Quand on rencontre un grand esprit, m'expliqua Longues-Jambes, il faut toujours l'aider dans les périodes difficiles.

Ce n'était pas loin d'être la phrase la plus gentille qu'on m'ait jamais dite.

Privé de l'histoire qu'il escomptait, le *Daily Mail* en tira ce qu'il put le lendemain matin : ELLE ÉTAIT 25e SUR 27.

Mais cette bassesse, laissez-moi vous le dire, me laissa de marbre. Comment aurais-je pu me tracasser pour un gros titre alors que je m'étais réconciliée avec papa ? Il avait été si vaillant pendant toute cette affaire, avait tout pris en charge. Il s'était comporté en vrai père. J'étais fière d'avoir réussi sous ses yeux. Un fils, me disais-je, n'aurait pas fait mieux.

A la fin de ma course, papa vint vers moi, les larmes aux yeux et me dit toute sa fierté – et qu'il souhaitait que le monde entier sût ce que j'avais accompli ce jour-là. Cela voulait dire quelque chose car papa, homme qui ne vivait que par et pour le cheval, ne se laissait pas facilement impressionner.

En apparence, ma vie devenait plus cohérente. Avec l'aide de mon nouveau conseiller financier, j'avais arrêté l'hémorragie financière et j'avais recommencé à toucher des revenus. Ma nouvelle collection de livres pour enfants allait être lancée à l'automne. Children in Crisis se portait bien et devait collecter près de 20 millions de francs au cours de l'année fiscale 1996. Et j'étais dégagée de tout imbroglio sentimental – un bienfait relatif, certes, mais qui n'en procure pas moins une certaine tranquillité.

Mais alors même que ma vie devenait plus simple, plus raisonnable, j'étais en proie au « chien noir » – c'est ainsi que Churchill surnommait sa dépression. J'étais comme un soldat dans un cratère d'obus, après que tous ses compagnons ont été massacrés : perdue, engourdie, me demandant comment j'avais été épargnée – et pour quoi faire. Voilà ce que j'écrivis dans mon journal à la date du 11 mars 1996, une semaine avant mon départ pour le Qatar :

« On dirait le vide intérieur – un tube creux, un sombre couloir sans portes ouvertes... Ce n'est pas la peur, c'est un morceau creux de corail mort, qui flotte sans vie et sans but. Quels sont les véritables sentiments qui l'habitent ? Quelle est la voie ?

Ma souffrance est beaucoup trop grande, peut-être devrais-je abandonner... Renonce.

Mais je me préoccupe tant, de tant de choses, des sentiments des gens, de leurs comportements. J'en ai vraiment assez de m'inquiéter. J'en ai vraiment assez de cette longue bataille épuisante. Le mieux est sans doute de renoncer et d'admettre que je suis dans un désert, seule, effrayée, et désorientée. Le mieux que je puisse faire est simplement de permettre à cette douleur incroyable que j'ai en moi de se perpétuer. La sentir, l'étreindre – alors seulement, peut-être, pourrais-je briller et aller mon chemin, dans l'entrain et la liberté d'esprit. »

Aller de l'avant me demanderait tout mon courage, et quelque chose de plus : une clarté et une discrétion qu'il me restait à atteindre. Quatre ans après ma séparation, je restais sonnée : légalement, financièrement et émotionnellement. Ni Andrew ni moi ne voulions prendre la décision, mais nous ne pouvions rester plus longtemps à la croisée des chemins. Il nous fallait emprunter une direction ou l'autre : nous réconcilier ou se quitter, et toutes les cartes se trouvaient du même côté de la table.

Cela serait difficile de divorcer d'Andrew. Il n'y avait nulle animosité entre nous. En fait notre amitié était plus forte que jamais. J'avais dû perdre mon prince pour redécouvrir l'homme. Je ne trouverais peut-être jamais une autre personne qui me comprenne comme Andrew. Je savais également que mon mari ne m'aurait pas refusé une nouvelle tentative. L'amour inconditionnel est ainsi – il vous suit toujours. Mais j'avais franchi le Rubicon depuis longtemps déjà.

En termes pratiques, je ne pouvais pas satisfaire les exigences de la banque sans me donner corps et âme à mes activités commerciales. En tant que mère séparée, avec deux enfants, mon objectif était d'être indépendante financièrement (ce qui m'était impossible en tant que membre de la famille royale). Il y avait tellement à faire, des plus simples formalités à des projets de longs métrages.

Ma liberté avait été payée trop chèrement pour y renoncer. J'avais besoin de construire une carrière sans tergiverser, sans m'excuser.

En fin de compte, ma décision ne fut pas prise en fonction de préoccupations comptables. La vie de princesse était tout simplement trop prenante pour moi, et en même temps, trop stérile. Je voulais qu'un mariage m'apportât plus que ce que pouvait offrir un prince. Je voulais un compagnon qui me donnerait 110 % et auquel je rendrais de même. Mais on ne peut demander cela à un homme dont la mère est la Reine. On ne peut se fondre en un homme pour lequel le devoir vient en premier, et aussi au deuxième, troisième et quatrième rangs de ses préoccupations. Si Andrew n'avait pas été d'aussi haute naissance, peut-être les choses auraient-elles été différentes pour nous. Mais les faits sont têtus.

J'aurais pourtant pu me rendre et revenir à lui. Même si une telle perspective aurait certainement rendu les Hommes en Gris fous de rage meurtrière (leur pouvoir a ses limites), Andrew et moi en aurions simplement avisé la Reine, un point c'est tout.

Mais nous n'aurions pas tardé à nous déchirer, car je ne peux accepter le système archaïque qui régente la vie d'un membre de la Famille royale. Je ne suis pas disposée à me laisser juger et manipuler par tous les courtisans de la Reine. Pas plus maintenant qu'alors et que jamais.

J'ai mis une éternité à me rendre à ces conclusions, pour comprendre ce que je devais faire. Mais une fois que j'ai appris quelque chose, je ne tergiverse pas. J'annonçai à Andrew que le moment était venu et nous nous mîmes d'accord pour agir rapidement et tranquillement.

Pendant les vacances de Pâques, je séjournai avec les filles pendant six jours en compagnie de leur père à Sunninghill. Nous décorions des œufs et partions à la chasse aux trésors. La plupart du temps, nous restions à la maison pour nous détendre. Nous avions deux enfants sensationnelles et cela faisait du bien de s'en souvenir. Tant qu'à en finir avec ce mariage, c'était une bonne manière de s'y prendre.

Le jeudi 11 avril 1996, je quittai Sunninghill en larmes – toute la journée, je pleurai comme une madeleine. Andrew ne manifesta aucune émotion lorsqu'il me vit partir avec les filles. Son tour n'allait pourtant pas tarder.

Je dus me durcir pour signer le formulaire gris. Ma main me faisait l'impression d'une machine dénuée de vie tandis qu'elle dessinait l'habituel griffonnage. Tu es en train de faire ce qu'il faut, me disait ma tête. Mais il y a certains actes dont on n'est sûr que lorsqu'on les a accomplis. Ce jour-là, j'étais en chute libre. J'avais vérifié une douzaine de fois mon parachute dans l'avion, mais qui savait avec certitude qu'il allait s'ouvrir au bon moment, lorsque le contact avec le sol serait imminent ?

A peine une heure plus tard, je pris l'avion avec mes filles pour la Suisse. J'avais besoin de me reposer du négativisme anglais. Les montagnes semblaient un endroit tout indiqué. Leur force immobile me regonflerait le moral et elles offriraient, le temps venu, un terrain neutre pour rencontrer la presse.

Le mardi suivant, Andrew m'appela à Verbier. La presse allait être informée de notre divorce dans deux heures. « Je suis vraiment navré », me dit Andrew.

Je sanglotai en l'écoutant », mais Andrew avait toujours eu le pouvoir de profondément me remuer. Il possède ce don depuis cette première visite à Sandringham, quand j'étais dans tous mes états et qu'il m'avait embrassée par surprise.

Le mercredi 17 avril, vingt-neuf divorces par consentement mutuel furent prononcés au tribunal des familles de la Haute Cour de Londres. En fin de liste figurait cette mention : « S.A.R. le duc d'York et S.A.R. La duchesse d'York. »

Une semaine plus tard, Andrew et moi dînâmes en compagnie de nos avocats et de leurs épouses dans un restaurant près de Windsor – nous tâchions d'établir de nouvelles normes pour des relations amicales.

Andrew se rendit à Portland ce jour-là, me laissant avec les enfants à Verbier au chalet que Paddy nous avait

Le commencement de la fin

prêté en son absence. Je faisais un effort intense pour être forte. Le divorce n'était qu'un « bout de papier », annonçai-je à la presse, sur les pistes, ce triste même jour.

Et : nos enfants « sont heureux et confiants, parce qu'ils savent que leur père et leur mère sont les meilleurs amis du monde ».

Et : « Je vais prendre la vie comme elle vient. Chaque jour est un nouveau jour. »

Mais les appareils photo creusent plus loin que les questions des journalistes. La tension qui imprégnait mon visage fut à la une de tous les journaux le lendemain. Le divorce était un gros choc, le plus dur de ma vie. Je ne puis décrire la souffrance brutale qu'il m'a fait endurer. Elle montait en moi depuis des semaines et le coup de fil d'Andrew avait fait déborder le vase.

De retour à Kingsburne, je me plongeai dans la mélancolie. J'étais brisée, inconsolable, bien au-delà de l'hystérie, pas très loin du coma. J'avais trouvé une sorte de paix : la paix des morts. J'arrivais à habiller mes enfants et à les envoyer à l'école, mais guère plus. Je restais assise dans le salon, à me balancer dans mon fauteuil, perdue dans une sensation de vide. Mon personnel me voyait me balancer ainsi et me demandait si je voulais une tasse de thé – ce qui constituait ma grande décision de l'après-midi.

La plus grande douleur, la plus sentimentale, est celle qui consiste à pleurer ce qui aurait pu être.

Les choses auraient pu se passer autrement n'arrêtais-je pas de me répéter en ma balançant, inerte. Lorsque Andrew a commencé à s'intéresser à moi, il était mon héros absolu. Pour moi qui avais tant besoin d'amour, il se montra précieux. Il s'était entiché d'une fille qui était terrifiée par la vie et il lui disait : *tu peux y arriver, tu es la meilleure, vas-y, tu vas y arriver.* Il ne m'avait jamais conseillé d'avoir plus de confiance en moi, mais ses actes m'avaient donné la force de continuer. Et maintenant, il était parti, laissant ce vide immense en moi. Il m'avait laissée avec une douleur si grande qu'on ne pouvait y échapper – la douleur était tout ce que j'avais, tout ce que j'étais.

C'était la douleur de la naissance.

En soi, le divorce n'était qu'un galet, il avait été poussé par des pierres plus grosses et plus pointues. Mais ce galet avait déclenché une avalanche. Il avait libéré la colère et la misère de l'âme que j'avais refoulées depuis trop longtemps. L'avalanche me submergeait tandis que je restais assise, en catatonie, dans mon fauteuil à bascule – et soudain je me mis à dévaler la montagne, sans guide pour me remettre sur la voie.

L'état de conscience était une nouveauté pour moi. Je m'égarais encore parfois dans les allées de la haine de soi ou dans les impasses du regret. Je me morfondais encore au sujet de mon comportement passé. Mais quelque chose d'autre s'éveillait en moi, une lueur nouvelle de lucidité, un soupçon d'amour-propre, même. Voici ce que dit mon journal en date du 5 mai :

« Je suis assise dans un nuage d'une noirceur absolue, et je songe : ai-je passé le pire ? Qui était cette Sarah inconsciente ? Qui était cet être humain vulgaire, sordide, irréel ? Comment ai-je pu m'autoriser une telle déchéance ?

Pourquoi autant d'autoflagellation ? Après tout elle n'a tué personne. Eh bien, si, j'avais assassiné Sarah. Je m'étais assassinée moi-même, d'une certaine manière.

Je n'oublierai jamais ce moment de ma vie – tant de regrets, tant de chagrin. Pourquoi n'étais-je pas aussi lucide que je le suis à présent ? »

***

Après des mois sans un signe de vie, je croyais que je ne reverrais plus John Bryan. Mais un dimanche d'avril, il se rappela à mon souvenir, comme une main dans un film d'épouvante qui surgit soudain de la crypte. Juste au moment où je me croyais enfin en sécurité.

JE FAISAIS L'AMOUR À FERGIE PENDANT QU'ELLE PARLAIT À ANDY AU TÉLÉPHONE. Cet aimable gros titre barrait la une de *News of the World*. L'article parut moins de deux semaines après le jugement provisoire de divorce. J'étais encore dans ma phase rocking-chair, je me sentais encore complètement fragile, et ce titre me démolit. Tout le monde allait-il croire que j'avais fait une chose aussi dégoûtante ?

J'appelai Kate Waddington, mon assistante en chef, pour lui demander pourquoi elle était revenue travailler avec moi – j'avais besoin d'entendre quelqu'un me dire que je n'étais pas une telle horreur. Je peux toujours compter sur Kate dans les moments de crise ; comme Christine Ward, elle sort du lot par sa générosité, son abnégation et son absolue loyauté.

Je montai à l'étage pour me passer de l'eau sur le visage et je me rassis dans mon fauteuil pour réfléchir un peu. Pourquoi ne me laissait-on pas en paix ? La presse à scandale et John avaient beau me faire enrager, je connaissais la vraie responsable de toutes ces calamités – je venais de la voir dans le miroir. Quant on se frotte aux chiens, il ne faut pas s'étonner d'attraper des puces. Quand on se frotte au loup, on doit s'estimer heureux de s'en tirer avec une jugulaire intacte.

Y a-t-il eu personnes plus étrangères l'une à l'autre que John et moi ?

Assumer ses responsabilités, pour le meilleur et pour le pire, c'est le salut de l'esprit. Cela engendre un optimisme lucide. Si un certain type de conduite vous plonge dans les ennuis, un changement volontaire de comportement peut vous sauver. On peut alors contrôler ce qui va se passer ensuite.

Et c'est ainsi que je quittai mon fauteuil et que je retrouvai mes merveilleuses petites filles. Je les pris par la main toutes les deux et les menai faire du trampoline. Tout en sautant, je laissai derrière moi toute ma colère et toute mon humiliation, je les foulai aux pieds. Il ne servait à rien de s'attarder sur cet article. Je n'avais pas l'intention de le poursuivre et de me traîner dans le box des plaignants. La trahison de John était un triste événement, mais elle avait provoqué une catharsis : elle balayait le passé. Il ne restait rien de l'ancien temps, celui où j'étais irresponsable, qui pût me faire du mal.

Lorsque nous eûmes assez sauté, Beatrice et Eugenie allèrent nager et je m'assis près de la piscine pour les observer. Des abeilles bourdonnaient parmi les jonquilles ; nos deux dalmatiens guettaient le chat qui rôdait dans le jardin. Qu'est-ce qui comptait le plus ? Les fantasmes grossiers d'un homme aux abois ou la nature que le Seigneur nous a donnée ?

Hier, c'est de l'histoire, demain est un mystère et aujourd'hui est un cadeau...

Je regardais mes filles nager, pendant que le soleil me caressait doucement le dos. Et pendant cet inestimable, cet irremplaçable moment, mon esprit était aussi clair que l'air tiède du printemps.

ÉPILOGUE

Dans la lumière

Le 30 mai, pendant que mes filles et moi regardions Ballymoss aller à son pas à Hickstead, un greffier de Somerset House inscrivit la date sur un petit bout de papier grisâtre et le tamponna à l'encre rouge.

J'étais divorcée.

Quatre jours plus tard et six mille kilomètres plus loin, à Harlem, je recevais le prix de Mother Hale, dans la Maison Hale. Cela ne tombait peut-être pas au meilleur moment, mais cette cérémonie avait été programmée depuis un an et je me devais d'être présente, plus pour honorer la mémoire de Mother Hale que pour être fêtée.

Lorsque j'avais visité pour la première fois la Maison Hale, j'avais été frappée par le nombre de miroirs à hauteur d'enfant. Je demandai pourquoi on les avait mis à cette hauteur.

– Le meilleur moyen de donner de l'assurance à un enfant, me répondit Mother Hale en souriant, est de leur dire et de leur répéter qu'ils sont beaux.

C'est si simple et si vrai, me suis-je dit en repensant que, quelques heures auparavant à peine, j'avais grondé

Beatrice après l'avoir surprise en train de s'admirer devant l'une des nombreuses glaces du Plaza Athénée.

— Ne sois pas si vaniteuse, lui avais-je dit.

Et en disant ces mots, j'eus l'impression d'entendre ma mère me réprimander, comme sa propre mère l'avait, en son temps, rabrouée. Mais malgré ce sursaut de culpabilité, je n'avais rien fait pour réparer.

Le soir même, dès mon retour à l'hôtel, je saisis la chance qui m'était offerte de me rattraper.

— Et si l'on s'occupait de tes cheveux, lui proposai-je.

Puis.

— Tu es ravissante, la complimentai-je en lui brossant les cheveux devant la coiffeuse.

Ce jour-là, j'ai réussi à supprimer, au moins pour un court instant, le schéma d'humiliation qui courait dans notre famille depuis je ne sais combien de générations. Depuis, je fais très attention à apprendre à mes filles à s'aimer. Je ne sais que trop ce que signifie vivre en manquant de confiance en soi. C'est une épreuve que j'aimerais leur éviter.

Il ne m'est pas difficile de dire à mes filles combien je les trouve formidables, car je *suis* extraordinairement et follement fière d'elles. Je leur dois tellement, à mes deux petits trésors. Je ne peux m'imaginer vivre sans elles. Je ne peux pas imaginer la maison sans leurs rires et leurs cris. Beatrice est une enfant musicienne et extrêmement gracieuse. Elle ne sait pas cacher ses sentiments et comprend la vie mieux que tous les gens que je connais. Il y a en elle quelque chose de la reine Victoria. Eugenie réussit brillamment à l'école et semble facile et insouciante. Mais elle peut surprendre par sa volonté et, dans sa candeur, n'a peur de rien. Elle est tout à fait capable d'aller voir la Reine, sa grand-mère, pour lui dire qu'elle n'aime pas son rouge à lèvres.

Je m'efforce d'être toujours à l'écoute de mes filles.

Lorsque des problèmes financiers vous minent ou que l'on est au téléphone, ou pressée, il est difficile de faire attention à la demande de ses enfants. Mais, j'essaie toujours d'être disponible pour elles. Si Beatrice se plaint que son chemisier la démange, je dis « d'accord, va en mettre un autre », même s'il me semble à moi tout à fait normal, et que l'on soit déjà en retard.

J'ai parfois du mal à me souvenir qu'un parent n'est qu'un gardien, et encore seulement pour un temps. Je sais que je ne dois pas élever mes enfants dans du coton. Qu'elles doivent apprendre par elles-même, comme je l'ai fait moi-même (et que je continue à le faire). Je dois, avant tout, être honnête et cohérente. Je leur ai toujours dit la vérité sur la séparation et le divorce. Ainsi, elles peuvent affronter leurs petites camarades de classe lorsque ces sujets arrivent sur le tapis.

J'ai toujours désiré éviter à mes filles de vivre dans un bocal, exposées à tous les regards, mais on ne peut pas éviter la réalité et nier le monde. J'avais appris, et dans la douleur, qu'il fallait composer avec la presse, l'affronter parce que tenter de lui échapper ne faisait qu'exciter sa frénésie. Lorsque mes filles sortent et que les photographes les assaillent, elles se contentent de sourire et continuent leur route. Elles grandissent presque normalement, je crois. Je pose, bien sûr, des limites, mais j'essaie de ne pas les brider totalement. Les bonnes manières à table dépendent du contexte ; lorsqu'elles prennent le thé avec Granny au palais (impeccables) ; les autres repas (correctes) ; à la maison avec moi (on peut rire et s'amuser).

Dans la semaine, je limite les bonbons et les boissons sucrées, mais le week-end venu, mes filles font ce qu'elles veulent – parce que maman veut faire ce qu'*elle* aime ! Le vendredi est très important. Je vais les chercher à l'école et nous filons directement au magasin vidéo louer des cassettes. Je leur offre une glace et nous rentrons à la maison. J'arrête de travailler le vendredi à dix-sept heures trente et refuse tout engagement pendant le week-end : je suis toute à elles. Ensemble, on regarde des films, on dessine, on va faire un tour à la fête foraine ou on part pique-niquer. Je ne me lasse pas de l'odeur de saucisse chaude qui s'échappe du papier aluminium lorsqu'on déballe les friands.

Mes filles ont besoin, pour comprendre combien elles ont de la chance, de rencontrer des enfants qui souffrent. Lors d'une réception de Children in Crisis qui se passait près de Kingsbourne, elles ont fait la connaissance d'un garçon extraordinaire qui habite Tchernobyl. Igor avait sept ans et il mesurait à peine soixante centimètres. Ses jambes ressemblent à deux petites nageoires et il n'a qu'un bras droit dont il se sert pour se mouvoir. Mes filles l'ont emmené dans le jardin et, sans qu'il y eût le moindre problème, Igor devint un copain de la bande, il n'était qu'un enfant parmi tant d'autres.

Plus tard, lorsqu'elles m'ont demandé pourquoi Igor n'avait pas de jambes, j'ai essayé de leur expliquer ce qu'étaient les radiations nucléaires et la vie des enfants de Belarus. Leurs ennemis, c'était l'air qu'ils respiraient, le lait qu'ils buvaient et les légumes qu'on mettait dans leurs assiettes. Mais c'était ça ou mourir de faim.

Children in Crisis coordonne l'Appel Mondial pour les Enfants de Tchernobyl : c'est une de ses priorités pour les années à venir. Dix ans après cette catastrophe, la radioactivité dans cette région est cent fois plus forte qu'à Hiroshima, plus de huit cent mille enfants en République de Biélorussie sont en grand danger. Les maladies dont ils souffrent ? Une litanie monstrueuse et terrifiante : leucémies et cancers en tout genre, déformations congénitales et trisomie, anémie et problèmes de thyroïde, cécité et maladies mentales.

Et ces enfants ne reçoivent pratiquement aucun soin médical. Je n'ose même pas parler de chimiothérapie. Impossible ou presque de se procurer des médicaments ou alors ils coûtent si cher ; un simple tube d'aspirine vaut l'équivalent de deux semaines de salaire.

Dans des endroits comme Tchernobyl, l'ampleur de la tâche a de quoi décourager n'importe qui. Mais nous nous acharnons et faisons de notre mieux. Enfant par enfant.

**

En mai, le terme de mon mandat triennal de présidente de l'association contre la dégénérescence neuromusculaire arriva à son terme. Vu mes autres engagements, je décidai de me consacrer à des occupations moins administratives. Peut-être pour créer une nouvelle commission de recherche. Je démissionnai donc dans le cadre parfaitement normal du jeu des rotations de poste.

Mais le *Daily Mail* ne l'entendit pas de cette oreille. « La duchesse d'York, put-on lire dans ses colonnes, a été démise des fonctions qu'elle remplissait au sein de l'une de ses œuvres de bienfaisance préférées, à cause de la baisse de popularité dont elle est victime. »

Deux mois plus tard, un journaliste financier, Dominic Prince, ajouta l'affront à l'insulte. Prince avait assisté à une réunion du conseil d'administration et en avait tiré matière pour un article (qui était un tissu d'élucubrations) dans *The Spectator*. Après m'avoir présentée comme arrivant toujours en retard aux réunions et étant « désespérément désorganisée », Prince affirma que « certaines personnes » me considéraient comme une « garce de bas-étage » et ne souhaitaient plus que je siège au conseil d'administration.

Propos qui provoquèrent un démenti immédiat de l'association, mais les tabloïds tenaient leur gros titre :

SON ALTESSE ROYALE LA GARCE. Ils ne répercutèrent évidemment pas la phrase du même article de Prince qui disait, « une grande partie de l'argent que recevait l'association est directement le résultat du travail et du titre de la duchesse d'York ».

Ce travail était tout ce qui comptait, évidemment, et j'avais bien l'intention de continuer. Je n'allais pas abandonner les malades et ceux qui s'en occupaient. Eux ne m'avaient jamais abandonnée.

Je crains de continuer à faire confiance aux gens qui m'entourent – c'est dans mon caractère et je suis plus heureuse comme ça. Mais je suis quand même plus circonspecte qu'avant. Kingsbourne avait deux lignes téléphoniques sécurisées et, deux fois par mois, la maison et le jardin étaient fouillés de fond en comble à la recherche de micros, et toute trouvaille était brûlée.

Au printemps dernier, lorsque j'ai emmené mes filles en vacances aux Bahamas, j'utilisai un nouveau subterfuge. Je dis à leurs officiers de protection que nous partions aux États-Unis. Je ne mentais pas – nous avons effectivement passé une nuit en Floride avant de repartir pour les Bahamas. Mais lorsque les gardes du corps firent leur rapport à leurs supérieurs à Londres, ils ignoraient notre destination finale.

Je passai une semaine tout entière sans rencontrer un seul journaliste. Cela ne m'était pas arrivé depuis des années.

Malgré les pressions insistantes de « La Firme », Andrew continue à me soutenir inconditionnellement.

Récemment, lors d'une rencontre en public, nous nous sommes embrassés devant toute la presse ; il voulait montrer clairement qu'il ne se laissait pas intimider.

Aujourd'hui, Andrew est totalement différent du jeune homme ironique qui m'avait taquinée au Royal Ascot. Il est lucide, au sens le plus profond du mot – il est réellement étonnant. La véritable noblesse, comme le biographe de George V, mon ami Kenneth Rose, l'a écrit, n'est pas qu'une question de titres et de couronnes. Être noble, c'est savoir compatir, mettre les gens à l'aise et être connecté au sens profond de la vie. Selon tous ces critères, Andrew est noble – non seulement de naissance, mais de caractère.

Sa prochaine compagne sera une femme comblée.

En juillet, peu après le jugement provisoire de notre divorce, Diana me rejoignit avec nos enfants dans le sud de la France pour les vacances. Les mauvaises épouses de Windsor étaient devenues des divorcées, mais nous étions restées solidaires, comme deux sœurs. Diana avait fait partie de la Famille royale quinze ans et moi, dix ; on pourrait dire que j'ai été libérée pour mauvaise conduite.

Paddy nous avait prêté sa villa provençale, dans cette région où la magie se lève avec le soleil nous pûmes décompresser. Le décor ravissait les sens. Le vert argenté des oliviers, le bleu de la piscine et une symphonie de parfums : les pins, les eucalyptus, les romarins sauvages et cette note gourmande de cuisine à l'huile d'olive. Diana ne resta qu'une semaine.

Mes filles avaient des amies dans la région, je n'avais donc pas besoin de les distraire. Pendant cinq jours, je paressai au bord de la piscine dans ce paradis, tous mes besoins matériels comblés. Rien ne pouvait me servir de prétexte pour éviter une introspection en règle et interrompre ma contemplation.

J'attendais le lent effacement de l'oubli... mais ma souffrance refusait d'obtempérer. Plutôt que de fondre au soleil, elle se mit à grossir, grossir, hors de toutes proportions. Une sombre mélancolie m'entourait, m'enveloppait ; cela obscurcissait le paysage, éclipsait le soleil de miel. Je pleurais dix années d'égarement, un grand champ de destruction.

Les deux premiers jours furent effrayants. Je suis quelqu'un qui agit et lorsque ma souffrance, en Angleterre, remontait à la surface, je voulais *agir* pour la circonvenir. Je m'échinais encore plus durement pour être aimée et acceptée. Ou je fuyais en niant cette souffrance, je me surchargeais de travail ou me concentrais sur mes enfants – qui pourrait reprocher à une mère de se concentrer sur ses enfants ?

J'avais couru toutes les épreuves et m'étais attaquée à de grandes tâches ; je m'étais aventurée sur tous les continents, sauf sur l'Antarctique. J'avais rencontré les têtes couronnées de plus de pays que je ne pouvais en compter ; j'avais vécu huit vies en une.

Il restait pourtant un endroit que je n'avais pas exploré. Je ne m'étais jamais plongé au cœur de mes propres ténèbres. Jamais franchement, sans me dérober.

Jusqu'à ce moment-là. Peut-être était-ce la Provence qui m'avait désarmée comme elle sait si bien le faire. Ou peut-être était-ce parce qu'il n'y avait plus rien à l'intérieur, pas même mes illusions – et la souffrance, comme la nature, a horreur du vide. Quelle qu'en fût la raison, je restai des heures sur cette chaise au bord de la piscine bleue et je me permis d'... *être*. J'étais là, étendue et je me laissais ressentir la souffrance du moment, puis du moment suivant et encore du suivant. Je ne tentais pas de la réprimer, de l'étouffer ; je ne me disais pas, *allez, bouge-*

toi ; tu as tellement de chance ; tu as deux filles sublimes et tu es en bonne santé... Non, je m'autorisais à me sentir mal. Je reconnaissais enfin que je me sentais mal et je m'en accordais le droit.

Cela a l'air d'être simple, mais ce ne l'était pas. Pas pour une bonne petite Anglaise qui, depuis son plus jeune âge, a appris à ravaler ses émotions. C'était, au début, la chose la plus difficile de ma vie. Mais, au troisième jour, la souffrance trouva sa place, en quelque sorte, et j'oubliai toute idée de fuir. Je cherchais mon centre de gravité. Je m'immergeai encore et encore et m'enfonçai de plus en plus profondément jusqu'à... *quoi* ?

Jusqu'à cette mélasse noire, épaisse et compacte. Toutes les mauvaises choses étaient rangées là, les hontes de toute une vie. Ce sentiment d'être un fardeau, ce sentiment d'échec, cette sensation d'être une serrure sans clé.

Je m'enfonçai encore plus profondément dans la noirceur, décomptant mes pertes – prince perdu, mariage perdu, dignité perdue, espoir perdu. C'était un immonde fouillis, comme si mon esprit évacuait une huile noire et mauvaise.

Puis, je me rendis compte de quelque chose d'étrange : j'étais toujours là. Je n'avais pas été annihilée. J'avais plongé dans l'obscurité, accepté ma souffrance, l'avais regardée dans le fond des yeux... et ce n'était pas si terrible, après tout. Pourquoi avais-je fui si loin et si longtemps ? Il n'y avait rien de si épouvantable dans cette ombre épaisse, pas vraiment ; j'y avais seulement vu les hésitations et les faux pas d'une femme à qui chaque nouveau pas faisait peur.

Une fois que vous êtes entré dans le plus noir de vous-même, que vous lui avez ouvert votre esprit pour l'enlacer, votre souffrance n'a plus de prise sur vous. J'étais passée au travers de cette mélasse de douleurs et étais entrée dans un printemps cristallin, doux et clair. Je savais que quelque chose avait changé en moi. Tout ce que j'avais porté en moi – cette colère stagnante, ces voix obscures – était parti. Le silence était retentissant.

Il n'y avait plus personne pour me murmurer que j'étais grosse, laide et nulle. Il n'y avait, enfin, plus rien de moi.

Mais ce n'était pas tout à fait vrai. Il y *avait* quelque chose en moi, et mon oreille intérieure s'était mise à son écoute. C'était la voix de la créativité, de la sensualité et de l'indulgence. C'était la meilleure partie de moi-même, cette voix que je me mis à appeler « la femelle » et que j'entendais pour la première fois.

Toute ma vie, j'avais trompé mon pauvre côté féminin, « la femelle ». Je lui avais haineusement intimé l'ordre de se taire ; je l'ai écrasée jusqu'à ce qu'elle se taise. Elle était têtue et n'était jamais vraiment partie ; elle était devenue subversive, faisant des sottises et soulevant des émeutes. Son plus grand coup : les photos de Saint-Tropez (*Tu ne m'écoutes pas, chantait-elle*). Mais je continuais à lui faire la sourde oreille. Je préférais me soumettre à la voix sombre ; c'était le diable que je connaissais là, je suppose.

Mais dès que nous avons commencé à dialoguer, je ne pus me lasser d'elle. J'étais assise au bord de la piscine et je l'écoutais. Je respirais lentement et appréciais le calme. Il y avait un temps pour agir, et un temps pour recevoir, et je pouvais enfin savourer les deux.

La nuit est incroyablement noire en Provence, ce qui me rendait nerveuse, avant. Mais après ce voyage dans le côté sombre de mon esprit, ma vieille phobie disparut et n'a jamais réapparu depuis.

⁎
⁎ ⁎

Je suis plus indulgente avec moi-même aujourd'hui, plus clémente, plus satisfaite. J'ai appris, par exemple, qu'il y a une vie après la cellulite. Lorsque je suis avec un mannequin, je ne rêve plus de lui ressembler. J'ai ma propre silhouette et elle me plaît – c'est *moi*, et c'est tout. Je continue à transpirer quotidiennement sur ma bicyclette, mais je m'accorde un plat de pâtes de temps en temps. Je fantasme encore sur moi en train de courir sur la plage en bikini noir (avec un partenaire, bien sûr), mais ce n'est plus le début et la fin de tout.

Je ne veux plus être la plus gentille, la plus jolie et la plus intelligente. Je veux juste être Sarah – et pour ceux qui m'aiment, cela sera suffisant. Oh, l'ancienne Sarah, celle qui voulait plaire à tous, n'est pas encore complètement morte, mais ses jours sont comptés.

Je sais que je progresse et je suis persuadée que je vais faire encore beaucoup d'erreurs. Mais cela n'est pas grave. Je n'ai plus peur de prendre des risques ; je suis prête à prendre fait et cause pour ce que je crois juste. En femme divorcée libre et indépendante, je ferai ce qu'il faut pour subvenir aux besoins de ma famille. Et si cela signifie écrire un livre, promouvoir un produit, inaugurer une chaîne de télévision pour la Fox, je le ferai.

Cet été, j'ai été rendre visite à ma sœur Jane à Sydney – c'est la femme la plus compréhensive, la moins enfant gâtée, la plus ouverte que je connaisse – et nous sommes allées ensemble à l'inauguration de la Fox à Melbourne. Le lendemain matin après cette soirée, j'ai tiré les rideaux de ma chambre d'hôtel du trente-sixième étage. Tout en bas, dans la rue, j'ai vu un homme qui allait travailler en courant. Il se battait contre la pluie, son imperméable claquait au vent parce qu'il l'avait mal boutonné. J'ai trouvé ça très intéressant – cet homme qui était en retard pour son travail, qui se faisait tremper et qui se fichait comme d'une guigne de la duchesse d'York, de ce qu'elle faisait pour vivre, si elle était grosse ou mince et comment le *Daily Mail* la traitait. Oui, il n'en avait rien à faire de cette femme qui regardait trente-six étages au-dessus de lui ; il avait ses propres problèmes à affronter.

En d'autres mots, la vie continue.

Il fut un temps, et ce temps n'est pas si loin où, chaque minute de ma vie, je m'inquiétais de savoir qui avait dit quoi et me demandais pourquoi ils pensaient que j'étais si épouvantable – qu'est-ce qui se passait exactement ? Maintenant, cela ne compte plus pour moi ; je passe à autre chose. Quand on a goûté aux flammes de l'enfer, un tison n'est qu'un inconvénient mineur.

Et quand on cloue le bec à son juge le plus dur, le juge sadique qui est tapi en soi, on n'a plus peur du jugement des autres.

Dans le film, *Les Évadés*, Red, un vieux détenu (joué par Morgan Freeman) se retrouve devant le comité de libération sur parole. Red a fait trente ans de prison ; on lui a si souvent refusé le droit de s'exprimer que cela ne le touche même plus. Lorsqu'un membre du jury lui demande s'il regrette ce qu'il a fait, Red répond avec son cœur.

– Diable, mon garçon, je n'avais pas besoin de faire de la prison pour ça ! Il n'y a pas eu un jour où je n'ai pas regretté ce que j'avais fait, et pas parce que je suis ici ou parce que vous pensez que je le devrais. Je regarde ce que j'étais... un gamin stupide qui avait commis un crime terrible... J'aimerais tant le ramener à la raison. Lui dire comment les choses sont. Mais je ne peux pas. Ce gamin n'existe plus depuis longtemps, il ne reste plus qu'un vieil homme, et je dois vivre avec ça.

Le discours de Red m'alla droit au cœur. J'étais encore mortifiée par mon passé. Si seulement, je pouvais secouer cette jeune femme inconsciente qui a semé tant de destruction, je le ferais. Mais je ne peux pas le faire, parce qu'elle n'existe plus.

En même temps, je dois vous avouer que si c'était à refaire, je le referais, je suivrais mon cœur à nouveau, je retournerais à Buckingham Palace, je ne changerais pas un jour, pas même ces jours épouvantables à Balmoral lorsque j'avais l'impression d'être Ève chassée du paradis terrestre. Je repasserais par tout ça, jusqu'à la dernière humiliation des tabloïds, parce que c'est tout cela qui m'a amenée sur le chemin qui a sauvé ma vie. Il fallait que je touche le fond, non pas une, mais cent fois, pour enfin entendre et écouter. Il fallait que je me retrouve dénudée, physiquement et spirituellement pour cesser de me cacher.

J'avais toujours navigué auprès, dans la tempête comme dans le calme plat, dans la houle la plus violente. Je continue à naviguer auprès – mais maintenant, j'emprunte une route qui me convient mieux.

Il était une fois une jeune fille de la campagne qui devint une célébrité et y perdit son âme. Elle dut finalement détruire son personnage public pour se sauver elle-même. Et c'est exactement ce qu'elle fit, en toute inconscience.

Ce qui signifie : j'ai dû abandonner quelque chose d'énorme pour *gagner*, pour Andrew et moi.

Lord Charteris avait raison ; je n'ai jamais été faite pour la royauté, même si j'avais su ce que je sais aujourd'hui. Mais l'histoire ne peut pas être effacée. Je ne peux pas retourner de l'autre côté du miroir dans une existence où ma vie privée serait préservée. Je serai toujours la mère de deux princesses et l'ex-femme du fils cadet. C'est plus qu'il n'en faut pour nourrir éternellement les potins.

Mais aujourd'hui, je suis capable d'essuyer un examen minutiueux et de prendre ou de laisser ce que je veux. Je possède quelque chose de plus grand et plus durable que le dernier article qui s'étale sur trois colonnes. Je suis prête à aller de l'avant. J'ai repris le contrôle de ma vie, je ne m'en laisserai plus voler la maîtrise.

Et peut-être, peut-être vivrai-je heureuse jusqu'à la fin de mes jours.

A mes amis

Pour moi
l'amitié est plus importante que la vie
dure plus que l'amour
et tient chaud à l'esprit
lorsque le corps est froid.

Stephen Haggard

* ***
*

Pour mes amis – et *vous* savez qui vous êtes...

Vous avez toujours cru en moi.
Vous valez beaucoup plus de respect que ces simples lignes.
Je salue votre désintéressement, votre dévouement et votre loyauté.
J'admire votre gentillesse et votre intégrité.
Je *vous* remercie pour le plus beau des cadeaux : le cadeau de votre amitié.

Sarah la Duchesse d'York

Table des matières

Introduction : Chute libre 11
   I. Chasseuse de primes 29
  II. Des chaussettes irrévérencieuses 47
 III. Art et pilaf de poisson 69
 IV. Contente-toi de sourire...................... 85
  V. De l'autre côté du miroir 101
 VI. Les morsures de la réalité 119
VII. Le vertige de l'altitude...................... 143
VIII. Grosse et consternante 161
 IX. Fenêtres qui claquent 179
  X. Le complot s'alourdit 199
 XI. La pause................................... 223
XII. Sur le pas de la porte 243
XIII. « Cherchez à comprendre... » 259
XIV. Pics et vallées.............................. 275
XV. La duchesse de Cork 289
XVI. Le commencement de la fin................... 305

Épilogue : Dans la lumière 325

A mes amis.. 339

Achevé d'imprimer par la
SOCIÉTÉ NOUVELLE FIRMIN-DIDOT
Mesnil-sur-l'Estrée
pour le compte des Éditions Lattès
en novembre 1996

Imprimé en France
Dépôt légal : novembre 1996
N° d'édition : 96179 - N° d'impression : 36527